LV

EGON FRIEDELL
MEINE DOPPELSEELE

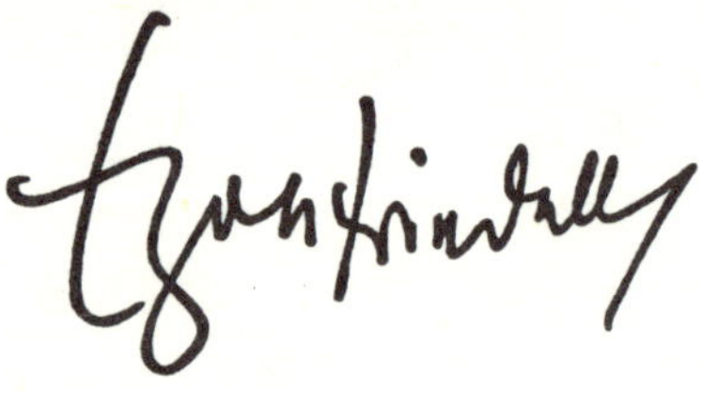

EGON FRIEDELL

MEINE DOPPELSEELE

TAKTLOSE BEMERKUNGEN ZUM THEATER

Herausgegeben und mit einem Nachwort
FRIEDELLS DOPPELSEELEN
von Heribert Illig

LV
LÖCKER VERLAG
WIEN · MÜNCHEN 1985

Frontispiz: Egon Friedell Ende 1937/Anfang 1938

Schutzumschlag unter Verwendung von zwei Fotos, die Egon Friedell im „Sitzzimmer" seiner Wiener Wohnung in der Gentzgasse (ca. 1934) bzw. als Kriegsberichterstatter Clark in einer Aufführung von Franz Werfels Stück ‚Juarez und Maximilian' 1925 im Theater in der Josefstadt zeigen.

(Alle drei Fotos im Besitz von Frau Annemarie Kotab, Kufstein)

Das Zitat auf der Rückseite des Schutzumschlags stammt aus dem Essay ‚Zur Psychopathologie des Schauspielers' (siehe S. 174 des Friedell-Essaybandes ‚Selbstanzeige').

CIP-Kurztitelaufnahme der Deutschen Bibliothek

Friedell, Egon:

Meine Doppelseele : Taktlose Bemerkungen zum Theater / Egon Friedell. Hrsg. u. mit e. Nachw. „Friedells Doppelseelen" von Heribert Illig. – 1. - 3. Tsd. – Wien ; München : Löcker, 1985.
ISBN 3-85409-087-0

NE: Illig, Heribert: Friedells Doppelseelen

Vw: Friedmann, Egon [Wirkl. Name] → Friedell, Egon

Lektorat: Paul Stein
Graphische Gestaltung: Dorothea Löcker
Druck: Wiener Verlag

INHALT

Immer ist der Vorhang unten, nur einmal ist er oben – eben im Theater. Gerade dort also, wo sich nach der landläufigen Meinung der Herrschaftsbereich der Verstellung, des Kostüms befindet, springt der Mensch wahrer, nackter, ungeschminkter hervor als sonst irgendwo.

Egon Friedell

THEATERKRITIK

Zweierlei scheint mir das Wesen einer existenzberechtigten Theaterkritik auszumachen: erstens Lob und zweitens Abschweifung.

Zunächst: Der Kritiker hat zu loben, zu loben um jeden Preis, prinzipiell und ausschließlich. Er hat nicht bloß das zu loben, was lobenswert ist: das wäre ein recht dürftiges und subalternes Handwerk; er hat auch Dinge zu loben, die gar nicht lobenswert sind, und er hat Dinge zu loben, die gar nicht da sind. Seine Aufgabe ist, ein Entdecker von Vortrefflichkeiten zu sein. Er hat sie dort aufzuspüren, wo sie niemand vermuten würde, wo sie vielleicht nicht sind oder zumindest noch nicht sind, als bloße Anlage, die möglicherweise nie Energie und Realität werden wird. Irgend einen versteckten Wert hat ja fast jede Betätigung, sagen wir: einen Willen zum Werk, ein Ideal, von dem ihre Richtung organisiert wird, dem sie, wenn auch vergeblich, zustrebt. Nun, diesen Willen hat der Kritiker für die Tat, dieses Ideal hat er für verwirklicht zu nehmen. Seine Mission ist: Vollkommenheiten zu antizipieren.

Er ist gar nicht dazu da, als eine Art beeidigter Schätzmeister mißtrauisch die Kunst zu beschnuppern, alle ganzen und halben Fehler, die einer gemacht hat, rasch anzunotieren und am Rande zu vermerken und schließlich zu erreichen, daß uns nichts mehr recht gefällt. Sondern im Gegenteil, er hat mit allen Mitteln geistiger Überlegenheit: der blendendsten Überredung, des beweglichsten Stils, der biegsamsten Phantasie, der vielgestaltigsten Bildung, der solidesten Kenntnisse durchzusetzen, daß uns ganz plötzlich Dichtungen gefallen, die wir vorher ganz miserabel oder völlig belanglos gefunden haben. Gelingt ihm dies auch bei Werken, die wirklich nichts wert waren, umso besser für ihn! Dann hat er bewiesen, daß er dem Objekt seiner Kritik wirklich überlegen war. Er soll aber nur ja nicht glauben, daß er das dadurch beweist, daß er schimpft. Wenn schon der Dichter bedauerlicherweise nicht originell und produktiv war, so soll es wenigstens der Kritiker sein.

Und vollends das Tadeln der Schauspieler ist von vornherein abzulehnen. Einen Dichter beschimpfen, ist in erster Linie eine Infamie gegen das Publikum, denn man bestiehlt es dadurch um angenehme und schöne Impressionen; für den Autor selber ist es kein großes Malheur: er wird schon im ganzen wissen, was er gewollt hat, und jedenfalls besser als ein übelgelaunter, schlechtbezahlter Mensch, der zwei Tage vor der Première die Aushängebogen durchgeblättert hat. Aber beim Schauspieler ist es noch etwas andres: hier richtet sich die Attacke vor allem gegen den Künstler. Der Schriftsteller hängt nicht von der Tagespresse ab, weil er sie überdauert, aber der Schauspieler ist ganz und gar auf den Moment gestellt, auf jenen einen einzigen Moment, den man ihm zuhört, und seine Erscheinung ist noch flüchtiger und regsamer als die des Journalisten. Beide sind im Grunde ihres Wesens Nichts, nicht vorhanden, sie stehen und fallen mit der Stunde, der sie dienen und die wegrinnt. Während nun also der Schriftsteller an den kritischen Momentaufnahmen des Journalisten leichten Herzens vorübergehen kann, indem er auf sein Werk verweist, ist der Schauspieler, da er ja selbst ein Geschöpf der Stunde ist, auf das Urteil der Stunde angewiesen; er ist durch Tadel in seiner sozialen und künstlerischen Existenz bedroht, und schlechte Kritik ist für ihn ganz einfach eine Geschäftsstörung.

Eine Sache heruntermachen ist überhaupt das müheloseste und zugleich dankbarste Geschäft, dem der Mensch sich hingeben kann; er hat es leicht, auf diesem Gebiet Erfolge zu erzielen, denn er findet in der unserer Spezies nun einmal eigentümlichen Obtrektationssucht einen stets hilfreichen Bundesgenossen. Wie schnell ist uns auch vom mittelmäßigsten Kopf der Geschmack an einer Sache benommen, die uns soeben noch entzückt hat! Und wir sind ihm noch erkenntlich für diese Erleichterung. Es gibt eine ganze Gilde von Burschen – man findet sie in allen Geistesgebieten und Gesellschaftsschichten –, die es als ihre Lebensaufgabe zu betrachten scheinen, alle besseren menschlichen Regungen und Handlungen zu „entlarven“ und überhaupt das ganze Leben, Natur und Kunst, Wissenschaft und Politik, die gesamte Menschheitsgeschichte seit Adam durch sogenannte „naturalistische“ oder „rationalistische“ Erklärungsweisen auf ein ganz ordinäres, unpoetisches und – wenigstens für meinen Geschmack – tief uninteressantes Niveau herunterzunivellieren. Sie würden auch gegebenenfalls von Gott nachweisen, daß er die Welt nur geschaffen habe, um damit ein lukratives Geschäft zu machen, und von Dante, daß er die Beatrice besungen hat, weil er von ihr eine Lebensrente bezog. Sie wissen immer genau, „warum“ ein Mensch diese oder jene scheinbar idealistische Handlung begangen hat. Solch „scharfe, kritische Köpfe“, denen man „nichts vormachen kann“, sind wohl die schädlichsten Patrone, die es überhaupt auf diesem Planeten gibt. Auch wenn sie recht haben. Denn unter allen Umständen sind ihre „Enthüllungen“ nur dazu angetan, das Leben zu verarmen. Sie sind sehr wohl imstande, wenn sie in genügenden Massen auftreten, ganze Zeitalter zu infizieren, zu zersetzen. Und man muß einen sehr immunen geistigen Organismus haben, um ihnen, besonders in einem gewissen jugendlichen Alter, zu widerstehen, denn es imponiert immer, wenn jemand eine Sache auf den Kopf stellt oder sie – angeblich – entschleiert und ihren wahren Kern bloßlegt. Man nennt ein solches Verfahren auch heute noch vielfach „Kritik“, obgleich es das Gegenteil davon ist.

Denn eine Sache kritisieren (den Begriff so genommen, wie ihn die Philosophie und Wissenschaft versteht), heißt nichts anderes, als ihre Entwicklungs- und Entstehungsgeschichte vollständig und lückenlos begreifen und darstellen. Kritik hat gar nichts „Zersetzendes“, denn sie löst ihr Objekt nur auf, um es dann umso lebendiger und einleuchtender vor den Augen des Betrachters wieder entstehen zu lassen. So ist der Begriff seit Kant in das Bewußtsein der Gebildeten übergegangen, und die historische Bedeutung Kants beruht gerade darin, daß er und seine Schüler den verschiedenen Wissenschaften erst ihr festes Fundament gegeben haben. Seine Kritik der Vernunft hat die menschliche Vernunft erst vernünftig und die menschliche Erkenntnis erst erkennbar gemacht. Und ganz dasselbe heißt auch kritische Geschichtsforschung, kritische Naturwissenschaft, kritische Ästhetik. Kritik in diesem wissenschaftlichen Sinne ist das Gegenteil von Destruktion. Man kann daher ganz wohl sagen: erst der Kritiker schafft sein Objekt, insofern *er* es erst in seiner ganzen organischen Gesetzmäßigkeit widerspiegelt, so wie man sagen kann: der Mensch hat die Natur geschaffen, erst seit es Menschen gibt, gibt es eine Natur. Denn so lange noch kein Bewußtsein da war, in dem sie sich spiegeln konnte, war sie noch nicht richtig vorhanden.

Ebenso will es auch der richtige Kunstkritiker. Ein Kunstwerk ist erst da, wenn es ein Publikum gefunden hat. Künstler und Publikum sind die beiden Hälften des Kunstwerks, die sich suchen und bedingen. Man könnte die Definition aufstellen: Ein Kunstwerk ist nichts anderes als der Kontakt zwischen einer produzierenden und einer konsumierenden Phantasie. Phantasie, Schöpferkraft brauchen beide Teile. Es gibt auch eine Produktivität des Aufnehmens, und diese ist es, die der Künstler braucht und erwartet: in erster Linie vom Idealpublikum, dem Kritiker.

Der richtige Kritiker hat den Künstler in seinen Höhepunkten aufzusuchen und ihn nur nach diesen zu werten. Wir sind nur in den wenigsten Augenblicken ganz wir selbst, unsere eigenste innerste Kraft und Natur; wir füllen den größten Teil unseres Lebens mit Versuchen aus, mit Vorbereitungen auf diese wenigen Momente, die die einzigen sind, in denen wir wirklich leben. Und es ist klar, daß man nur von diesen wenigen Höhepunkten aus eine Individualität verstehen und beleuchten kann. Zu diesem Verständnis gelangt man jedoch nur durch den guten Willen zur Anerkennung, zum Jasagen von vornherein und aus Prinzip, ja noch mehr: zur Überschätzung.

Oscar Wilde sagt einmal anläßlich einer Kritik über Walter Pater: „Es ist natürlich möglich, daß ich übertreibe; ich hoffe ernstlich, daß es so ist. Denn wo keine Übertreibung, da ist kein Verständnis. Nur über Dinge, die einem nicht nahegehen, hat man ein wirklich unparteiisches Urteil; dies ist vermutlich der Grund, warum ein unparteiisches Urteil immer vollkommen wertlos ist.“ Dies ist das Wort eines Dichters. Ein Dichter weiß, daß Extasen, Übertreibungen, Enthusiasmus sein Handwerkzeug sind. Nur durch übertriebenes, leidenschaftliches, ja, wenn man will, pathologisches Interesse kann man in das Herz einer Sache eindringen. Die hausbackenste und beschränkteste Mutter versteht ihr Kind in allen seinen Lebensäußerungen, auch wenn es ein Genie oder ein Verbrecher ist: sie gelangt zu diesem Verständnis durch ihre übertriebene, keineswegs logisch berechtigte Mutterliebe. Und so ist es mit allen Dingen. Kühle Unparteilichkeit und „Objektivität“ haben keinerlei Zugänge zu den Dingen. Auch der Dichter versteht ja von der Welt und ihrem Lauf nur darum mehr als die übrigen Menschen, weil er sie lieber hat. Wenn man will, ist alles Übertreibung: jede lebhaftere Handlung, jedes tiefere Gefühl. Aber Übertreibung ist das einzig Produktive, und alles Neue und Große ist durch sie geschaffen worden. Die Entdeckung Amerikas, die deutsche Einheit, die Göttliche Komödie, das kopernikanische System, das lenkbare Luftschiff: alle diese Dinge waren Übertreibungen, fixe Ideen, solange sie noch in den Gehirnen ihrer Urheber existierten.

Jeglicher Sache auf der ganzen Welt wohnt irgendwelches

inne, das zur Anerkennung, zum Lob, ja zur Begeisterung herausfordert: man muß es nur zu finden wissen. Das eben nennt man Produktivität. Der Maler geht an einer schmutzigen, eingeregneten Dorfbrücke vorüber und sie begeistert ihn zu einem Kunstwerk. Jakob Boehme bemerkte ein altes schwarzes Zinngefäß und sah, wie es dennoch die Sonne spiegelte, und diese unbedeutende Beobachtung enthusiasmierte ihn zu dem tiefsinnigsten theosophischen Buch, das Deutschland besitzt. Und ebenso kann der Kritiker aus allem Schönheit und Weisheit ziehen, wenn er eine lebendige schöpferische Kraft ist. Ist er das aber nicht, so verzichten wir überhaupt auf ihn.

Um nun auch ein positives Beispiel anzuführen, so möchte ich sagen, daß von den sogenannten zünftigen Kritikern Hermann Bahr diesem Ideal vermutlich am nächsten steht. Ich sage dies nicht etwa bloß deshalb, weil ich hoffen darf, durch die Nennung dieses Namens die relativ meisten Menschen zu ärgern. Nein, das ist nicht der alleinige Grund, sondern weil dieser Schriftsteller ein unbedingter Jasager ist.

Er beurteilt seit vielen Jahren die zeitgenössische Kunst, und er hat sicher viel öfter sich geirrt als Recht behalten. Aber es ist für ihn charakteristisch, daß man ihm wohl genug Überschätzungen nachweisen kann, aber kaum eine Unterschätzung. Wo immer eine lebendige Kraft sich regte, da übte sie auf ihn ihre geheimnisvolle Anziehung aus. Er hat niemals irgendeine fruchtbare Begabung von sich gestoßen, weil sie etwa seinem Wesen zuwider war. Seine Sympathien haben immer ein starkes Wort mitzureden gehabt, aber durch seine Antipathien hat er sich nie verwirren lassen. Lieber sagte er ein lobendes Wort zuviel und „blamierte" sich, als daß er die Verantwortung auf sich genommen hätte, einen vielleicht entwicklungsfähigen Sucher unterdrückt und abgeschreckt zu haben. Daß er dabei manche selbstgefällige Talentlosigkeit genährt hat, fällt wohl kaum ins Gewicht. Denn hier liegt keine Gefahr. Die Unfähigkeit richtet sich früher oder später von selbst, dagegen kann mancher künstlerische Keim durch Spott und Tadel erstickt werden, und es ist nicht selten, daß gerade die künstlerischesten Naturen – weil sie die schamhaftesten sind – am leichtesten durch Ironie in ihrem Selbstvertrauen erschüttert werden. Nichts ist für einen begabten Menschen schädlicher als Tadel und Ironie. Denn dann zieht er sich beschämt in sich zurück, und es ist nichts mehr aus ihm herauszubekommen. Immer wieder muß man von Lehrern, Erziehern und andern Menschen, die nichts von Psychologie verstehen, die alberne Rede hören: „Lob erschlafft, Tadel spornt an!" Nein: das Duschensystem bewährt sich bloß bei unbegabten Naturen.

Es handelt sich aber auch noch um ein zweites: Hermann Bahr ist nämlich einer der wenigen wirklich universellen Köpfe unter der heutigen Literatur. Dieser Typus des allseitigen Menschen und Schriftstellers ist in unserer Zeit überhaupt recht selten geworden. Wir sehen überall nur Spezialisten, die eine einzige bestimmte Sache sehr gut können, aber über diese Sache hinaus sind sie ebensolche Dilettanten und Laien wie alle übrigen Menschen. In der „Blütezeit" der deutschen Literatur, vor etwa hundert Jahren war das anders. Nicht nur Goethe und Schiller, sondern auch die Romantiker und fast alle namhaften Schriftsteller der Zeit waren höchst umfassende Persönlichkeiten. Sie waren alles. Sie waren Dramatiker, Novellisten, Gelehrte, daneben Journalisten, Universitätsdozenten, Übersetzer, Regisseure, kurz sie beherrschten alles, was irgendwie mit Kunst und Wissenschaft zu tun hatte. Sie schrieben Abhandlungen über philosophische, historische, philologische, theologische Themen; dazwischen sezierten und botanisierten sie oder untersuchten archäologische Funde; am nächsten Tage wieder machten sie ein lyrisches Gedicht oder inszenierten ein Theaterstück und spielten, wenn es sein mußte, selber mit; dann wieder gaben sie eine Zeitung heraus oder hielten eine politische Rede. Ein Literat war in der damaligen Zeit wirklich ein Mensch, der das ganze große Gebiet umfaßte, das man „Literatur“ zu nennen pflegt, worin so ziemlich alles eingeschlossen liegt, was es an menschlichen Geistesbetätigungen gibt. Heutzutage ist ein Literat ein Mensch, der sein Gehirn auf eine ganz bestimmte Sache mühsam dressiert hat: zum Beispiel auf Lyrik oder Novellistik oder Essays oder Theaterstücke ernsten Inhalts oder Theaterstücke heiteren Inhalts, und der seine ganze Zeit nur auf diese Tätigkeit verwendet, ohne sich um das übrige Leben zu kümmern. Wenn heute zwei Schriftsteller zusammentreffen, so unterhalten sie sich sicher zunächst von den allerinternsten Fragen ihres Fachs; aber Goethe und Schiller sprachen bei ihrer ersten Annäherung nicht vom Theater, sondern von der „Urpflanze“.

Nun ist es gar kein Zweifel, daß gerade in der Vielseitigkeit und der Fähigkeit, alles zu begreifen, die Bedeutung des Schriftstellers liegt. Von einem Maler oder Musiker verlangen wir keine Universalität, wir fragen nur danach, ob er schöne Bilder oder Symphonien macht. Aber der Schriftsteller hat die große Aufgabe, zu verbinden und zu vermitteln, er hat die Brücken herzustellen zwischen Kunst und Wissenschaft, zwischen Philosophie und Religion, zwischen der Literatur des Auslands und des Inlands, zwischen Künstler und Publikum, zwischen Theorie und Praxis u.s.f., und um das zu können, muß er zu allen diesen Dingen eine persönliche Beziehung haben. Er ist der große Agent, und ein Agent muß ein wohlinformiertes, routiniertes, anpassungsfähiges Geschöpf sein.

Diesen Typus vertritt heute in Wien niemand außer Hermann Bahr. Er hat über alle Fragen, die unsere Zeit bewegen, nachgedacht und sich sein Urteil gebildet. Wahrscheinlich sind seine Urteile nicht immer richtig, aber darauf kommt es auch gar nicht an, sondern darauf, daß er zu allen diesen Fragen ein Verhältnis hat. Seine Persönlichkeit hat unendlich viele Ressourcen, sie kapriziert sich nie auf Spezialitäten. Diese

Weite des Umblicks zeigt er uns auch als Theaterkritiker. Er bleibt glücklicherweise fast nie „bei der Stange“, ja bisweilen scheint es, als sei seine ganze Kritik nur ein Suchen nach einer bequemen Ecke, wo er unmerklich vom Theaterthema abbiegen könnte; denn – man wird dies vielleicht doch einmal und sogar in einer Theaterzeitschrift sagen dürfen – es gibt viele Themen, die ungleich interessanter, tiefer und wertvoller sind.

Dies nun also wäre die zweite Forderung: Abschweifung. Der Kritiker ist zu einem solchen Verfahren nicht nur berechtigt, sondern verpflichtet. Die Theatervorstellung sei für ihn ein willkommener Anlaß, Gedanken in Bewegung zu setzen und nicht ein Anlaß, unglückliche junge Literaten und noch unglücklichere junge Schauspieler aus geschützter Position anzuschießen. „Fachkritik“ ist auf allen Gebieten immer eine bedenkliche und mehr schädliche als fördernde Sache gewesen, denn mit der größten Belesenheit in sämtlichen Spezialschriften fällt die größte Urteilsfähigkeit und Denkschärfe in der Behandlung ebenderselben Spezialprobleme noch immer nicht zusammen; immerhin ist das „Fach“ im Wissenschaftsbetrieb berechtigt und zumindest ein notwendiges Übel. Aber Theater ist keine Wissenschaft, und von dem, was da Fach und Technik ist, haben die Zeitungskritiker zu allerletzt eine Ahnung. Und übrigens: wer nichts weiß als sein Fach, der weiß gar nichts – und zwar auch für sein Fach nichts. Denn er muß ungeheuer viel mehr wissen, um die Lage, die sein Fach innerhalb des übrigen Wissensbetriebes einnimmt, einigermaßen feststellen zu können und allerlei Beziehungen auffinden zu können, an die vor ihm noch niemand gedacht hat, was recht eigentlich die Aufgabe des menschlichen Denkens und der wissenschaftlichen Kritik ist. Alles reine Spezialstudium, soweit es nicht praktischen Zwecken dient, ist eine müßige Spielerei und Privatliebhaberei und nur dazu geeignet, die unbefangene Sachkenntnis zu verwirren, so oft auch das

Gegenteil behauptet worden ist. Weswegen Jean Paul gesagt hat: „Jeder Fachmann ist in seinem Fach ein Esel.“

LUDWIG ANZENGRUBER: „HEIMG'FUNDEN“

Es ist an diesem Abend einiges unverständlich. Erstens, warum das Raimund-Theater zu seinem Jubiläum ein Anzengruberstück spielt, zweitens, warum es gerade seinen dreißigjährigen Bestand feiert, wo es doch sonst üblich ist, Bruchteile von Hunderten, also Fünfundzwanziger und Fünfziger festlich zu begehen, und drittens, warum es überhaupt seinen Bestand feiert, da es sich doch während des größten Teils seines bisherigen Lebens höchst ruhmlos an die Operette verkauft hat, in seinen Anfängen die Leibbühne der Mariahilfer Bezirksidioten war und erst seit zwei Jahren ein wirkliches Theater ist. Völlig verständlich hingegen ist die Handlung des Stückes. Vielleicht, weil Franz Theodor Czokor es diesmal unterlassen hat, sie auf dem Theaterzettel zu kommentieren; wahrscheinlich hätte sie aber auch das ausgehalten. Sie besteht in dem bei Volksstücken nun einmal üblichen Nachweis, daß Geld allein nicht glücklich macht, besonders, wenn man es an der Börse verspielt hat, daß oft unter dem rauheren Kittel das bessere Herz schlägt und daß eine Mutter halt doch eine Mutter ist. Aus diesen spottbilligen Materialien machte aber Thaller eine Altwiener Kostbarkeit voll Herz und Humor, an der man sich nicht sattsehen und satthören kann. Mein Kollege Paul Stefan würde jetzt wahrscheinlich von Schwind und Schubert murmeln; aber auf so riskante Vergleiche lasse ich mich nicht ein. Ihm (nämlich Thaller) kommt Lina Loos am nächsten, die durch die Fülle und Diskretion ihrer Komik und ihre leichte und freie Natürlichkeit überrascht hat. Rosa Fasser ist eine so scharmante Mutter, daß man bedauert, nicht ihr Sohn zu sein oder doch wenigstens einen Sohn von ihr zu haben; die kleine Karoly verläßt sich in ihrer (allerdings unrettbaren) Rolle ein wenig zu sehr auf ihre schöne Erscheinung. Für die Feier des einunddreißigjährigen Bestandes möchte ich aber doch um ein anderes Stück bitten; es muß ja nicht gerade kubistisch sein, aber vielleicht so in der Mitte.

PAUL APEL: „LIEBE"

Wie man auf die Idee kommen konnte, dieses Stück wieder hervorzuholen, das ist zweifellos ein interessanteres psychologisches Problem als das Stück selbst, denn dieses ist, kurz gesagt, läppisch. Wenn der Nordboche erotisch wird, dann ist dies an sich schon ziemlich bös; aber wenn er sich auch noch über die Erotik lustig macht, dann ist es magenumdrehend. Die Schauspieler taten nun leider gar nichts, um alle diese Überdeutlichkeiten und Plumpheiten zu dämpfen und zu raffinieren, sondern ganz au contraire: sie zwinkerten noch hörbar dazu und trampelten wie wild auf dem Pedal herum. Besonders Herr Uiberacker übernimmt sich schrecklich. Wenn die Schauspieler doch nur endlich einmal einsehen wollten, daß in dem Augenblick, wo sie mit dem Finger auf eine Figur weisen und sagen: „Seht mal an, wie komisch sie ist!", jedes Lachen sogleich in der Kehle stecken bleibt! Auch die sichere Routine der immer noch reizvollen Frau Wallentin entbehrt des letzten Taktes. Da hätte eben der neue Regisseur, Herr Basch, allenthalben vertuschen, verschleifen, verwischen müssen. Aber ich habe ihn sehr in Verdacht, daß er gerade das Gegenteil getan und überall noch rohe Drücker aufgesetzt hat. Er konnte übrigens für Paul Apel danken, wobei er aussah wie beide Rotters auf einmal, und kam auch nachher immer wieder, bis er schließlich von einigen jugendlichen Idealisten einen dicken Zischstrahl ins Gesicht bekam.

HERMANN BAHR: „DIE GELBE NACHTIGALL“

Der ‚Rahl‘, dem ersten Werk seiner großen Romanserie, hat Hermann Bahr eine Art Selbstanzeige beigelegt, in der er bekennt, es habe ihn seit Jahren gereizt, sich ein Verzeichnis der sämtlichen menschlichen Typen anzulegen, und so wolle er denn „einen Atlas der Menschheit aufzeichnen“ und zum Schluß den Versuch machen, „jeden der in der heutigen bürgerlichen Welt möglichen Typen auf seinen höchsten Ausdruck zu bringen und in einem vollkommenen Exemplar so darzustellen, daß darin der Typus ganz zum Individuum, das Individuum ganz zum Typus geworden scheint.“ Was den kleinen, aber vielfältigen Kosmos des Theaters anlangt, jenen glänzenden und gefräßigen, bunten und boshaften Polypenstock, dessen geheimnisvoll nichtiges Treiben die Menschen immer von neuem reizt, so hat Bahr das Ziel, das er sich damals gesetzt hat, längst erreicht, und am hinreißendsten in der ‚Gelben Nachtigall‘: Die Aufgabe aller Kunst, gerade im Einmaligen, Besonderen, Unwiederholbaren die bleibende platonische Idee ahnen zu lassen, ist hier aufs schönste gelöst. Die Aufführung dieses Stückes war daher die liebevollste und verständigste Ehrung, die das Deutsche Volkstheater diesem freien und reichen Geist zu seinem sechzigsten Geburtstag erweisen konnte.

Weniger liebenswürdig war es hingegen von der Direktion, wieder einmal keine Generalprobe zu veranstalten. Ich begebe mich daher, was die Darstellung und Inszenierung anlangt, (aus den letzthin hier erörterten Gründen) in den Generalstreik. Ich bin mir sehr wohl bewußt, um welche kostbaren Belehrungen ich dadurch die Leser der ‚Stunde' bringe, und man möge mir die Versicherung glauben, daß mir dieser Entschluß nicht leicht geworden ist, um so mehr als ja auch ich auf ein erlesenes Vergnügen verzichten muß, denn was könnte reizvoller und anregender sein, als die Leistungen der einzelnen Schauspieler mit treffenden Adjektiven zu belegen? Aber wo es sich um Prinzipien handelt, hat der flüchtige Sinnengenuß zurückzutreten. Wer sich anmaßt, über andere zu richten, muß auch gegen sich selbst streng sein können. Sittliche Höhe ist das erste Erfordernis für den Kritiker, wie Alexander Moissi so richtig hervorgehoben hat. All ihr Geist und alle ihre Schönheit können den Rezensenten nichts nützen, wenn sie keine großen Charaktere sind. Was wir brauchen, sind Menschen von Grundsätzen, starke, bis zum Starrsinn unbeugsame Naturen. Ein Schuß Kohlhaas muß in die Kritik kommen.

HERMANN BAHR: „WIENERINNEN"

In Hermann Bahrs ‚Wienerinnen', jenem bereits ein wenig nachdunkelnden Genrebildchen aus dem Wien des Fin de siècle, dem längst verwelkten Wien der Olbrichzeit, hat Victor Kutschera gestern seinen sechzigsten Geburtstag und sein vierzigjähriges Bühnenjubiläum gefeiert. Es besteht eine tiefverwurzelte und seltsam rührende Verwandtschaft zwischen diesem Dichter und diesem Schauspieler. In beiden Jubilaren lebt Wien, jene einmalige Menschenvarietät, wie sie mit nur unbedeutenden historischen Schwankungen von der Babenbergerzeit bis zur Luegerzeit sich immer gleich geblieben ist:

eine ganze Landschaft mit dem von ihr genährten und entwickelten Menschenschlag ist in diesen beiden klingend und leuchtend geworden. Das Grundwesen des Wieners besteht in der fatalen Fähigkeit, ja Nötigung, mit allem zu spielen, alles von der freien, aber auch völlig unverantwortlichen Höhe einer Skepsis zu betrachten, der alles gleich wichtig und gleich unwichtig ist: das ist der unverlierbare künstlerische Zug im Wiener, auf den die anderen Deutschen mit einer gewissen Geringschätzung, aber mit noch viel mehr Neid blicken. Dieser verspielte, völlig unernste, völlig würdelose Geist trat in dem gestrigen Kutschera-Jubiläum aufs angenehmste in die Erscheinung: es war ein vollendetes Zusammenspiel zwischen Jubilar und Publikum. Es war, um es mit einem Wort zu bezeichnen, das aber ebenfalls das Spezialeigentum Hermann Bahrs ist und das ich mir zu diesem festlichen Anlaß auf einen Tag auszuleihen gestatte, eine echte und rechte Barockfeier. Besonders reizend waren die Reden von Albert Heine und Direktor Fronz. Und dann gab es natürlich auch Lorbeeren, hauptsächlich aber Körbe mit Weinen und Schnäpsen. Sehr vernünftig; aber anderseits doch wieder traurig, zu bedenken, wie lange ein Künstler schaffen muß, bis er einmal in seinem Leben genug zu trinken bekommt.

HERMANN BAHR: „DER STAR“

‚Der Star‘ von Hermann Bahr ist eines der wenigen deutschen Lustspiele, die von einem Franzosen oder Engländer sein könnten. Gewöhnlich nämlich sind diese Spiele hierzulande entweder lustig, aber zugleich so läppisch und ordinär, daß man sich nachher schämt, über sie gelacht zu haben, oder sie sind sogenannte „Komödien“, das heißt: mit Problemen,

Weltdeutungen und anderen im Theater unbeliebten Dingen angestopft, wodurch sie nicht nur trostlos langweilig, sondern zumeist auch unerträglich affektiert werden. Ein so leicht gebautes und dabei doch tragfähiges, reibungslos dahingleitendes, grundgescheites, aber seine Gescheitheit gescheit verbergendes und dabei bis in seine kleinsten Teilchen von verstehendem Humor durchhelltes und durchwärmtes Stück wie das bahrische ist wirklich eine Rarität. Es wird aber auch von der Konstantin ganz außerordentlich gespielt, die auf jeden billigen Theatereffekt verzichtet und nur durch reizvolle Natürlichkeit und bezwingende Innerlichkeit wirkt. Herr Edthofer ist wie immer ravissant, Herr Forest trifft als Regisseur und Darsteller den Wiener Ton ausgezeichnet, zwei vorzügliche Chargen werden von Herrn Ziegler und Herrn Neugebauer ebenso vorzüglich gespielt. Die übrigen Herrschaften bitte ich, die Prädikate „launig", „schlagkräftig", „aus dem Leben gegriffen" und „köstlich" unter sich aufzuteilen.

JACINTO BENAVENTE: „DER TUGENDHAFTE GLÜCKSRITTER"

Man bekommt gleich mehr Respekt vor dem Stück, wenn man erfährt, daß es im Original ‚los intereses creados' heißt. Das hat so einen suggestiven Anklang an ‚los Lusiadas', jenes herrliche Epos von Camões, das ich leider nicht kenne. Dieser Titel enthüllt zugleich den Grundgedanken des Spiels: man muß sich einen Kreis von Interessenten schaffen, dann kommt man in der Welt vorwärts; eine Philosophie, die man allerdings von jedem einheimischen Gemischtwarenhändler ebensogut beziehen könnte wie von Senor Benavente, der, wie eine Notiz des Theaterzettels versichert, „vom Volk und von der literarischen Kritik seines Vaterlandes einstimmig als der größte lebende dramatische Dichter spanischer Zunge angesehen und verehrt wird". Nun, das ist unkontrollierbar; ich weiß nur, daß ich mich bis knapp zum Schluß, wo durch eine lustige Gerichtsszene ein wenig Farbe auf die Bühne kommt, tödlich gelangweilt habe. Als Direktor Ziegler meine Trauer bemerkte, schritt er auf mich zu und sagte: „Mir scheint, du hast das Stück nicht verstanden; es ist eine Mischung aus ‚Faust' und ‚Gestiefelter Kater'." Ich scheine in der Tat einen schlechten Abend gehabt zu haben, denn ich muß gestehen, daß ich das allerdings nicht bemerkt habe, sondern bloß ein höchst konventionelles, seicht geschwätziges und ganz mechanisch zusammengesetztes sogenanntes „Mantel- und Degenstück" mit allerlei hölzernen Figuren und grobdrähtigen Vorrichtungen, die uns nicht das geringste angehen. Anmutig geflochtene Wechselreden, blitzend geschliffene Platitüden, fein gewählte Metaphern sind vorhanden, ja, ja, gewiß; aber mit derlei Zeug lasse man mich zufrieden: die sogenannten „poetischen Schönheiten" haben in einem Drama nicht mehr Anwert als Französisch und Klavierspielen bei einem reizlosen jungen Mädchen; und in welcher Dichtung romanischen Ursprungs fänden sich solche Dinge nicht? Der Verfasser scheint sich übrigens seiner Mängel bewußt zu sein, denn er läßt seinen Prologsprecher unter anderem sagen: „Ihr werdet sehen, wie alles, was sich in dem Schwank ereignet, sich im Leben nie ereignet hat, daß seine gesamten Personen keine Männer und keine Frauen sind und nicht einmal zu sein scheinen, sondern Masken oder Puppen aus Papier und Lumpen ... Nur um eines bittet euch der Dichter: daß ihr so kindlich werdet, wie es euer Geist zuläßt. Die Welt ist schon so alt geworden, daß sie nur noch stammelt. Aber die Kunst kann nicht verzichten und möchte nicht altern. Und um kindlich zu erscheinen, stellt sie sich, als ob sie lalle." Ein sehr bequemes Rezept für Dichter: man stelle sich einfach blöd; aber Geisteswerke, die nach dieser Methode geschaffen sind, brauchen wir wahrhaftig nicht aus Spanien zu importieren, so arbeiten unsere hiesigen Operettenlibrettisten ja schon längst. Und ein sehr verwerfliches Rezept, denn es beruht auf einer vollkommenen Verkennung des Wesens der Kunst. Die echte Kunst tut nicht kindlich, sie ist kindlich. Man denke an Homer, Raffael, Mozart; an Andersen und Wilhelm Busch, die geradezu Kinderbücher geschrieben haben und vielleicht eben deshalb die beiden größten Poeten waren, die das neunzehnte Jahrhundert hervorgebracht hat; man erinnere sich an die Erzählung des Plutarch, daß ein ägyptischer Priester den Griechen vorgeworfen habe, sie seien ewige Kinder: ganz richtig, denn sie waren ewige Künstler. Und erst in der jüngsten Zeit hat Maeterlinck Theaterstücke geschrieben, die in jedem Puppentheater aufgeführt werden könnten und die er selbst „drames pour marionettes" genannt hat. Aber kann man sagen, daß diese Dichtungen „lallen"? Nichts weniger als das. Sie sind viel wahrer, reicher und tiefer als die Stücke „für Erwachsene", die zum Beispiel Sudermann und Schönherr verfaßt haben. In dem heute leider fast ganz vergessenen Buch ‚Rembrandt als Erzieher' stehen die schönen Sätze: „Kinder haben einen tiefen Ernst; sie sind nach einer Bemerkung Goethes ‚unerbittliche Realisten'. Kindernatur ist konkret. Ein Kind sieht ungemein deutlich und oft deutlicher als Erwachsene. Es sieht nicht weit über die Welt weg, wohl aber oft tief in sie hinein." Ein Künstler ist genau in dem Maße Künstler, als er Kind ist, als er ernst ist, das heißt: mit einem tiefen, heiligen Ernst zu spielen vermag, als er Realist ist, das heißt: alle seine Vorstellungen zu Wirklichkeiten zu verdichten vermag, als er tief ist, das heißt: sich noch in geheimnisvollem Zusammenhang mit dem Weltganzen zu fühlen vermag. Dies etwa wäre unter einer „kindlichen Kunst" zu verstehen. Aber was uns Benavente bietet, ist ein für ihn und uns entwürdigendes Dalbern von der Art beschränkter und talentloser Erzieher, die glauben, zu den Kindern herabsteigen zu müssen, statt zu ihnen emporzusteigen, und sich für sie einen törichten Jargon zurechtlegen, ohne zu wissen, daß die einzige Art, Kinder richtig zu behandeln, die ist, sie wie Erwachsene zu behandeln.

Es hätte keinen Sinn, die durchaus schablonenhaften Erpressungen, Zechprellereien, Liebeshändel, Verwicklungen und Lösungen, die in dieser Niaiserie kinomäßig abschnurren, ausführlich zu erzählen. Das Ensemble war übrigens redlich bemüht, auszurunden und aufzufüllen. [...] Aber das ist ziemlich irrelevant, denn das Stück besteht eigentlich fast ausschließlich aus der Rolle des Dieners Crispin. Das ist eine Figur in der Art des Figaro, des Perin in ‚Donna Diana' oder des Straforel in den ‚Romantischen': der Drähtezieher, der die ganze Handlung souverän lenkt, alle betrügt und durcheinanderwirbelt, ängstigt, warnt, instruiert und gegeneinander ausspielt, Schmeichler, Heuchler und Diplomat, jenseits von Gut und Böse und der treueste Diener seines Herrn, ein Kerl voll Geist, Laune und Graziosofrechheit, von der schillernden, glitzernden, aufmischenden Verwegenheit, die eine Eigenschaft aller Madrider sein soll: mit einem Wort die ideale Mitterwurzer-Rolle. In der Volksbühne spielt sie Herr Krones.

Die Regie, um schön abgetönte Kostüme und einfache, aber geschmackvolle Bühnenbilder besorgt, hatte für den Schluß einen hübschen Einfall: während der Epilog gesprochen wird, sinkt die Bühne allmählich in Dunkel, und alle Spieler erstarren zum Tableau vivant, womit nicht übel das Marionettenhafte des Stückes (und wenn man will, des ganzen Lebens) symbolisiert wird. Gleichwohl dürfte sich die Philosophie des Maskenspiels vom „tugendhaften Glücksritter" an ihm selbst kaum realisieren: es wird sich wahrscheinlich keine Interessenten schaffen.

ARNOLD BENNETT: „DER GROSSE KÜNSTLER“

Der Maler Ilam Carve ist ziemlich berühmt. „Ist er so berühmt wie Asta Nielsen?“ wird gleich am Anfang des Stückes gefragt. „Nein, so berühmt ist er natürlich nicht: man muß nicht gleich ans Extremste denken.“ Aber vielleicht so berühmt wie Bernard Shaw? „Ja freilich, so berühmt ist er natürlich mindestens.“ Das ist schon ein sehr liebenswürdiger Auftakt, der ganz gut von Shaw selber sein könnte, und von Zeit zu Zeit wiederholen sich auch dergleichen, von echtem Humor und wirklicher geistiger Überlegenheit erzeugte Lichter, die bald an Wilde, bald an Chesterton und manchmal sogar an Jerome erinnern; aber das Ganze hält sich doch nicht auf diesem Niveau. Das Sujet des Stückes ist ziemlich einfach: Ilam Carves Diener erkrankt plötzlich an Lungenentzündung und wird – warum, das erfährt man allerdings nie – von den behandelnden Ärzten für Carve gehalten. Der Diener stirbt, und nun wandelt Carve als lustiger lebender Leichnam durch die mehr oder weniger künstlichen Verwicklungen der Komödie. Diese Handlung ist nicht neu, aber das würde nichts machen: die Handlung des ‚Faust‘ war ja auch nicht neu. Sie ist außerdem ganz unmöglich, aber auch das wäre noch kein Unglück: die Handlung des ‚Sommernachtstraumes‘ ist noch viel unmöglicher. Man muß sogar im Gegenteil sagen, daß der Verfasser nicht genug Mut zur Groteske gehabt hat. Derlei Vorgänge, die von der irdischen Kausalität und menschlichen Psychologie mehr oder weniger abstrahieren, erfordern einen entschlossenen Knockaboutstil. Und durchaus störend wirkt es, daß Bennett den Ehrgeiz gehabt hat, diesen munteren und harmlosen Einfall mit einer Satire auf die englische Gesellschaft zu verquicken, die man nicht anders als schal nennen kann. Was aber alle diese englischen Komödien, auch wenn sie nicht von hohem Range sind, so angenehm und genießbar macht, ist die geschmackvolle Haltung, die sie in allen Situationen bewahren. Auf dem Kontinent wäre dieselbe Sache weitaus stupider und grobdrähtiger, taktloser und unmanierlicher ausgefallen. Hier jedoch bewegt sich jeder, auch der derbste Scherz in „dress“ und mit Höflichkeit des Herzens. Der schauspielerische Höhepunkt des Abends war Frau Niese, die Carves Gattin spielte. Wollte man sagen, sie habe eine ganz neue Rolle geschaffen, indem sie ihren eigenen Humor, ihre Seelenwärme und vor allem ihren wundervollen weiblichen Takt in sie hineintrug, so wäre das noch zu wenig: denn ein Stück umdichten, das treffen auch die Virtuosen. Aber sie tat mehr: sie weckte alle rührende und erheiternde Menschlichkeit, die in dieser Gestalt schlummert und vielleicht für immer verschüttet geblieben wäre, zu beglückendstem Leben: und das, gerade das ist die Aufgabe des Künstlers auf allen Gebieten: verborgene Schönheiten zu entdecken, die vor ihm noch niemand gesehen hat; kaum hat er sie aber entdeckt, so können, ja müssen sie auch alle anderen erblicken. Sie hat durch diese Rolle von neuem bewiesen, daß sie das reichste und tiefste komische Talent ist, das die Wiener und vielleicht die ganze deutsche Bühne zu vergeben hat.

CALDERÓN: „ÜBER ALLEM ZAUBER LIEBE“

Eine außerordentlich gelungene, ungemein reizvolle Vorstellung. Prachtvoll ist der Stil der Barockantike getroffen, wie sie der Phantasie der damaligen Zeit vorschwebte: eine historische Historie sozusagen. Ein wunderschöner Gobelin wird aufgerollt, voll sprühender Farbe, geistreicher Anmut und geschmackvoller Bizarrerie; nur die komischen Szenen wirken leer und strohig. Komik ist eben das, was an jedem Kunstwerk am schnellsten veraltet: das liegt vermutlich daran, daß sie immer auf naturalistische Formen angewiesen ist, und jede Zeit eben einen anderen Naturalismus hat. Frau Wohlgemuth ist als Circe einfach berückend, Herr Aslan als Ulysses von einer zartgetönten, aber etwas faden Noblesse, Herr Höbling als Barbarenprinz sehr farbig und Herr Maierhofer gibt einen Riesen so amüsant und glaubhaft, wie er wahrscheinlich noch nie dargestellt worden ist; das Problem ist auch technisch von Meister Geyling ausgezeichnet gelöst. Die Lustspieleinlagen sind, wie gesagt, sehr schal, aber der junge Thimig ist sehr lustig. Die Tänze sind scharmant und die Musik Künnekes betont sehr glücklich das romantische Element des Kindlich-Pomphaften, Magisch-Unwirklichen und Spielerisch-Unverantwortlichen, aus dem dieser ganze Theaterspuk geboren ist. Alles in allem: eine liebenswürdige Niaiserie von erlesener Kostbarkeit, ein entzückendes Luxusspielzeug von rührender Zerbrechlichkeit. Hoffentlich ist dies aber nur der rauschende Auftakt zu einem ganzen Calderón-Zyklus. Alle Autos zu spielen, wäre vielleicht ein wenig zu viel verlangt, aber sagen wir einmal: die Hälfte; und dann doch wenigstens die paar hundert Zwischenspiele vollzählig und vor allem die Loas! Ich muß doch einmal gleich den Hofrat Glossy fragen, aber mir ist ganz so, als ob in Wien überhaupt noch gar keine Loas von Calderón gespielt worden wären; von den Saynetes weiß ich es also bestimmt. No und dazwischen vielleicht, damit die andern nicht bös sind, ein paar fesche Fragosos oder Salazars; dann wird's schon werden.

CALDERÓN: „DER RICHTER VON ZALAMEA“

Wieder mal bissel Calderón. Man hat diesmal ein Inszenierungssystem gewählt, das so uralt ist, daß es fast wieder wie neu wirkt: nämlich ganz einfach zweidimensionale Kulissen und Hintergründe, die bei verdunkelter Bühne rasch und lautlos ausgewechselt werden können, ganz primitiv gemalt, weder naturalistisch noch expressionistisch, sondern wie in einem Kindertheater. Das wirkt angenehm anspruchslos und paßt sehr gut zu dem ganzen Stil des Stückes, das ein richtiges ewiges Theaterstück ist, vortrefflich gebaut, weiträumig gegliedert, klar und bunt, wie es die Menschen im Theater haben wollen. Es ist doch wohl kein Zufall, daß diese Art Dramen durch Jahrhunderte ihre Anziehungskraft bewahren, obgleich ihre seelischen Voraussetzungen längst nicht mehr sind: es weht in ihnen eine gesunde, kräftige, belebende, nicht zu dicke, nicht zu dünne Luft, die jedes Zeitalter gern einatmet. Was die Darstellung anlangt, so wollen wir uns alle kränkenden Vergleiche mit Eckhof, Seydelmann und der großen Schröder sparen. Herr Reimers ist als Richter voll Saft, Humor und erfrischender Natur, nur die höchsten Momente verbürgerlicht er. Herr Höbling ist als Don Alvaro dekorativ, aber daß er wirklich ein Mensch von einer ganz anderen Rasse ist, der unmöglich eine Bauerntochter heiraten kann, glaubt man ihm nicht; eher möchte man annehmen, daß das zarte, vornehme Fräulein Wall, das als Isabel debütierte, mit ihm eine Messalliance eingeht. Auch Herr Devrient als Don Lope ist einer der nobelsten Flegel, die man sich denken kann. Die kleineren Rollen sind ein wenig vernachlässigt, bis auf den prachtvollen König Heines.

KAREL ČAPEK: „W. U. R."

Dieses „utopische Kollektivdrama" ist letzten Endes eine Satire: eine mutige und kluge, eine im eigentlichen Sinne „blutige" Satire: ergreifend und doch gänzlich unsentimental. Die Gesellschaft „W. U. R.": „Werstands Universal Robots" besitzt das Geheimnis, wie man Menschen erzeugt, das heißt: nur das Biologische, Chemische: sie bewegen sich zweckmäßig, merken sich alles, können sogar denken, nämlich wie eine Maschine denkt: fehlerlos, automatisch, unpersönlich; nach einigen Jahren nützen sie sich ab und kommen in den „Stampftrog". Aber sie haben keine Seele: sie lieben nicht, sie hassen nicht, sie lachen nicht, empfinden überhaupt nichts, funktionieren bloß nützlich. Gerade das aber macht sie technisch viel vollkommener als die Menschen. Eines Tages aber – und dies ist der schönste Gedanke des Stückes – erwacht in ihnen der Sinn für Schmerz und damit der erste Keim seelischen Lebens. Sie erkennen, daß sie leistungsfähiger, stärker, herrschberechtigter sind als der Mensch und rotten ihn aus. Aber das Rezept, neue Roboter zu erzeugen, ist mit den Menschen verloren gegangen: binnen kurzem wird die Erde ausgestorben sein. Da sendet ihnen Gott die Liebe, und „das Leben wird nicht untergehen".

Dies ist offenbar der warnende Sinn dieses originellen, bühnensicheren und gepflegten Stückes: der Selbstmord durch die Technik. Aber: – es ist selber nur wie ein Produkt der „W. U. R.": exakt gebaut bis ins Kleinste, alle Teile unfehlbar ineinander greifend und vollkommenste Theaterwirkungen erzielend, aber ein Artefakt, eine Verstandeskonstruktion ohne innere Zeugungskraft. Eine ingeniöse Idee, tadellos ausgeführt; aber von einem erstklassigen Roboter, keinem Dichter. Einige Jahre wird diese interessante Laboratoriumsschöpfung ihre Dienste tun und dann wird sie sich abnützen und in den Stampftrog geworfen werden; denn sie hat keine Seele.

Die Aufführung ist ausgezeichnet: klar, übersichtlich, einprägsam. Herr Stahl-Nachbaur gibt dem Zentraldirektor seine kluge und warme Persönlichkeit, Herr Götz dem Baumeister (dem Philosophen des Stückes) seine reine und innige Menschlichkeit, Fräulein Eis der Heldin ihre scharfe und doch stets weibliche Geistigkeit; Herr Teubler und Herr Hendrichs schaffen zwei eindrucksvolle Episoden. Wie die Roboter zu spielen sind, das ist ein Problem. Ich denke: am ehesten als grauenhaft unwirkliche Gliederpuppen mit einer unheimlichen inneren Hochspannung: man muß sowohl ihre mechanische Herkunft spüren als das Ringen nach Seelentum, das in ihnen gärt. Dies trifft nur der dichterische Takt Karl Forests.

KAREL ČAPEK: „DIE SACHE MAKROPULOS"

So ist das schon einmal bei uns: erst kümmert sich um einen Autor kein Mensch: wer ist Čapek, was geht uns Čapek an; und dann gibt es auf einmal gleich eine Čapek-Woche, einen Čapek-Rummel, alle Direktoren hamstern fieberhaft Čapeks. Ich vermute, daß der Professor Dr. Robert ‚W. U. R.' gespielt hat, um den Professor Dr. Beer zu giften, und der Professor Dr. Beer ‚Die Sache Makropulos' gespielt hat, um den Professor Dr. Robert zu giften: so pflegen ja in Wien Annahmen und Aufführungen zu entstehen. Nun, man kann nur sagen, daß beiden Herren ihr teuflischer Plan vollständig gelungen ist, denn beide Aufführungen sind ganz ausgezeichnet. Aber zumindest e i n e n čapeklosenTag hätte man doch einlegen sollen; allzu rasche Wiederholungen scheinen nämlich dem Čapek nicht gut zu tun. Was wenigstens diese beiden Stücke anlangt, so sind sie Doubletten, ganz ähnlich gebaut und geführt: beide Male eine umwälzende biologisch-chemische Erfindung, diesmal die Kunst, dreihundert Jahre alt zu werden. Beide Male wird das Rezept, das das Geheimnis enthält, verbrannt; beide Male wird die These aufgestellt, daß die Natur mit sich keine Schiebungen gestattet, daß sie sich für jede Vergewaltigung heimlich rächt. Beide Male auch dieselben dramatischen Vorzüge und Mängel: das sichere und feine Kalkül, das aber eben immer konstruiert bleibt, nicht bedingungslos überzeugt, nicht über sich hinausweist; der originelle und gepflegte Dialog; hie und da das plötzliche Aufleuchten eines Gedankens, den man fast für schöpferisch und tief halten könnte, und sein ebenso plötzliches Verpuffen, alles in allem erstklassiges, aber schon allererstklassiges Kunsthandwerk.

Professor Dr. Beers Inszenierung ist bunt, kapriziös und von einem (ihm selbst vielleicht unbewußten) leicht ironischen Unterton, wie wenn ein Gentleman in Gesellschaft aufgefordert wird, Taschenspielerkunststücke auszuführen und sie auch sehr gut macht, aber ein wenig mit der linken Hand, indem er bei allem zu sagen scheint: „Sie glauben doch hoffentlich nicht, daß das mein wirklicher Beruf ist?“ Die Konstantin, heute vielleicht die einzige erotische Schauspielerin von Format und Glanz, leiht der 338jährigen verführerischen Heldin alle Facetten ihrer starken reizvollen Kunst, aber es ist fast zu viel für eine einzelne Rolle und einen einzelnen Menschen: man denke sich etwa, daß eine prachtvolle Pantherkatze auf der Bühne herumspaziert, die außerdem noch phosphoresziert, Raketen niest und nach hunderttausend Tuberosen riecht. Von feiner Laune der liebe alte Ziegler, überaus angenehm Frau Witzmann, Herr Kersten und Herr Rosenthal; schlagsicher wie immer das vortreffliche Geschwisterpaar Loos-Forest. Auch Herr Keune wäre sehr gut, wenn er nicht so keuchend bemüht wäre, in sein Röllchen seine ganze Charakterisierungskunst zu stopfen. Wenn die Schauspieler doch nur einsehen wollten, daß auf der Bühne das Nichts alles ist! Das beweist ganz meisterlich Herr Edthofer: aber freilich muß hinter dem Nichts, das er macht, auch eine so reiche, warme, liebenswerte, zugleich schlichte und komplexe Persönlichkeit stehen, wie er sie besitzt! Professor Dr. Beer konnte für den herzlichen Beifall im Namen Čapeks danken, den er einen Dichter nannte. Nun, das hängt ganz vom point de vue ab: mit Oskar Friedmann und Fritz Lunzer verglichen, ist er einer, mit Äschylos und Dante verglichen, ist er keiner. Immerhin hoffe ich, daß in seinem Insektendrama, das alsbald bei Bernau drankommt, weder dreihundertjährige Maikäfer vorkommen noch künstliche Wanzen und die Tierchen keine Geheimrezepte verbrennen, und auf jeden Fall freue ich mich schon jetzt auf den Hochsommer, wo sicher oft wochenlang keine Čapek-Première sein wird.

EVGENIJ ČIRIKOV: „DIE JUDEN“

Dieser platonische Dialog über Woher und Wohin des Judentums, in den am Schluß etwas Pogromdramatik gepfeffert wird, wirkt noch heute ziemlich unverblaßt durch die edle Menschlichkeit, von der er durchblutet ist, und durch die Schärfe und Ehrlichkeit seiner Menschenzeichnung; er gehört freilich zu jener Art Bühnenliteratur, bei der Regie und Darstellung alles retten und alles verderben kann. Gestern wurde alles gerettet. Karlheinz Martin hat diese krause Winkelwelt so einprägsam und dabei so diskret aufgebaut, daß wir fast in ihr zu atmen glauben: der tickende Uhrmacherladen wird zum lebensvollen Organismus, dessen Pulsschlag wir hören, aus dessen Poren ununterbrochen Vitalität zu uns herüberströmt. Besonders meisterhaft die musikalische Führung des Dialogs: die Verkreuzung, Verschlingung und Gegeneinandersteigerung der einzelnen Stimmen, ihr Crescendo und

Diminuendo, plötzliches Unisono, Abbrechen, Wiederanschwellen und unvermitteltes Verstummen. Emanuel Reicher ist von einer schlichten Größe und monumentalen Natürlichkeit, die seinen Leiser Frenkel zu einer der vollkommensten und erschütterndsten Proben menschlicher Darstellungskunst macht. In der großen Szene des Mittelakts, wo die Tochter ihm gesteht, daß sie einen Christen liebt, hebt er sich zur Novelli-Höhe. Hier ist Shylock und Nathan: die ganze Polarität jüdischen Empfindens wie in einem ungeheuren Brennspiegel gesammelt und leuchtend zurückgeworfen. Und dabei ist um ihn stets noch ein undefinierbarer stiller Glanz, eine kostbare Patina aus Weisheit, Humor, Resignation, mildem Verstehen, Wissen um die geheimsten menschlichen und göttlichen Dinge, die an Gestalten der Bibel gemahnt. Zart und tapfer traf auch Frau Gutmann den Ton der Tochter, und vortrefflich sind Herr Strehlen und Frau Loos in dienenden Partien; ganz außerordentlich aber Herr Duschinsky als der junge Lehrer Nachmann, den er zu einem hinreißenden Nachtbild aller ahasverischen Verkrampftheit, Widersprüchlichkeit, Erdgebundenheit und Höhensehnsucht des Judentums emporsteigert. Welcher Berliner Direktor wird diesen Künstler entdecken müssen, damit wir ihn dann hinterher entdecken und stolz sagen dürfen: denn er war unser? Alles in allem also ein voller, reicher und runder Abend, so daß man herzlich bedauerte, daß das Stück nur drei Akte hatte und nicht vier, wie der Zettel versprach. Aber so ist es schon im Leben: wenn man einmal in Jahren fest entschlossen ist, bis zum Ende auszuharren, versagt dann wieder die Gegenpartei.

OSSIP DYMOV: „NJU“

‚Nju‘ von Ossip Dymow wurde vom Deutschen Volkstheater in die ‚Kammerspiele‘ übernommen. Dieses unsterbliche Manifest eines gotterleuchteten Seelenkünders, ein Meisterwerk psychologischer Filigranarbeit und doch so gar nicht psychologisch im Literatursinn, sondern von edelster Einfachheit, ist bereits seinerzeit von der Kritik mit erfreulicher Einhelligkeit gewürdigt worden, und ebenso die unsterbliche Blamage, die jene Rotte von Mehlschiebern, die jetzt unsere Zuschauerräume zu bevölkern pflegt, durch die stupide Ablehnung dieses Gedichts sich selbst bereitet hat. Man hätte nun meinen sollen, daß das Werk im Rahmen der ‚Kammerspiele‘ zu noch eindringlicherer Wirkung käme, aber merkwürdigerweise war das nicht der Fall. Denn so völlig intim und rein menschlich die Vorzüge dieser Alltagstragödie sind, so haben sie doch andererseits wiederum etwas Transzendentes, Erdfernes, zeitig Unwirkliches, und so treten diese zarten Visionen uns in dem kleinen Raume zu nah, oder vielmehr: wir haben das Gefühl, als träten wir ihnen zu nah. Herr Edthofer als Dichter war fein und geschmackvoll, füllte aber nicht das ganze geistige Volumen der Figur, was jedoch nicht seine Schuld ist, sondern an einem Fehler in der Besetzung liegt. Denn obgleich der Dichter im Stück die Rolle des Liebhabers spielt, so ist es doch ganz und gar keine Liebhaberrolle. Man könnte sich denken, daß es Mitterwurzer gereizt hätte, ihn zu spielen; er wäre die ideale Rolle für den älteren Kainz gewesen; aber auch den Hartmann der letzten Jahre, ja selbst Sauer könnte man sich darin vorstellen, nur niemals den sogenannten „jugendlichen Liebhaber“. Wie Herr Götz als alter Vater unter der Lampe sitzt und voll Güte und doch ohne Verständnis das Tagebuch der toten Nju liest, das ist ein unvergeßliches Bild. Für die Leistungen des Ehepaars Forest-Carlsen genügende Worte des Lobes zu finden, ist unmöglich. Forest als Gatte, halb Philister, halb Dämon, gutmütig-tollpatschiger Bär, aber doch stets das Raubtier im Bären ahnen lassend, zwischen hündischer Prostration und Herrenbrutalität hin- und hertaumelnd und zu alledem noch ein ganzes fremdes Volk mit ein paar kühnen Strichen gestaltend, zeigte wieder einmal, wie sehr Unrecht jene hatten, die in diesem Künstler niemals etwas anderes sehen wollten als einen hervorragenden Episodisten. Wie Frau Carlsen als Nju die Mischung aus Kind und Weib, Katze und Engel in jedem Augenblick mit vollendetem künstlerischen Takt zu treffen versteht, das geht, man muß es rund heraussagen, weit über das hinaus, was die Eysoldt in dieser Rolle geboten hat. Direktor Wallner, der es liebte, bei seinen Generalproben mit dem rührend-naiven und etwas parvenuhaften Stolz des neugebackenen Hausherrn, schwitzend und werbend im Parkett umherzugehen, sagte einmal bei einer solchen Gelegenheit zu mir: „Die Carlsen ist die großartigste Schauspielerin, die es gibt." Nun, vielleicht ist es trotzdem richtig.

ALEXANDER ENGEL/HANS SASSMANN: „REISE IN DIE MÄDCHENZEIT"

Herr v. Millenkovich, aus dessen Fundus die ‚Reise in die Mädchenzeit' von Engel und Saßmann noch stammt, hatte den Plan, im Burgtheater so etwas wie eine spezifisch österreichische Kunst zu kultivieren. An sich ist dieser Gedanke weder schlecht noch unausführbar. Es gibt zweifellos eine Art von Weltgefühl, die ausschließlich in Kunstwerken österreichischer Herkunft ihre Kristallisation gefunden hat. Man könnte dabei zum Beispiel an jene merkwürdige Angst vor der Realität denken, die sich in den Dichtungen Grillparzers oder Stifters ihren rührenden Ausdruck geschaffen hat, oder auch an jene eigentümlich gleitende, spielerische und verantwortungslose, nur die farbigen Oberflächen des Lebens berührende und dabei doch nicht oberflächliche Lebensbetrachtung, die der ganzen österreichischen Barocke bis auf Mozart eigentümlich ist, oder an jene alle Dinge und Menschen und schließlich das eigene Ich auflösende Ironie, deren Klassiker Nestroy gewesen ist und deren Fortsetzer Bahr, Burckhard und in gewissem Sinne auch Schnitzler waren; und noch an manches andere ließe sich denken. Aber wie das schon mit den meisten guten Ideen ist: sie sind im Besitze vieler, aber ausführen kann sie gewöhnlich nur ein einziger. Es hatten ja gewiß auch viele Generäle des achtzehnten Jahrhunderts die richtige Empfindung, daß Schnelligkeit der Operationen ein entscheidender Faktor in der Strategie sei, aber erst ganz am Ende des Jahrhunderts fand sich in Napoleon der Mann, der diese Auffassung auch praktisch zu verwirklichen verstand; und im darauffolgenden Jahrhundert hatte nachweisbar eine ganze Anzahl von Personen den fruchtbaren Gedanken, Deutschland zu einigen, und doch mußte man mit dessen Realisierung auf Bismarck warten. So war es auch mit Herrn v. Millenkovich. Er träumte von einer spezifisch österreichischen Theaterkunst und erwarb die ‚Reise in die Mädchenzeit'.

Dieses Lustspiel ist nämlich nichts weniger als österreichisch, auch nicht deutsch, sondern stark französisierend, sozusagen Champagner, der erst über der Grenze in Flaschen gefüllt wurde. Ich will nun gern und von vornherein zugeben, daß ich gegen derlei Erzeugnisse etwas ungerecht bin. Ich kann sie nicht ausstehen; ich finde, sie haben alle etwas beleidigend Mechanisches, roh Zufälliges: es könnte alles auch ganz anders oder gar nicht kommen; statt daß der Autor für die Figuren da ist, sind die Figuren für den Autor da. Dies abgezogen, läßt sich einräumen, daß hier ganz gewandt und munter, wenn auch in etwas schleppendem Tempo, eine nicht üble Schwankfabel erzählt wird (die darin besteht, daß eine unverstandene kleine Frau, die sich scheiden lassen will, in dem Augenblick neues Interesse für ihre Ehe zu fühlen beginnt, wo ein kluger Freund des Hauses ihr vorzuspiegeln versteht, daß sie gar nicht richtig verheiratet ist). Diese Dame wird von Frau Retty ganz entzückend gespielt, hat in Herrn Treßler einen liebenswürdigen Gatten und in Herrn Forest einen ungemein amüsanten Papa, und da auch Herr Romberg und Fräulein Kutschera als ein zweites Ehepaar, Frau Reinhold als Mama und Herr Arndt als Hausfreund bei guter Laune waren, so verlief der Abend ganz angenehm. In der vorigen Saison gab es im Burgtheater einen echten Flers & Caillavet: ‚Die Fahrt ins Blaue', und jene Fahrt war schließlich auch nicht kurzweiliger und reicher an Offenbarungen als diese Reise. Beide erfüllten ganz brav ihren Zweck, die Zeit totzuschlagen, was einer Zeit wie der unserigen ja auch aufs innigste zu wünschen ist.

NIKOLAI EVREINOV: „DIE KULISSEN DER SEELE"

Die Wiener ‚Renaissancebühne' spielte zum erstenmal in deutscher Sprache: ‚Die Kulissen der Seele', ein Monodrama in einem Akt von Nikolai Nikolajewitsch Evreinov, vortrefflich übersetzt von Franz Theodor Csokor, und ich kann mir das Vergnügen nicht versagen, den Inhalt dieser kleinen Dichtung, die in Petersburg ein Jahr lang täglich gespielt wurde und längst in Deutschland bekannt sein sollte, kurz zu erzählen. Da das Stück im Buchhandel nicht erschienen ist und nicht einmal als gedrucktes Bühnenmanuskript existiert, so zitiere ich bloß aus dem Gedächtnis, hoffe aber doch im wesentlichen das Richtige wiederzugeben.

Zunächst also tritt ein Professor der Psychologie vor den Vorhang, zeichnet mit farbiger Kreide das Innere des Menschen an die Tafel und erklärt, das Individuum bestehe nicht, wie man bisher ganz irrtümlich angenommen habe, aus einem einzigen Ich, sondern es besitze mindestens drei Ichs. Nämlich a) das Verstandesich, b) das Gefühlsich und c) die unsterbliche Weltseele, die, auf alle Individuen verteilt, sich als Unterbewußtsein äußert. Nun hebt sich der Vorhang, und man erblickt tatsächlich das Innere eines Menschen, und zwar eines Herrn Iwanow, der sich soeben in einem Nachtlokal befindet: das Herzpumpwerk macht seine regelmäßigen Schläge, der Lungenblasbalg hebt und senkt sich, die Klaviersaiten der Nerven vibrieren. Im Hintergrund befindet sich ein Telephon, offenbar die Verbindung zur Gehirnzentrale. Vorn schläft ein maskierter Herr im Reiseanzug: das Unterbewußtsein. Das Gefühlsich, ein temperamentvoller junger Mann in Künstlerjoppe, ist in bester Laune, tanzt und singt. Das Verstandesich, ein dunkelgekleideter, etwas pedantischer Herr mit scharfer Brille, verhält sich warnend und ablehnend. Das Gefühlsich läßt sich dadurch die Stimmung nicht verderben, eilt zum Telephon und ruft hinauf: „Cognac". Das Verstandesich reißt ihm die Muschel aus der Hand und schreit: „Im Gegenteil! Brom!" Es entsteht eine Balgerei, schließlich siegt der Verstand. Alsbald zeigt sich die beruhigende Wirkung, der Verstand sagt zum Gefühl: Setzen Sie sich! Das Gefühl „setzt sich", nicht ohne hinzuzufügen: Sie sind ja doch nur ein großer Philister. In diesem Augenblick erscheint jedoch die Tänzerin, ein entzückend graziöses junges Geschöpf. Das Gefühl huldigt ihr begeistert. Aber der Verstand ruft: „So sehen Sie sich doch nur einmal an, wen Sie so heiß lieben! Da! Ich steche ihr eine Nadel in die Waden, sie spürt es nicht, denn sie sind wattiert; da! Ich ziehe an ihren goldenen Haaren, sie gehen mit, denn sie sind falsch; und da, sehen Sie, halte ich die Doppelreihe ihrer weißen Perlenzähne in meiner Hand!

Sie lächerlicher Mensch, Sie lieben ein häßliches altes Weib!" „Übertrieben, übertrieben!" ruft das Gefühl, das anfangs etwas entsetzt war, aber sich rasch gefaßt hat.

Aber nun führt der Verstand Frau Iwanow herein, die, eine helle Lichtgestalt, von magischem, blauem Schein übergossen, unter rührendem Gesang das Kindchen in den Schlaf lullt. Sie singt zwar ein bißchen falsch, aber das Gefühl ist doch sichtlich ergriffen. Der Verstand triumphiert. „Und diese edle Dulderin", ruft er, „wollten Sie verlassen." Aber nun schießt wieder das Gefühl in die Höhe: „Was, Dulderin? Ein Hausdrache!" Und, von ihm hereingeführt, erscheint eine boshafte, keifende Person. Aber diesmal ruft der Verstand: „Übertrieben!" Abermals erscheint die Tänzerin, verführerischer denn je. Der Verstand gibt ihr eine schallende Ohrfeige, das Gefühl ist außer sich, furchtbarer Ringkampf zwischen den beiden, schließlich bringt das Gefühl den Verstand um und sinkt der Tänzerin beglückt zu Füßen. Diese jedoch erwidert, seine Begeisterung sei ja sehr schmeichelhaft, aber die Hauptsache bei der Liebe sei doch das Geld, und läßt ihn stehen. Das Gefühl rast, fragt sich verzweifelt: wozu dieses ganze Leben?, stürzt zum Telephon und ruft hinauf: „Schluß machen! Sofort! Die Browning! Zwischen die dritte und vierte Rippe!" Ein Krach, das Herzpumpwerk bekommt ein Loch, ein Blutstrom rieselt heraus, das Gefühl fällt um und ist tot. Ein Eisenbahnschaffner mit schwarzen Flügeln, offenbar der Tod, tritt ein und sagt: „Na, was ist denn los? Umsteigen! Fix, fix!" Das Unterbewußtsein erhebt sich mißmutig und gähnend, sagt: „Wieso? Schon wieder? In einen neuen Herrn Iwanow? Wozu? Es ist doch immer dasselbe!", nimmt seinen Handkoffer und torkelt hinaus.

Man wird vielleicht schon aus dieser mageren Inhaltsangabe ersehen, daß es sich um eine der originellsten und geistreichsten Grotesken handelt, die je geschrieben wurden. Man könnte auf dieses Stück ein ganzes Kabarett gründen, und ich möchte es den Herren Leitern dieser Etablissements wärmstens empfehlen. Es ist ja sehr nett gegen mich, daß sie immer wieder meinen ‚Goethe‘ geben, aber es wäre noch netter gegen das Publikum, wenn sie einmal ein weniger abgespieltes Meisterwerk vornehmen wollten.

GIOVACCHINO FORZANO: „FRÜHLINGSFEST IN FLORENZ“

Dieses dreiaktige Lustspiel von Giovacchino Forzano, das im Wiener Burgtheater gegeben wurde, besitzt folgende Handlung: der Seidenhändler Luca Benino, ältlich, hat, was ältlichen Herren in Lustspielen fast immer zu widerfahren pflegt: nämlich eine junge Frau, die man nicht gut anders als mit dem italienischen Dialektwort „resch“ bezeichnen kann. Madonna Oretta ist die Seele des Geschäftes; aber ebenso umsichtig und resolut dirigiert sie auch ihre beiden Liebhaber: den Geschäftsgehilfen Lando und den Nobile Bonaccorso. Nicht genug damit, ergreift aber auch der schöne Graf Gherardi di San Gimignano von ihrem Herzen Besitz; sie beschließt ihn um jeden Preis zu kapern, zu welchem Zweck sie jedoch zunächst Genovieffa, die Geliebte des Grafen, aus dem Wege räumen muß. Jedoch nichts leichter als das: dazu braucht sich Oretta bloß als Mann zu verkleiden und Genovieffa, theoretisch, zu verführen, womit der Beweis erbracht ist, daß der Graf sehr mit Unrecht seine Geliebte für das treueste Weib der Erde hält. In der Tat wirft er sie denn auch hinaus, aber – und hier macht diese an aparten Erfindungen so reiche Dichtung eine letzte originelle Wendung – er ist durch dieses traurige Erlebnis ein erotischer Desperado geworden und nimmt sich nicht Oretta als Ersatz für Genovieffa, sondern drei kleine Modistinnen.

Dies der wesentliche Inhalt des Lustspiels von Giovacchino Forzano. Wie man sieht, ein treues und packendes Gemälde des menschlichen Lebens. Herr Paulsen als Graf, Frau Marberg und Frau Witt (alternierend) als Genovieffa halfen sich mit ihrer Routine, Herr Maierhofer versuchte die Komik der Vorgänge durch einige unappetitliche Nuancen zu steigern, die hier wiederzugeben mich kein Mensch auf der Welt zwingen wird. Frau Pünkösdy spielt die Oretta mit einer rüpelhaften Drastik, die sie stark in die Nähe der Werbezirk bringt, ihr aber lange nicht so gut sitzt wie dieser, weil sie ganz künstlich und gemacht ist. Das Publikum ging auf diesen derben, nichts weniger als burgtheatermäßigen Ton ein und gab am Schluß der Vorstellung schrille Pfiffe von sich.

FRANZ GRILLPARZER: „DER TRAUM EIN LEBEN"

Vor einiger Zeit sah ich am Münchner Hoftheater eine Neuinszenierung von Grillparzers ‚Traum ein Leben'. Diese Aufführung zeigt, wie ich glaube, dasselbe, was die des Wiener Hofburgtheaters gezeigt hat, und was wohl alle bisherigen Aufführungen dieses Stückes gezeigt haben dürften: nämlich wie man dieses Stück nicht inszenieren darf, wenn man seiner Idee gerecht werden will.

Der ‚Traum ein Leben' leitet sich aus zwei Quellen her: aus der Traum- und Zauberromantik der Calderónbühne, mit der sich Grillparzer eingehend beschäftigt hatte, und aus der Tradition des Leopoldstädter Theaters, deren markantester Vertreter Ferdinand Raimund war, und auf welche die Worte des Goetheschen Schauspieldirektors passen: „Vor allem aber laßt genug geschehn! Man kommt zu schaun, man will am liebsten sehn ... Drum schonet mir an diesem Tag Prospekte nicht und nicht Maschinen! Gebraucht das groß und kleine Himmelslicht, die Sterne dürfet ihr verschwenden; an Wasser, Feuer, Felsenwänden, an Tier und Vögeln fehlt es nicht." Nun besteht aber zwischen Grillparzer und Raimund ein sehr wesentlicher Unterschied, nämlich kein andrer als der, daß Grillparzer nicht bloß ein Dichter war, sondern bereits ein Dichter in unserm modernen Sinne, das heißt: ein Psycholog. Es war daher gar nicht anders möglich, als daß sich in der Anschauung Grillparzers dieser zunächst auf ganz äußerliche Draperieeffekte und grobe romantische Unwahrscheinlichkeiten gestellte Stoff völlig veränderte und zu einem echten Traumstück gestaltete, das vom Traum nur die freiere Kausalität und die größere Farbigkeit behielt, im übrigen aber die psychologischen und physiologischen Gesetze des Traumlebens in oft bewunderungswürdig feinen Details widerspiegelte: jeder Mensch, der lebhaft träumt, muß von dieser Schärfe und Subtilität der Beobachtung überrascht und entzückt sein. Es ist nun die Aufgabe der Bühnendarstellung, auf der einen Seite diese Einzelheiten zur sinnfälligen Anschauung zu bringen und da und dort, wie es die Technik des Theaters verlangt, noch stärker zu unterstreichen, auf der andern Seite den Gegensatz zwischen der Wirklichkeit des ersten und letzten Teils und dem Traumgeschehen der übrigen Partien in ein möglichst hohes Relief zu bringen.

Vergegenwärtigen wir uns kurz die Handlung, wie sie sich dem unbefangenen Zuschauer darzustellen hat. Ein junger Mensch, namens Rustan, lebt mit seinem Oheim, seiner Base und seinem Negersklaven irgendwo in einer zeitlosen orientalischen Gegend. Das Landleben genügt ihm nicht; sein Ehrgeiz und seine Tatenlust, durch temperamentvolle Einflüsterungen des Negers angestachelt, begehrt andre Aufgaben, und er will fort. Zunächst ist hier zweierlei wichtig. Erstens: es handelt sich um einen ganz undifferenzierten jungen Menschen und einen ebenso undifferenzierten Schwarzen. Zweitens: es handelt sich überhaupt um Bauern. Massud ist ein kluger, alter Bauer, Rustan ein unkluger, junger Bauer, Zanga ein schwarzer Naturbursch und Mirza eine Landpommeranze. Nun geht ja gewöhnlich die Theaterregie von der Idee aus, daß Kostümmenschen unter allen Umständen höherorganisierte Menschen sein müssen. Es läßt sich aber kein vernünftiger Grund dafür angeben, warum Menschen deshalb, weil sie unmodern angezogen sind, schon edlere Geschöpfe sein sollen. Es liegt gar keine stilistische Unmöglichkeit darin, Rustan und Zanga derb und ungehobelt, Massud nüchtern und trocken, Mirza sentimental und gewöhnlich handeln und reden zu lassen. Hierin liegt eben das Problem und die Aufgabe der modernen Schauspielkunst, und der Grillparzersche Trochäus, der ein viel realistischeres Versmaß ist als der Schillersche Jambus, erleichtert diese Aufgabe. Überhaupt ist der Sprache Grillparzers im allgemeinen keine allzu große Wichtigkeit beizulegen. Er war viel zu sehr Dramatiker, um der sprachlichen Ausfeilung übertriebene Sorgfalt zu schenken. Sätze wie: „Wähnst Du, mich zu überzeugen, und kannst es Dich selber nicht?“ könnten von Busch sein. Hätte er nicht im Bann der damals noch alleinherrschenden klassischen Überlieferung gestanden, so hätte er vielleicht den Mut gefunden, die Szenen des „Lebens“ im Gegensatz zum Traum in Prosa zu schreiben. Gewisse geschwätzige Zugeständnisse an den Zeitgeschmack sollte man allerdings überhaupt fallen lassen, was freilich von der Eitelkeit des Schauspielers ein großes Opfer fordert. (Dieses Opfer brachte in München der künstlerische Takt Albert Heines, der über die Schlachtenerzählung Zangas völlig hinwegglitt und aus einem rhetorischen Paradestück eine ganz naturalistische Bramarbasiererei machte.)

Rustan erbittet sich Urlaub vom Oheim und erhält ihn schließlich. Zur letzten Nachtruhe in der heimatlichen Hütte streckt er sich aufs Ruhebett. Harfentöne erklingen, und von draußen hört man einen schwermütigen Gesang. In diesem

Moment vermischen sich Wirklichkeit und Traum. Es tritt der physiologische Zustand des sogenannten „Vortraums" ein, in dem man zwar noch eine Empfindung für die Vorgänge der Außenwelt hat, aber das sichere Kausalitätsgefühl bereits verliert; denn die inneren Phantasiebilder und die empirischen Vorstellungen beginnen sich bereits zu vermischen. So vermischt sich bei Rustan der Gesang des alten Derwisches mit eigenen Gedanken und Melodien. Hierauf tritt jedoch etwas Furchtbares ein. „Zu des Bettes Häupten und Füßen tauchen zwei Knaben auf. Der eine, bunt gekleidet, mit verlöschter Fackel; der zweite in braunem Gewande, mit brennender. Über Rustans Bett hin nähern sie einander die Fackeln. Die des buntgekleideten entzündet sich, der dunkle verlöscht die seine gegen die Erde." Gleichzeitig öffnet sich die Hinterwand, und man sieht die Dekoration des zweiten Aktes.

Diese beiden furchtbaren „symbolischen" Marionetten sind aus der Requisitenkammer des Leopoldstädter Theaters. Sie sollen offenbar darauf aufmerksam machen, daß jetzt der Traum beginnt. Daß sie diesen Zweck nicht erreicht haben, erfahren wir von Laube, der vom Wiener Publikum erzählt, es sei erst im vierten Aufzug hinter den wahren Sachverhalt gekommen, und dieses Publikum trotzdem „rasch auffassend" nennt. Nimmt man nun an, daß das Publikum anderswo ebenso rasch auffaßt, so sind die beiden Puppen nicht nur geschmacklos, sondern auch überflüssig.

Ich glaube, daß sich die Aufgabe folgendermaßen lösen ließe. Rustans Ruhebett steht ganz vorn an der Rampe; die Bühne ist nur durch ein Nachtlicht erhellt. Nach dem Gesang verlischt dieses Licht, und das Ruhebett liegt nun in völligem Dunkel. Der mittlere und hintere Teil der Bühne beginnt aber wieder langsam heller zu werden, und aus Nebelschleiern (die Grillparzer selbst schon vorschreibt) löst sich allmählich das Bild des zweiten Aktes: Felsstücke, mächtige Bäume, und im Hintergrund der Bergstrom mit der Brücke. Über die Brücke kommen Rustan und Zanga und verschwinden nach rechts. Nach einer Weile betreten sie von links vorn wieder die Bühne, die inzwischen vollkommen hell geworden ist. In diesem Augenblick bricht die Musik mitten im Takt jäh ab, und der zweite Akt schließt sich unmittelbar an. Das ganze Verfahren erscheint mir berechtigt, denn Rustan träumt nicht bloß Zanga, den König, Gülnare und alles andere, sondern auch sich selbst. Zur vollendeten Deutlichkeit können die Traumszenen hinter einem schwarzen Bühnenrahmen gespielt werden. Nach dem zweiten und dritten Akt fällt ein schwarzer Vorhang.

Was die Traumszenen selbst betrifft, so müßten sie doch wohl im schärfsten Kontrast zu den übrigen Szenen stehen. Hier soll deklamiert werden, auch sollen alle Figuren größer erscheinen als sonst und möglichst phantastische, bunte, fliegende Gewänder tragen. Die Gebärden müßten etwas Stilisiertes, Weitausladendes, Drohendes haben. Nicht bloß der Mann vom Felsen, der fast allgemein so gespielt wird, sondern alle Figuren sind Schreckgespenster. Daß der König und Massud dieselbe Figur sind, scheint mir erwiesen; im Grunde decken sich auch Mirza und Gülnare; da aber Mirza auch wieder jene Sklavin ist, die im vierten Akt lautlos über die Bühne geht, so muß man wohl auf jene erste Identität als die unwichtigere und auch viel äußerlichere verzichten. Wird nun der König vom Darsteller des Massud gespielt, so muß er seine äußere Erscheinung nicht bloß im Kostüm verändern. Hat Massud etwa einen ganz gewöhnlichen weißen Bart, so müßte der König einen ungeheuer langen, wallenden, exotischen Bart haben, etwa in der Art des Moses von Michelangelo. Und in ähnlicher Weise müßte auch Zanga in Spiel und äußerer Erscheinung wechseln. Im letzten Akt verwandelt er sich ja in den leibhaftigen Teufel.

Was das Szenische betrifft, so wären die Kulissen und Prospekte des Traumes gleichfalls in möglichst kolossalen, grellen und stilisierten Formen zu halten. Auch würde es, wie ich glaube, nicht im geringsten stören, wenn die Bühne während des ganzen Traums – selbst wo Tagbeleuchtung sein soll – in ein fahles, unheimliches Dämmerlicht getaucht wäre, etwa in der Art, wie die Mittagsbeleuchtung bei der Sonnenfinsternis im Sommer 1905 in unsern Gegenden war. Es ist Tag und doch nicht Tag. Ferner sollte das Auf- und Abtreten der Personen mehr den Charakter des Auftauchens und Verschwindens tragen, was am schönsten und täuschendsten dadurch zu erreichen wäre, daß die Bilder der Schauspieler durch Spiegel auf die Bühne geworfen würden, eine Sache, die freilich ebenso kostspielig wie technisch schwierig wäre. Jedenfalls aber darf die Alte im dritten Akt nicht einfach abgehen, sondern muß auf irgend eine absonderliche Weise von den Falten des Vorhangs verschlungen werden. Auch die Becherszene müßte breit ausgesponnen werden. Jedermann hat schon im Traum die Erfahrung gemacht, daß er irgend einen toten Gegenstand absolut nicht zu fassen bekam, weil dieser ihm immer wieder selbsttätig davonlief. So darf auch der Becher dem Rustan nicht einfach entgleiten, sondern muß, hinter der Szene gelenkt, tatsächlich vor ihm davonrennen.

Von größter Wichtigkeit ist die Szene, in der die Uhr drei schlägt, eine Sklavin (Mirza) vorbeigeht, und Rustan einen Moment lang weiß, daß er träumt: eben jene Szene, bei der das Wiener Publikum „rasch begriff“. Es handelt sich hier um einen Augenblick des Halbschlafs und zugleich um eine Erscheinung, die jeder Träumende kennt, nämlich, daß man mitten im Traum sich sagt: es ist alles nicht wirklich. Bleibt nun das Ruhebett, in Dunkel gehüllt, während des ganzen Stückes vorn an der Rampe stehen, so ließe sich die Sache vielleicht so lösen, daß Rustan nach vorn kommt, nachdenklich auf das Ruhebett zurücksinkt und die folgenden Worte (während der Rest der Bühne vorübergehend in düsteres Dämmerlicht sinkt) in einer Art von somnambulem Zustand vor sich hinmurmelt. Gleichzeitig erscheint Mirza im Kostüm einer Sklavin von rechts mit einer Lampe und schreitet langsam über die ganze Bühne nach links. Jene folgende kurze Zwischenszene dagegen, in der Mirza dem Massud über den unruhigen Schlummer Rustans ihre Besorgnisse äußert, ist nicht nur entbehrlich, sondern auch störend, denn sie zerreißt die Einheit der Traumhandlung.

Es folgt die letzte Traumszene und das Erwachen Rustans. Dies könnte vielleicht folgendermaßen gespielt werden. Zanga: „Dort hinauf, dort nur ist Rettung, bist umsponnen, siehst Du? Feinde!“ Von der linken Seite hinten tauchen verschwommene Gestalten mit Fackeln auf, die, bald verhüllt, bald zuckend beleuchtet, ameisenartig durcheinanderwimmeln. Dazu beginnt eine mißtönige Musik, die bald zu schrillen Fanfaren anschwillt, bald zu einem unheimlichen Gemurmel herabsinkt. Rustan: „Zanga!“ Er eilt nach links ab. Von der rechten Seite hinten erscheinen ähnliche Gestalten mit irrlichterartigen Fackeln. Gleichzeitig sinkt der Vordergrund in immer stärkeres Dunkel. Zanga: „Nur die Brücke frei noch!“ Rustan hat die Brücke betreten. Der Vordergrund der Bühne wird ganz finster, und auch der Hintergrund hüllt sich in nebliges Halbdunkel. Nur die Brücke und der Fluß werden vom fahlen Mondlicht voll beschienen. Zangas Stimme (aus der Tiefe und wie aus weiter Ferne): „Willst Du fallen von des Henkers Hand, ein Feiger? Nun stehst Du am rechten Platze! Stürz hinab Dich in die Fluten, stirb als Krieger, fall als Held!“ Die Schatten (indem sie immer näher herandrängen, murmelnd): „Gib Dich! Gib Dich!“ Rustan wirft die Arme in die Luft und stürzt sich in den Strom. Eine rote Flamme schlägt zischend auf, und das Orchester markiert einen Donnerschlag. Die kurze Zimmerdekoration des ersten Aktes fällt knatternd vor. Der schwarze Bühnenrahmen verschwindet. Die Musik geht in eine volksliederartige Weise – Motiv des alten Kaleb – über. Die Nebel lichten sich, und man blickt in das Innere der Hütte. Rustan, der von seinem

Lager herabgefallen ist, liegt auf dem Boden. Durchs Fenster fällt die erste Morgenröte.

Dies alles sind natürlich nur ganz grobe Umrisse. Eine Inszenierung aber, die einesteils den Gedanken des Stückes wirklich körperlich zur Erscheinung bringen, andersteils den Anforderungen der modernen Theaterphantasie entsprechen will, wird sich wohl in dieser Richtung bewegen müssen. Man mag einwenden, daß eine derartige Inszenierung große Kosten und technische Schwierigkeiten bietet. Es gibt aber nur diese beiden Möglichkeiten: entweder man überläßt das Drama der Lektüre, die immer nicht nur das Billigste, sondern auch das Phantasievollste ist, oder man wird der Illusion des Zuschauers gerecht. Wenn Shakespeare sich unbeschadet der dramatischen Wirkung mit Tafeln behelfen konnte, und wenn noch vor dreißig Jahren ein Theaterzimmer, ohne den Zuschauer zu stören, aus drei Leinwandstücken bestehen durfte, so sind dennoch derartige Möglichkeiten, selbst wenn sie für die lebendigere Phantasie und den reinern Kunstsinn des damaligen Publikums sprechen, heute völlig undiskutierbar. Unsre Theaterorgane sind nun einmal auf die moderne Illusionsbühne eingestellt, und dies ist eine physiologische Tatsache, mit der nicht zu rechten, sondern zu rechnen ist. Es ist heute unmöglich, bei der Darstellung von ‚Traum ein Leben' auf eine vernutzte Zauberpossenregie zurückzugreifen.

FRANZ GRILLPARZER: „KÖNIG OTTOKARS GLÜCK UND ENDE"

Grillparzers Patriotismus ist, wie der österreichische Patriotismus überhaupt, ein Problem. Für den Deutschen faßt sich dieses Gefühl in die Worte „Deutschland über alles!", für den

Franzosen in den Satz „Vive la France!“: das sind einfache, nicht mißzuverstehende Formeln. Aber der Österreicher blickt mit einer Art Strindbergischem Liebeshaß auf sein Vaterland, wobei bereits das Wort „Vaterland“ ihm wie etwas Ridiküles vorkommt, das er nie ohne eine leicht sarkastische Betonung in den Mund nimmt. Es geht ihm mit seiner Heimat ähnlich, wie Kean in dem berühmten Kolportagestück, der einem Freunde eine lange Tirade über die Verlogenheit, Nichtigkeit und Verächtlichkeit des Schauspielerberufes hält, aber, als ihn dieser fragt, warum er denn dann nicht von der Bühne abgehe, ganz erstaunt anwortet: „Mein Lieber, Sie sind wohl verrückt geworden.“ Ebenso große Augen würde der Österreicher machen, wenn man ihm auf sein fortwährendes Geschimpfe hin den Vorschlag machte, doch in irgendeines jener Länder auszuwandern, die er so turmhoch über Österreich stellt. Diese merkwürdig gemischte Empfindung ist das Grundpathos, das durch das Denken und Schaffen aller repräsentativen Österreicher geht, sie läßt sich am bündigsten in den Worten ausdrücken, die der größte österreichische Klassiker, Nestroy, einen seiner unvergleichlichen Diener über seinen Herrn sagen läßt: „I kann den Kerl net aussteh'n, aber mi g'freut's halt bei kein' andern.“

Diese Art Patriotismus zeigt sich nirgends komplexer und verzwickter als in ‚König Ottokars Glück und Ende‘. Grillparzer zeigt darin, was für eine große Sache dieses Österreich doch trotz allem ist oder vielmehr war, denn das Ganze soll nur der Gegenwart als läuterndes und erhebendes Beispiel vorgehalten werden. So weiß man nie: Preist Grillparzer das Habsburgerreich, weil es so herrlich ist, oder beklagt er es, weil es nicht mehr so herrlich ist? Das wird nicht recht klar und soll wohl auch nicht klar werden. Und nun ist es höchst merkwürdig, daß gerade dies das einzige an der ganzen Dichtung ist, was modern geblieben ist und noch zu uns spricht. Der Rest ist eine liebenswürdig rasselnde Ritterkomödie älteren Stils, ein zierlich getuschter Münchener Bilderbogen mit allerlei wohlgesetzter, aber nicht gerade sehr kostspieliger Spruchweisheit. Und es ist schon einmal so, daß die Regie hier, je moderner sie ist, desto mehr das Antiquierte der Sache ins Relief treibt; je energischer sie in den Staub bläst, desto stärker wirbelt es auf. [...]

GERHART HAUPTMANN: „FLORIAN GEYER"

Wien hat seit dem 2. September ein neues Schauspielhaus, oder vielmehr: ein altes hat sich nach vielen Jahren wieder an seine ursprüngliche Bestimmung erinnert. Zu Anfang der neunziger Jahre wurde das Raimund-Theater erbaut, „als eine Kunststätte für den Wiener Bürger", wie es in seinem damaligen Programm verkündete. Nun, genauso sieht dieses Haus auch aus: charakterlos und langweilig. Die Kunst konnte sich denn auch auf die Dauer in diesen Räumen nicht halten und wich der Operette. Und jetzt, nachdem dort etwa zweitausendmal die Weisen aus dem ‚Dreimäderlhaus' und ‚Hannerl' erklungen sind, hat Dr. Rudolf Beer, der bisherige Direktor des Brünner Stadttheaters, den schönen Mut gefunden, es in Mariahilf wieder einmal mit der Kunst zu versuchen.

Die Eröffnungsvorstellung, ‚Florian Geyer' unter der Regie Karl Heinz Martins, war vor allem eine höchst respektable Arbeitsleistung: das große Thema dieses vielverschlungenen Massendramas sehr sauber und exakt durchfiguriert, stark und sicher zusammengefaßte Bühnenbilder, eine vortrefflich geschulte Komparserie, der man gleichwohl den Mechanismus des Drills nur in wenigen Szenen anmerkt, und eine sehr geschickte Ausnützung der szenischen Möglichkeiten, die natürlich viel geringer sind als im Berliner ‚Großen Schauspielhaus', aber dafür einheitlichere und intimere Wirkungen gestatten. Wenn man konstatieren kann, daß nicht ein einziger Darsteller unangenehm auffiel, so ist das bei einem Werk, das über drei Dutzend Figuren enthält, schon ein sehr großes Lob; und man muß hinzufügen, daß Bonn als Tellermann und Klöpfer als Geyer, auch am höchsten Maßstab gemessen, außerordentlich waren. Bonn hat wieder einmal überrascht. Dieser Schauspieler ist immer entweder unmöglich oder unerreichbar. Diesmal war er das letztere: er schuf eine Gestalt, wie aus einer Flugschrift des 16. Jahrhunderts geschnitten, die die ganze Atmosphäre einer gärenden Weltwende in zwei Szenen zur lebendigen Anschauung bringt, dabei in jedem Wort und in jeder Gebärde tief menschlich, ohne eine Spur von Theater. Klöpfer zeigt vor allem das Pubertäthafte, das in Florian Geyer und in allen Menschen jener Zeit noch lebte. Das typische Dummejungenhafte, dumpf Drauflosstolpernde. Die Leichtigkeit und Ungekünsteltheit, mit der er stärkste Wirkungen ganz von selber, ohne jedes merkbare persönliche Dazutun zu erzielen vermag und die etwas von der freien und machtvollen Vitalität eines Krafttieres hat, riß das Wiener Publikum sofort zu ihm hinüber. Ja, vom Theater verstehen die Wiener eben noch immer was; da können sie nicht auch noch eine gute Valuta haben.

GERHART HAUPTMANN: „DER WEISSE HEILAND"

Das Erlebnis des gestrigen Abends hieß nicht Hauptmann, sondern Moissi. Nie ist Moissi eine Aufgabe so entgegengekommen, aber auch noch nie hat er eine Figur so gefüllt, durchfärbt, gesteigert, so mit seiner eigenen Anämie durchblutet, einer „Anämie der alten Rassen", wie Speidel sich einmal ausdrückt, voll adeliger Fragilität und – Freund Ullmann wird gestatten – getöntester Morbidezza. Was er herzerschütternd gestaltet, ist die Angst vor dem Leben, die „angoisse de la vie", die jede Kreatur quälend durchdringt. Das Drama selbst ist eine bewunderungswürdige Niete. Die Grundidee ist wundervoll: sogenannte Christen, in Wahrheit imperialistische Banditen, wollen nach Mexiko Religion und Kultur bringen und müssen bemerken, daß die sogenannten Wilden diesen Glauben nicht nur längst haben, sondern auch wahrhaft leben. Aber es hat dem Dichter bei der Ausführung an zweierlei gefehlt: an dem Mut und der Phantasie, Historie und Exotik magisch wiederzubeleben, und an der Fülle und dem Furor der strafenden Satire, die sich befugt und befähigt weiß, ein Weltgericht abzuhalten. Das erste kann unter den heute Lebenden nur Shaw; wer allein das zweite vermag, weiß in Wien jeder Mensch. Die Bühnenbilder von Strnad sind kleine Meisterwerke. Wir behalten uns vor, auf Werk und Aufführung in der heurigen „Bösen-Buben-Zeitung" noch ausführlich zurückzukommen.

FRIEDRICH HEBBEL: „DER DIAMANT"

Aus München schreibt Hebbel, noch nicht ganz fünfundzwanzigjährig, an seine Geliebte Elise Lensing: „Du fragst mich, an welcher Todeskrankheit ich daniedergelegen wäre? Liebes Kind, es gibt nur einen Tod und nur eine Todeskrankheit, und sie lassen sich nicht nennen: aber es ist die, derentwegen sich Goethes Faust dem Teufel verschrieb, die Goethe befähigte und begeisterte, den Faust zu schreiben, es ist die, die den Humor erzeugt: es ist die, die das Blut zugleich erhitzt und erstarrt; es ist das Gefühl des vollkommenen Widerspruches in allen Dingen: es ist mit einem Wort die Krankheit, die Du nie begreifen wirst, weil – Du danach fragen konntest." Das sind dunkle Worte, die wohl auch gescheitere Menschen als die arme Elise nicht begriffen hätten, und doch erhellen sie, wie Blitze, die aus einer tiefen, unergründlichen Nacht aufschießen, Kern und Wesen dieses Mannes, der von der Mitwelt platt verkannt, von der Nachwelt maßlos bewundert wurde, auf beide aber niemals eine andere Wirkung ausgeübt hat, als daß er sie beunruhigte; der so inbrünstig und zäh wie nur je einer danach gerungen hat, ein Dichter zu sein, und doch nur das vollkommenste Gegenspiel, die Aufhebung, die Antithese eines Dichters war, ein Dichter etwa, wie Luzifer ein Engel war; eine Flamme, begabt, zu verkohlen, aber nicht zu leuchten. Weil er die Welt nicht geliebt hat.

„Das Gefühl des vollkommenen Widerspruchs in allen Dingen" ist in der Tat das Gefühl, aus dem Kunst, Dichtung, Philosophie, Religion: kurz alles Schöpferische seinen Ursprung nimmt. Es war sicher die Wurzel, aus der die Problematik von Goethes Faust entsprang, es war höchstwahrscheinlich auch der Grund, warum Faust sich dem Teufel verschrieb; und auch das ist gewiß richtig, daß es den Humor erzeugt. Aber zur Krankheit, zur Todeskrankheit wurde es erst durch die Perversion, in der es in Hebbels Seele auftrat. „Gefühl des vollkommenen Widerspruchs": daran erkennen wir leicht die Einwirkung der eigensinnigen Terminologie Hegels; aber bei diesem folgt auf den Kampf von These und Antithese die läuternde, befreiende, harmonisierende Synthese. Diese fehlt bei Hebbel. Betrachtet man einzelne seiner Dichtungen, zum Beispiel ‚Herodes und Mariamne', bloß obenhin auf ihren äußeren Bau und den Rhythmus ihres Geschehens, so könnte man glauben, er sei ein dramatischer Hegel gewesen; sieht man aber näher zu, so bemerkt man, daß er ein Hegelianer war, der nicht fertig geworden ist, der nicht Kraft genug besaß, den ganzen dialektischen Prozeß seines Lehrers zu wiederholen infolge irgendeiner geistigen Dyspepsie oder wohl richtiger: aus einer tief in seinem Wesen verankerten, in seiner Natur radikal angelegten Bosheit.

Im großen und ganzen bin ich ja der Überzeugung, daß die sogenannten „bösen Menschen" nur in Films, Detektivromanen und Leitartikeln von Parteiblättern vorkommen, und ich habe eine Ausnahme von dieser Regel bisher nur in zwei Menschen gefunden: in Hebbel und Otto Weininger. Und es ist nun sehr merkwürdig, daß diese beiden selber niemals von dem dunklen Gefühl verlassen wurden, auf dieser Erde eigentlich nicht existenzberechtigt zu sein. Bei Weininger führte dies schon in sehr frühem Alter zum Selbstmord; bei Hebbel äußert es sich in zahllosen Tagebuchnotizen und Briefstellen und überhaupt in seiner ganzen Einstellung zum Leben. Hebbel war eine der wenigen vollkommenen Verbrechernaturen (die meisten sogenannten Verbrecher sind nämlich keine), und wenn er niemals mit dem Strafgesetz in Konflikt geriet, so kam dies nur daher, daß er genug Talent besaß, um alles Böse, das in ihm war, ins Geistige transponieren, von sich weggestalten zu können. Er war ein in die Kunst geretteter Massenmörder. Im übrigen ist dieses ganze Problem viel zu ernst und zu kompliziert, als daß es in einem Theaterfeuilleton nur einigermaßen befriedigend erörtert werden könnte; nur soviel möchte ich für dumme Menschen bemerken, daß es mir ebensowenig einfällt, die hohe geistige Bedeutung Hebbels oder Weiningers zu leugnen, wie ich dies etwa bei Richard dem Dritten zu tun beabsichtige.

Aber gerade Shakespeare zeigt uns, was Hebbel zum Tragiker fehlte. Auch in den schwärzesten Schurken schlägt Shakespeares Herz. Bei ihm haben im Grunde alle recht, wie ja auch in der Natur alle Lebewesen recht haben, ob sie nun brave Nutzpflanzen oder schädliche Schlinggewächse, Haustiere oder Raubtiere sind. Bei Hebbel hat aber niemand recht. Er benimmt sich gegen seine Geschöpfe wie ein rechter Rabenvater, jagt sie kalt dialektisch solange im Kreise herum, bis sie erschöpft zusammenbrechen. Das mag bisweilen tragisch sein, wenn auch von einer unreinen, sozusagen illegitimen Tragik, aber lustig kann es wohl niemals wirken.

Ich habe daher, wenn Hebbel humoristisch wird, immer etwas den Eindruck, wie wenn eine Hyäne Pfötchen gibt. Der ‚Diamant' hat eine originelle und ergiebige Grundidee; aber Hebbel hat gar nichts aus ihr zu machen verstanden. Wenn irgendeine menschliche Gabe aus den geheimnisvollen Wurzeln der Gesamtpersönlichkeit, aus dem „intelligibeln Charakter" entspringt, so ist es der Humor. Der eine hat ihn, der andere hat ihn nicht; warum, wieso, weshalb? Darüber sind zahllose, dicke Bücher geschrieben worden, die aber die Frage nur noch dunkler gemacht haben, ja ich möchte sagen: wer imstande ist, über das Wesen des Humors Untersuchungen anzustellen, der beweist damit bereits, daß er vollkommen humorlos ist. Nun, und das sind Professoren der Ästhetik ja zumeist. Humor ist etwas Undefinierbares wie Anmut: ein unwägbares Aroma, das um einen Menschen und seine Lebensäußerungen schwebt. Busch bildet irgendeinen Satz, den jeder andere ebensogut sagen könnte und der auch schon hundertmal gesagt worden ist, und wir lachen unser ganzes Leben lang, von der Kindheit bis zum Grabe, über diesen einen einfachen Satz. Hebbel kann sich auf den Kopf stellen, Purzelbäume schlagen, die groteskesten Wortvermählungen ersinnen, und wir werden immer ernster, einsilbiger, lebensüberdrüssiger; schließlich sogar geradezu angewidert, denn der heikle Vorgang, daß ein Jude einen wertvollen Diamant verschluckt, um ihn so am sichersten zu bergen, und nun alle Welt bemüht ist, diesen Stein aus ihm herauszukriegen (ein Stoff, der ohnehin stark ans ‚Budapester Orpheum' streift), ist ohne Takt behandelt.

Aber diesen Juden spielt Rudolf Schildkraut. Und was Hebbel nicht hat, das Mysterium des vollsaftigen, gütigen, menschenbeglückenden Humors: Schildkraut besitzt es in reichster, modulationsfähigster Fülle. Er sagt: „Oiweh, was heer ich da?“ (ein Satz, der nicht aus dem Vokabular des großen Dithmarsen stammt), und die Trauer weicht. Er extemporiert: „Wer is jenner?“ und durch das kleine Akademietheater windet sich eine zitternde Lachsalve, die er sofort durch irgendeine bezwingend komische Geste verdoppelt. Und so war der Abend doch kein verlorener, das Publikum hat sich gut amüsiert, aber über ein Lustspiel, das Schildkraut ganz allein aufführte, ohne Hebbel, gegen Hebbel. Denn was den ‚Diamant‘ anlangt, so hat er achtzig Jahre nach seiner Entstehung noch immer eine verkennende Nachwelt gefunden. In einem unsäglich trivialen Prolog, an den die fleißige und geschmackvolle Regie Dr. Rosenthals und die schöne Innigkeit Herrn Onnos sich nutzlos verschwendete, läßt Hebbel die Aftermuse zum Dichter sagen: „Auch will ich jetzt nicht weiter sprechen, mich wird ma soeur Kritik schon rächen, die sagt euch einst ins Angesicht: du hast's nur nicht, du kannst's nur nicht.“ Nun, seit Herr Siegfried Trebitsch mich wegen der letzten Kritik, die ich über ihn geschrieben habe, nicht mehr grüßt, ist mir schon alles egal, ich bin ein literarischer Desperado geworden und sage, aller schrecklichen Folgen gewärtig, dem großen Schatten Friedrich Hebbels ebenfalls ins Gesicht: „Du hast's nur nicht, du kannst's nur nicht.“

HENRIK IBSEN

Das Bekenntnis zu Ibsen ist ein Bekenntnis zum Klassizismus. Unter einem Klassiker ist nicht ein Dichter zu verstehen, der in bestimmten Formen schafft, zum Beispiel in Versfüßen, oder bestimmte Stoffe bevorzugt, zum Beispiel tragische und antike, sondern jeder Dichter, dessen Werke nicht bloß Produkte der Vitalität, des Erlebens und Erleidens, sondern auch der Rationalität, der planvollen Berechnung und edlen Besonnenheit sind; jeder Dichter, in dem Leidenschaft sich zur Wissenschaft geläutert hat, ist ein Klassiker. Solche klassischen Werke sind alle uns bekannten griechischen Trauerspiele: Schöpfungen des gereiftesten Kunstverstandes, sorgsam gebaut und in allen Teilen geprüft und abgewogen wie ein alter Tempel oder Altarschrein, aus der reichsten und sichersten Kenntnis des Handwerks, des Materials, der Gesetze und Proportionen. Solche Werke sind die Dramen des späteren Goethe, in denen sich alles organisch und gleichsam von selbst aneinanderfügt, wie bei einem Kristall, in spiegelnden, glasklaren, unverrückbaren Flächen, und die Theaterstücke Schillers, in denen alles ineinandergreift, sich gegenseitig hebt, verdeutlicht, beschattet und beleuchtet, bis für jede Einzelheit eine vollendete Bühnenperspektive entsteht. Solcherart waren auch die Dialoge Lessings, in denen alles von Geistigkeit federte und funkelte, und die Tragödie und Komödie der Dichter um Ludwig den Vierzehnten mit ihrer leichten und lichten, gegliederten und überschaubaren Architektur. Der letzte Klassiker dieser Art war Henrik Ibsen; der vollendetste, weil er der komplizierteste war. Auch von ihm gilt, was Goethe von Shakespeare gesagt hat: „Seine Menschen sind wie Uhren mit Zifferblatt und Gehäuse von Kristall; sie zeigen nach ihrer Bestimmung den Lauf der Stunde an; und man kann zugleich das Räder- und Federwerk erkennen, das sie treibt.“ Ein Mechaniker! sagen die Neuesten. Aber auch Newton war ein Mechaniker und in gewissem Sinne ist sogar der liebe Gott ein Mechaniker.

Ja; Ibsen sah durch die Menschen und Dinge hindurch, als ob sie transparent wären, erkannte mit scharfem Auge das Skelett, das die Ereignisse trägt, das Herz, das in ihnen schlägt, er besaß eine Art Röntgenblick. Und er besaß noch ein zweites, was man den pereoskopischen Blick nennen könnte. Er hatte die Gabe, die menschliche Seele von allen Seiten zu sehen, als ein mehrflächiges Gebilde. Er wußte, daß jegliches Ding ein Oben und Unten, ein Rechts und Links, ein Vorn und Hinten hat, daß auf dieser Kugel alles rund ist und unendlich viele Seiten und Ecken besitzt. Dies machte ihn zum größten Komödiendichter aller Zeiten. Diese Fähigkeit, die Welt mit Facettenaugen zu betrachten, besaß zum Beispiel Strindberg, sein großer Antipode, ganz und gar nicht, der immer nur schwarz und weiß sah und meistens sogar nur rot, wie der Stier in der Arena.

Primitive und unwissende Zeiten erblicken im Dichter den Helden, der die Sphinx in den Abgrund stürzt, oder den Abenteurer, der Götterbilder entschleiert. Wir sehen im Dichter den Weisen, der die Sphinx erkennt, das heißt: der einsieht, daß sie Sphinx ist und Sphinx bleiben muß. Er schleudert sie nicht in die Tiefe, denn er nimmt kein Ärgernis an Mysterien. Er will sie nicht entschleiern und wo Schleier sind, wird er Schleier erblicken; aber er wird genau zeigen, wo sie sind und warum sie sind. Es gab eine Zeit, da hatte der Mensch den Sinn für die Sphinxnatur des Daseins, aber dieser Sinn war vergiftet durch Mangel an Weisheit, die das Rätsel liebt, statt es zu fürchten und zu verwünschen; es kam eine Zeit, da er die Sphinx leugnete und sich darum für weise hielt, aber diese Weisheit war nichts als Mangel an Mut, Mut vor der Wirklichkeit, die weggelogen wird, weil sie mißfällt. Der Mensch hat sich viel häufiger in diesen beiden Extremen bewegt als in der Mitte, die allein die Zone wahrer Erkenntnis, wahrer Kunst und wahrer Menschlichkeit ist. Diese Mitte ist das Gebiet der exakten Mystik. Sie war das Gebiet des Dichters Ibsen.

Und schließlich das Wichtigste. Wer macht denn die Menschen zu Angehörigen eines besonderen, deutlich abgegrenzten Geschichtsabschnittes, die ihr spezifisches Weltgefühl, ihre bestimmte Lebensluft, kurz ihren eigenen Stil haben, wer macht ihr Zeitalter zu jenem Einmaligen, Nochniedagewesenen, Niesowiederkehrenden, das es im Bewußtsein der Menschheit darstellt? Niemand anderer als der Dichter. Er prägt ihre Lebensform, er schneidet das Klischee, nach dem sie alle gedruckt werden, ob sie sich dessen bewußt sind oder nicht. Er vertausendfältigt sich auf geheimnisvolle Weise. Man geht, steht, sitzt, denkt, haßt, liebt nach seinen Angaben. Die Straßen, die Wälder, die Ballsäle, die Kirchen bevölkern sich plötzlich eines Tages, niemand weiß wieso, mit zahllosen Abzügen von Hamlet, Werther, Oblomow, Nora. Niemand kann diesen Zauberern widerstehen. Sie verändern unsere Höflichkeitsbezeugungen, unser Naturgefühl, unsere Haartracht, unsere Religiosität, unsere Erotik, unsere Interpunktion, das Heiligste und das Trivialste: alles. Es ist ja gar nicht wahr, daß der Künstler die Realität abschildert, ganz im Gegenteil: die Realität läuft ihm nach.

Die Realität des letzten Menschenalters ist das Werk Henrik Ibsens.

GINA KAUS: „DIEBE IM HAUS"

Dieses Stück hat ziemlich verwirrende Qualitäten. Bisweilen blitzt ein Lichtstreif von wirklichem Theatertalent auf: der Ansatz zu einer frappanten dramatischen Peripetie oder das Versprechen eines originellen psychologischen Fundes. Aber gleich wieder rollt man in einem breiten, zähflüssigen, grauglitzernden Strom von Belanglosigkeit und – was im Theater bekanntlich das Schlimmste ist – von Unklarheit. Die Philosophie und die Handlung, die Herr Eckbrecht vor uns entfaltet, ist so desultorisch, inkonsistent und unlogisch, daß man, ohne gerade ein Philister zu sein, wieder einmal denen rechtgeben muß, die finden, daß unsere heutigen jungen Leute sehr effeminiert sind. Aber dann sollten sie doch auch die Stärken ihrer Schwächen haben und zum Beispiel etwas mehr Frauenpsychologie entwickeln. Die geistige Mittelpunktsfigur des Stückes aber, eine sozialpolitisch orientierte Kammerjungfer, redet und handelt wie noch niemals seit die Welt besteht eine Kammerjungfer geredet und gehandelt hat. Und zudem ist hier der Ruf „Diebe im Haus“ nicht unangebracht, aber vom Parkett aus: denn der rechtmäßige Eigentümer dieses Mädchens ist Bernard Shaw, der freilich, da er als Erfinder der Figur auch das Geheimnis ihrer Handhabung gekannt hätte, aus ihr die ergötzlichsten und blendendsten Wirkungen geholt hätte. Was aber hier gelang, ist bloß eine Komödie alter Faktur, auf die etwas neuester Kommunismus ziemlich lose aufmontiert wurde, eine Komposition aus Karl Marx und Henri Bernstein, aus Engels und Engel. Fräulein Marberg spielt eine Baronin, die sich an der Seite eines alternden Gatten nach Liebe sehnt (dies ist sogar schon Scribe eingefallen), ganz scharmant. Frau Aknay trifft die erschreckend plötzlichen Wendungen von harmlos neckischem Kammerkätzchen in bolschewistisches Manifest („An alle!“) äußerst geschickt, Herr Emmerich Reimers spricht den jungen Baron mit Wärme, Herr Lackner gibt einen wundervollen Lakai mit kräftiger Theaterwirkung, und Frau Senders hat fünf Minuten lang Gelegenheit, ihre komische Kraft spielen zu lassen; aber der Provinzgeruch, der von Herrn Maierhofer ausströmt, wird mit jeder Rolle penetranter. Von dem jungen Autor aber, der, wie gesagt, durchaus nicht ohne Geist und Talent ist, wenn er auch seine Gaben diesmal recht unbeholfen gebraucht hat, läßt sich noch so manches hoffen, sobald er erst einmal reifer und männlicher geworden sein wird und etwas tiefer in seine Frauenseele geblickt hat, ich meine: in die Frauenseele, die in jedem Dichter steckt.

HERMANN KESSER: „KAISERIN MESSALINA“

Ein kleines Mädchen sagte einmal zu mir: „Wenn man Prosa reimt, wird sie vollkommen unverständlich.“ An dieses ästhetische Bekenntnis mußte ich mich erinnern, als ich Kessers ‚Kaiserin Messalina‘ hörte. Es herrscht in diesem Drama eine zügellose Abundanz an Worten, puren Worten, die nicht Zeichen für Vorstellungen und Empfindungen sein wollen, was doch schließlich mehr oder weniger ihre Bestimmung wäre, sondern den Ehrgeiz haben, als bloße Lichter, Blitze und Farbenflecken, Dekorationen, Fiorituren und Koloraturen zu wirken; der Hörer gerät in eine so wilde Jagd von seltenen, kostbaren, einander kreuzenden und aufhebenden Metaphern, daß seine Aufnahmefähigkeit sehr bald versagt. Er sitzt geduckt und betäubt unter diesem prasselnden Regen von Dichterwortwelsch und wartet schüchtern, was sich denn nun noch ereignen werde. Aber es ereignet sich sehr wenig.

Wir sehen eine Messalina, von der wir auf Treu und Glauben hinnehmen müssen, daß sie auch wirklich das ist, was man sich so für gewöhnlich unter einer Messalina vorstellt; denn zum Vorschein kommt keine dämonische Mangeuse d' hommes, sondern eine halb sentimentale, halb hysterische Pseudoexpressionistin, die allerlei unartikulierte Menageriegeräusche von sich gibt. Einige ordinäre Bordellausdrücke, die über die einzelnen Szenen verstreut sind, sollen offenbar schwüle Atmosphäre erzeugen, würden aber nur genügen, um dem Verfasser, wenn er noch auf dem Gymnasium säße, zur Relegation zu verhelfen. Die Luft jenes prachtvoll verfaulten Zeitalters einzufangen, in dem jeder zweite Mensch ein dramatischer Charakterkopf war: dazu ist nicht einmal der Versuch gemacht. Die Figur des Kaisers Claudius zum Beispiel hätte ein Mensch von Theaterblut und Sinn zur seelischen Komplikation bloß abzuschreiben brauchen: diese Mischung aus imposanter Würde und grotesker Lächerlichkeit, Gelehrsamkeit und Gedankenflucht, großartigem Unternehmungsgeist und tierischer Freß- und Weibergier. Die Gestalt ist so interessant, daß schon ihre bloße äußere Erscheinung, wie sie uns von der Geschichte überliefert ist, dem Schauspieler die dankbarste Aufgabe bietet: der gebietende Cäsarenkopf und der hohe Wuchs in sonderbarem Kontrast zu dem Spitzbauch und den wackeligen Beinen, das Anstoßen mit der Zunge, das faunische Lachen und der epileptische Schaum im Zorn.

Leider war gerade diese Rolle im ‚Deutschen Volkstheater' ganz unzulänglich mit Herrn Kammauf besetzt, der den Imperator in Ton und Haltung eines über zuwenig Sperrgeld erbitterten Hausmeisters spielte. Herr Aslan gab dem Konsul Silius, dem Geliebten der Messalina, ein süßes Aroma von Lasterhaftigkeit, das aber zu dem hochanständigen Schwyzer, den Kesser aus diesem Verfallsrömer gemacht hat, wenig paßt, und der junge Schildkraut singt als Selbstmörder aus unglücklicher Liebe eine schöne Arie, während Herr Everth in der Rolle des Narzissus, der die konventionellsten Züge des intriganten Gegenspielers trägt, keine Gelegenheit hat, sein großes Können zu zeigen. In der Titelrolle trat Ida Roland ihr Engagement an. Sie spielt die Kaiserin mit ihrer reichen und gefüllten Technik, die unerschöpflich ist, in überraschenden Wendungen, blendenden Unarten und packenden Weltbildwirkungen.

Die Inszenierung Direktor Bernaus war mit großem Geschick bemüht, Atem und Tempo in den Dialog zu pumpen, und hatte den Massenszenen große Sorgfalt zugewendet; daß man sich die Bewohner der Via sacra doch ein wenig anders vorstellt, ist nicht seine Schuld. Als ein besonders wohltätiger Regieeinfall wirkte der leuchtende nächtliche Springbrunnen des zweiten Aktes, indem er die Verse Kessers fast vollständig verschlang.

HANS KOTTOW / FRITZ BEDA: „ROSA ALTSCHUL“

Den Rittergutsbesitzer Hans Kottow kenne ich nicht, aber von Herrn Doktor Beda weiß ich, daß er ein geschmackvoller, geistreicher und feingebildeter Mann ist. Es ist nun höchst merkwürdig, mit welcher Zähigkeit und leider auch mit welchem Erfolg er sich bemüht, von diesen Eigenschaften in seinem Lustspiel nur ja nichts merken zu lassen. Wir stehen hier vor einem nicht uninteressanten allgemeinen Problem, über das ich schon manchmal nachgedacht habe. Man sollte meinen, daß jemand, wenn er irgendeine schöpferische Tätigkeit ausübt oder nachmacht, ganz unwillkürlich über sich hinaus wächst, sich in einem Maße konzentriert, füllt und steigert, daß man ihn kaum wiedererkennt. Kunst ist doch schließlich nichts anderes als das glückliche Erfassen und Aufreihen gewisser Höhepunkte, die ein Mensch im Lauf seines Lebens hie und da erklommen hat. Nun aber verhält es sich bei gar nicht wenigen gerade umgekehrt. Kaum kommen sie in die Lage, sich irgendwie öffentlich zu äußern, so glauben sie sich künstlich auf ein Niveau hinunterzwingen zu müssen, das tief unter ihrem eigenen liegt. Stellt man sie zur Rede, so erklären sie, sie hätten sich bloß „dem Publikum angepaßt“, wobei sie sich natürlich in einer schauerlichen Verblendung befinden, denn sie wissen nicht, daß das Publikum auf nichts sehnlicher wartet als auf menschliche Äußerungen, die den seinigen an Weisheit, Sittlichkeit und Kühnheit überlegen sind. Zumeist ist das Ganze so entstanden, daß ihnen irgendwann einmal ein verächtlicher Esel von Theaterdirektor, Verleger oder Zeitungsherausgeber diesen bedauernswerten Unsinn vom „Publikumserfolg“ gesteckt hat; und nun klebt er in ihren Hirnen und Nerven ...

Es ist aber doch wohl das Widersinnigste, was man sich denken kann. Also ein Mensch tritt aus seiner Privatexistenz hervor, um sich vor möglichst vielen Zeugen dümmer und schlechter zu machen, als er in Wirklichkeit ist? Ich kann mir ganz gut vorstellen, es ist literarhistorisch nicht zu belegen, aber ich kann mir vorstellen, daß Molière oder Sheridan im Leben hie und da solche leeren und tristen Witze gerissen haben, wie sie in Herrn Doktor Bedas Lustspiel vorkommen. Warum nicht? Niemand ist pausenlos ein Genie. Und was in der Kunst aufs äußerste zu perhorreszieren ist, im Leben ist es sehr wohl erlaubt, ja oft aus Gründen des Takts und der guten Manieren geradezu geboten: daß man zu seinem Partner herabsteigt, sich platter und gewöhnlicher stellt, um ihn nicht zu drücken. „Man muß auf alles eingehen, was der Gesellschaft angenehm ist, und alles vermeiden, was ihr nicht paßt, indem man eigene Gedanken sehr behutsam bringt", sagt La Rochefoucauld. Aber nun nehme man den Doktor Beda! Ich habe ihn oft in zwangloser Unterhaltung gehört, ich habe ihn mehr als einmal betrunken gesehen; aber niemals, nicht ein einziges Mal hat er solch törichtes Zeug geredet wie das hier, zu dem er sich zahlende, lauschende Menschen einlädt. Wenn er also gescheit ist – und das ist er ja, wenn er nicht gerade Stücke schreibt –, so folgt er mir und macht von nun an nur noch Sachen, die ihm gefallen und nicht solche, von denen alberne und gemeine Menschen ihm eingeredet haben, daß sie dem Publikum gefallen.

Das Stück sollte übrigens nicht ‚Rosa Altschul' heißen, sondern ‚Gisela Werbezirk'. Man kann sich recht wohl denken, daß es mit dieser Künstlerin, die auf der Bühne ja nichts braucht als einen äußeren Anlaß, ihre komische Kraft spielen zu lassen, sehr gewirkt hätte. Aber sie saß leider nur im Parkett. Indes fand sich auch das Fräulein Pucher mit ihrer Aufgabe angenehm ab. Das Ensemble der ‚Volksbühne' scheint überhaupt für derlei Judenschwänke einige Eignung zu haben, indem es sie kräftig wirksam und doch nicht allzu aufdringlich spielt; am besten traf dies Herr Franz. Aber die beste jüdische Maske hatte doch der Rittergutsbesitzer Hans Kottow, der sich vor der jubelnden Menge oft und oft verneigen durfte.

ANKER LARSEN / EGILL ROSTRUP: „PER BUNKES VORGESCHICHTEN"

Ich will die beiden Herren Dichter gewiß nicht beleidigen, aber ich möchte behaupten, daß ich ihnen das ganze Stück einfach nicht glaube. Ich halte dafür, daß es von A bis Z nicht wahr ist. Ich kann nicht glauben, daß eine Mutter es über sich bringt, ihrem Sohne gegenüber 25 Jahre lang incognito zu bleiben, und selbst dann müßte sie sich doch eines schönen Tages ihm oder andern gegenüber verraten; und ich kann ebensowenig glauben, daß der Kammerherr sich von Per Bunke, der den ganzen Braten riecht, fortwährend die unverschämtesten Erpressungen und Belästigungen gefallen läßt, bloß weil er vor fünfundzwanzig Jahren ein uneheliches Kind gemacht hat. Das ist keine so furchtbar kompromittierende Tatsache, daß man deshalb Tag und Nacht in Angst sein und sich Per Bunkes großsprecherische Biedermeierreden gefallen lassen muß, denn so blödsinnig dumm sind auch dic Kammerherren nicht und nicht einmal auf der Bühne.

Ich glaube auch nicht an Per Bunke, das Original. Ich glaube überhaupt nicht an Dorforiginale. Sie sind verdächtig unwahrscheinliche Persönlichkeiten, sonst würden sie nicht in fast allen Theaterstücken vorkommen. Es gibt sicher eine bestimmte Gesetzmäßigkeit für die Theaterschriftstellerei, an die man sich nun einmal halten muß (obgleich dies eines der bedauernswertesten Zeugnisse für die Intelligenz des Menschen als Gattung ist) – aber muß man denn immer wieder dieselben Figuren nehmen? Immer den armen Teufeln, der's einem hohen Herrn „ordentlich gibt?" Immer wieder den natürlichen Sohn des großen Herrn, der lieber arm und ehrlich bleibt, als daß er sich zur Philosophie der Saturisten bekehrt? In neun unter zehn Fällen ist der „hohe Herr" weitaus sympathischer, kultivierter und menschlicher als dieser unentwegte Prinzipienreiter und jener ungezogene Tiradeur. Überhaupt, der „verfluchte Kerl" könnte doch einmal für einige Zeit von der deutschen Bühne beurlaubt werden; er hat sich da wirklich gar zu breit gemacht. Es ist eine Folge jener exklusiven Literatur für Schauspieler, der Dramatik der „guten Rollen", die seit vielen Jahrzehnten das Theater beherrscht hat; aber die Zeit ist ja doch wohl vorüber.

Eine gute Rolle ist Per Bunke nun natürlich, sogar das Ideal einer solchen: er kommt fast nie von der Bühne, hat die sämtlichen Fäden der Intrigue in der Hand, zieht sie an, läßt sie locker, verwirrt sie und fitzt sie auseinander, wie es ihm gerade paßt, hat drei komische Auftritte, einige turbulente Abgänge, drei Aktschlüsse, mehrere Reden für Applaus und so weiter. Sie wird denn auch von Herrn Thimig ganz ausgezeichnet gespielt. Neben ihm ist vor allem der zugleich feine und derbe Kammerherr des Herrn Devrient und die Kammerherrin der Frau Bleibtreu zu nennen; man kann solche Rollen gar nicht nobler und wirksamer spielen. Die beiden Tanten werden von Frau Liesenberg und Frau Retty vorzüglich dargestellt. Frau Retty findet für solche stillen, diskreten Figuren einen wundervoll rührenden Ton; man möchte einmal von ihr die Ella Rentheim hören. Reizende Interieurs unterstützen die geschmackvollen Darsteller.

Das Stück selbst scheint vorläufig so ziemlich abgefallen zu sein. Wenn das auch weiterhin so bleiben sollte – ich fürchte: nein – so wäre das ein außerordentlich erfreuliches Zeichen für den Fortschritt des Wiener Publikums. Ich glaube deutlich bemerkt zu haben, daß sie von dem dritten Aktschluß direkt peinlich berührt waren, wo der Sohn die große Rührkiste aufmacht und niederknieend „Mutter, Mutter“ ruft. Diese infamen Szenen zwischen Mutter und Kind sind weiter nichts als durch Tradition und Gewohnheiten pardonierte Taktlosigkeiten. Man muß sie endlich aus der Dramatik hinauswerfen: sie finden sich nie und nirgends als in dem neueren bürgerlichen Theaterstück, das seine Existenz der Erholungsbedürftigkeit von Krämern und kleinen Beamten verdankt.

Es gibt zweierlei Arten von „Publikumsstücken“: solche, die es dem Publikum besonders schwer und solche, die es ihm besonders leicht machen. Ich glaube, die letzteren machen das schlechtere Geschäft. Denn erstens: so rückständig und anspruchslos wie die Theaterindustriellen glauben, ist das Publikum niemals, und zweitens: wenn der Schriftsteller es dem Publikum leicht macht, so macht er's auch sich selbst leicht, und das ist die einzige Sache, die ein zahlendes Publikum nun einmal nicht verträgt. Sie haben einen sehr feinen Instinkt dafür, ob sie für ihr Geld genug oder zu wenig bekommen haben.

VIKTOR LÉON: „KINDER DER LIEBE“

Schrecklich ist es, wenn ein Philister zum Freigeist wird. Dies konnte man bei Viktor Léons neuestem Stück ‚Kinder der Liebe‘ beobachten, das im Stadttheater zur Uraufführung gelangte. Es soll darin für die unehelichen Kinder eine, man kann es nicht anders bezeichnen, Lanze gebrochen werden, aber was herauskommt, ist eine große Prüderie. Es ist sozusagen das gewendete Philisterium. Aus der Tatsache, daß der illegitime Nachwuchs in unserer heutigen Gesellschaftsordnung schief angesehen wird, zieht der Verfasser nicht etwa den Schluß, daß die Ehe eine lächerliche Erfindung ist, sondern er will ganz offenbar umgekehrt auch die unehelichen Verhältnisse mit denselben Formen und Formeln, Vorsichten und Rücksichten umgeben, deren sich bisher nur die legitimen erfreut haben. Und er ist nicht gar zu weit von dem Standpunkt entfernt, daß die Herstellung von Kindern überhaupt etwas recht Bedenkliches ist. Der Held des Stückes, Professor Loreachin, Staatssekretär für Justiz, ist im Begriff, eine Gesetzesvorlage einzubringen, die die unehelichen Kinder wirtschaftlich und moralisch auf eine Stufe mit den ehelichen stellen soll. Dabei passiert ihm jedoch das Malheur, daß eine illegitime Tochter auftaucht, die ihm selbst ihre Existenz zu verdanken hat. Hier liegt nun, wie bei so vielen mißratenen Schauspielen, der Keim zu einem amüsanten Possenstoff: das Dilemma des Volksbeglückers, der, während er seine pathetischen Reden zugunsten der Entrechteten hält, bemerken muß, daß er damit ahnungslos sich selbst hineingelegt hat. Ich glaube übrigens, daß mit ganz wenigen Retuschen und entsprechend veränderter Darstellung diese Schwankwirkung noch immer zu erreichen wäre. Nun haben ja die älteren Franzosen und auch noch der heutige Brieux an derartigen Thesenstükken ebenfalls nicht gespart. Unkünstlerisch bleiben ja solche dramatisierten Enquêten auf alle Fälle; aber gerade am Beispiel der Franzosen sieht man, mit welcher petillierenden Leichtigkeit und funkelnden Eleganz, mit wieviel Handgelenk und Geistigkeit sich dergleichen immer noch machen läßt: es ist eben zwischen diesen und Léon etwa der Unterschied wie zwischen Knöpfelstiefeln und Zugstiefeln. Wenn man aber nicht das spezifisch gallische Talent besitzt, aus allem sozusagen den Langweilestoff zu extrahieren, so wäre die einzige Entschuldigung ein ungeheurer sittlicher Furor, der, unbekümmert darum, ob er künstlerisch wirkt oder nicht, eine bestimmte Wahrheit der Welt in die Ohren donnern will. So ernst ist es Herrn Léon aber nun auch wieder nicht, sondern er wollte einfach ein Problem, das er für aktuell hält, für die Bühne exploitieren. Und auch das wäre noch zu ertragen, wenn dazu nicht die gewissen zeitsatirischen Ambitionen kämen, die zur Folge haben, daß ein Graf auftritt, der sich benimmt, wie sich seit Erschaffung der Welt noch nie ein Graf benommen hat und wie sich nie ein Graf benehmen wird, und daß Figuren entstehen wie zum Beispiel ein Diener, dessen Komik davon lebt, daß er ununterbrochen „Erlaucht" sagt (obgleich es doch eine Erlaucht in der Republik gar nicht mehr gibt!). Das Ganze ist überhaupt in eine recht unbehagliche Atmosphäre von Halbbildung getaucht, dem Autor passiert das Ärgste, was einem Dialektiker widerfahren kann: er beherrscht seine Klaviatur nicht; und wenn er seine Leute debattieren läßt, so hat man den Eindruck, daß sie ihre Vokabeln nicht aus einem sicheren, stets paraten Fonds schöpfen, sondern durch Tratsch erfahren haben. Sämtliche Kritiker verließen denn auch mit strahlenden Gesichtern das Theater, was immer ein schlechtes Zeichen ist.

*

Letzthin war meine Haushälterin im Kino. Es gab: „Bilder von der Überschwemmungskatastrophe in Ischl". Ich fragte sie: „Wie war's denn?" Sie antwortete: „No Gott, man sieht halt, wie die Niese durchs Wasser geht." Das ist der Sinn der Naturereignisse in Österreich.

HEINRICH LILIENFEIN: „HILDEBRAND"

Im Jahre 489 mobilisierte Theoderich der Große, König der Ostgoten, der damals mit seinen Stämmen in Pannonien saß, auf Anstiften des oströmischen Kaisers Zeno ungefähr zehn Armeekorps und trat den Vormarsch gegen Italien an. Am Isonzo traf er mit der Streitmacht Odoakers zusammen, besiegte ihn und brachte ihm bald darauf eine zweite Niederlage in der Nähe von Verona bei. Hierauf trat der Kampf in das Stadium des Koalitionskrieges. Die Burgundionen unterstützten Odoaker, die Westgoten sandten Theoderich Hilfstruppen. Eine dritte Schlacht an der Adda fiel abermals zu Ungunsten Odoakers aus, worauf er sich nach der Festung Ravenna zurückzog. Es kam zu einer langwierigen Belagerung, die erst im Jahre 493 mit der Kapitulation endete, womit zugleich der Kampf entschieden war und Theoderich Odoaker in der Herrschaft über Italien ablöste, lange und weise regierend.

Diese nur in großen Umrissen bekannten Vorgänge bilden den historischen Hintergrund eines großen Sagenkreises, in dem – wahrscheinlich zum ersten Mal – die Germanen die Fähigkeit betätigten, bedeutende Ereignisse der Gegenwart und der Vergangenheit dichterisch zu beleben und zu vertiefen. Im Mittelpunkte steht Theoderich, vom Volke lieber Dietrich von Bern genannt, eine gewaltige Persönlichkeit von dämonischer Willenskraft, tapfer und verschlagen, gütig und gefährlich: wenn er zornig ist, schießt Feuer aus seinem Munde. In der Fassung der Volkssage ist er nicht der Angreifer, sondern der Verfolgte: er wird von Odoaker aus Italien vertrieben und flieht zum Hunnenkönig Etzel. Erst nach dreißig Jahren kehrt er wieder zurück. Man wehrt ihm den Eingang und es spielen sich nun eine Reihe wechselvoller Kämpfe unter Germanen ab, in denen gemäß der seelischen Verfassung jenes Zeitalters Ritterlichkeit und Hinterlist, Rachsucht und Edelmut sich seltsam mischen. Dietrichs vornehmster Dienstmann ist sein Waffenmeister Hildebrand aus dem Geschlecht der Wölfinge. Von ihm handelt das Hildebrandslied, das einzige epische Denkmal, das uns aus der vormittelhochdeutschen Zeit erhalten geblieben ist, auch dieses nicht vollkommen. Alle die anderen, zweifellos sehr zahlreichen Heldengesänge sind unwiederbringlich verloren, und daß wir diese wenigen Zeilen besitzen, ist auch nur einem Zufall zu verdanken: sie wurden um 800 von unbekannter Hand auf die erste und letzte Seite eines geistlichen Buches geschrieben, das aus dem Kloster Fulda stammt.

„Ich hörte das sagen", so beginnt der Dichter ohne alle Umschweife, „daß sich als Kämpfer allein begegneten Hildebrand und Hadubrand zwischen zwei Heeren. Sohn und Vater ordneten ihre Rüstungen, sie machten ihr Kampfgewand bereit, gürteten sich ihre Schwerter um, die Helden, über die Panzerringe, da sie zum Streite ritten." Ehe sie jedoch den Kampf beginnen, fragt der Ältere den Jüngeren, wie er heiße und welcher Abstammung er sei. Und da erfährt er, daß er seinem eigenen Sohne gegenübersteht. Er gibt sich zu erkennen, aber Hadubrand weist ihn höhnisch ab: er habe sichere Kunde, daß sein Vater längst tot sei, das Ganze sei sicher nur eine Kriegslist, die der alte Betrüger ausgeheckt habe. Und als Hildebrand immer noch zögert, wirft er ihm Feigheit vor. Da bricht dieser in erschütternde Klagen aus: „Wehe nun, waltender Gott, Wehgeschick naht! Ich wallte der Sommer und Winter sechzig außer Landes, wo immer man mich scharte in die Schar der Schützen, vor keiner Burg brachte man mir den Tod. Nun soll mein eigenes Kind mich mit dem Schwerte hauen, morden mich mit der Mordaxt oder ich ihm zum Mörder werden." Sie rüsten sich zum Kampf, furchtbar sausen die Eschenspeere in die Schilde, dann greifen sie zu den Schwertern und dringen wütend aufeinander ein. Hier, im dramatischesten Moment, bricht die Handschrift ab. Man vermutet jedoch, daß Hildebrand Sieger blieb und als Mörder an der Leiche seines Sohnes stand, das Verlöschen seines Stammes beklagend, womit, wie man glaubt, zugleich der Untergang des Heldenzeitalters symbolisch zum Ausdruck gebracht werden sollte.

Die Darstellungsweise des Hildebrandsliedes ist eine durchaus dramatische, keine epische. Von irgendwelcher Ausmalung der näheren Umstände ist nicht die Rede, das „Milieu" wird nicht einmal angedeutet. Das Ganze wird in lebendiger Rede und Gegenrede vorgeführt, und mit Recht hat Lamprecht einmal bemerkt, daß es sich fast mit verteilten Rollen lesen lasse. Man hat das Hildebrandslied mit der Ilias verglichen und in der Tat zeigt es eine gewisse Verwandtschaft mit den Schilderungen mancher Zweikämpfe bei Homer: auch diese beginnen bisweilen mit Wechselreden der Kämpfer, in denen diese sich um ihre Herkunft befragen. Aber die Ähnlichkeit ist nur eine ganz äußerliche: von der künstlerischen Reife und Feinheit, der geistigen Höhe und Fülle Homers hat das Hildebrandslied so gut wie nichts. Es ist ein roher Felsblock, der menschenähnliche Züge aufweist. Ein starker und zweifellos sehr tragischer Konflikt wird einfach hingestellt, ohne den geringsten Versuch, ihn seelisch auszuschöpfen. Wie könnte es auch anders sein? Kunst ist nicht bloß Sache einer bestimmten Anlage und Kraft, sondern auch Sache der Kultur. Ein unkultivierter Künstler ist eine Unmöglichkeit. Homer war kultiviert, der Dichter des Hildebrandsliedes war es nicht. Daher ist die Ilias ein Kunstwerk, und das Hildebrandslied ist eine historische Kuriosität.

Wie soll nun aber der moderne Bearbeiter dieses Stoffes sich verhalten? Er befindet sich in einem sonderbaren Dilemma. Trägt er die Züge seiner eigenen Zeit in die Figuren ein, so läuft er Gefahr, etwas ganz Unglaubhaftes und Widersinniges zu schaffen. Begnügt er sich aber mit dem seelischen Inventar jener Heroenwelt, so läuft er Gefahr, die Teilnahme des Hörers zu verlieren. Denn seien wir einmal ehrlich: was in jenen so primitiv gebauten Gehirnen und Zwerchfellen vorging, kann uns heute nicht mehr dauernd in dramatische Erregung versetzen. Stücke, in denen Speere vorkommen, sind daher von jeher der Schrecken des kundigen Dramaturgen gewesen. Hierüber war sich auch Richard Wagner vollkommen klar, und deshalb hat er zu diesen Vorgängen Musik gemacht.

Heinrich Lilienfein hat nun den einzig möglichen, wenn auch nicht vollständig gangbaren Ausweg gewählt, indem er, ohne in unangemessener Weise zu modernisieren, an die ewigen Menschheitsprobleme rührte, die in diesem Stoff verborgen sind, und so seiner spröden psychologischen Materie ein starkes theatralisches Interesse abgewann.

Dem Vorspiel liegt ein ebenso poetischer wie origineller Gedanke zugrunde. Im Garten zu Walhall sitzen die großen Helden der Sage: Dietrich von Bern, Siegfried, Wieland der Schmied und Hildebrand und ruhen vom täglichen Zweikampf. Alle haben sie schweres Leid auf Erden erduldet, und jeden dünkt es, seines sei das schwerste gewesen. Und während sie darüber in Streit geraten und jeder in kurzen Worten sein schmerzvolles Geschick gewissermaßen anpreist, erhebt sich Hildebrand und schreitet still davon. Dietrich von Bern aber spricht: „Laßt ihn. Schweigend geht er und schlägt uns laute Gesellen durch sein Schweigen. Keiner von uns, nicht ich, nicht Wieland, nicht Siegfried mißt sich an Leid mit ihm: es kreuzte der Alte wider Willen das Schwert mit dem eigenen Sohn." „Und", wie Wieland hinzufügt, „das Lied noch, das ihm des Menschen Mund zum Preis gesungen, barst inmitten entzwei vor wildem Wehe." (Ein Schicksalsschlag, der allerdings von den Germanisten schwerer empfunden werden dürfte, als von den Recken auf Walhall.) Wie man sieht, das gerade Gegenteil der französischen Vexiertechnik: der Dichter gibt alle Karten aus der Hand, er sagt genau voraus, was kommen wird, er will der rein stofflichen Spannung gar nichts verdanken und verläßt sich, wie die griechischen Tragiker, lediglich auf seine Kunst, zu steigern, zu füllen und menschlich zu rühren.

Man wird nun doch wohl sagen dürfen, daß Lilienfein in der Tat aus seinem vagen und dürftigen Vorwurf alles nur Erdenkliche herausgeholt hat. Zunächst durch die sehr glückliche Hinzuerfindung zweier Hauptfiguren: Utes, der zurückgelassenen Gattin Hildebrands, und Sindolts, ihres zweiten Mannes; denn sie hat sich nach langem Warten wiederverheiratet, fest überzeugt, daß Hildebrand längst gestorben sei. Neben und zwischen ihnen steht der zum Jüngling herangereifte Sohn Hadubrand, von der Mutter ängstlich bewacht, die für ihn das Schicksal des Vaters befürchtet. Auch der Stiefvater, ein geleckter Geselle, dessen Sinn nur auf Jagd, Minne, Trunk und ähnliche unmilitaristische Beschäftigungen gerichtet ist, sucht ihn mit Schmeichelreden einzuspinnen, aber in ihm schlägt das Blut des Vaters, er denkt nur an Kampf. Da kommen Boten mit seltsamer Kunde: Hildebrand sei nicht tot, er nähere sich der Burg. Und nun ist Hadubrand nicht mehr zu halten. Seine Stunde ist da. „Hei, wie brenn ich, den Hildebrand, den falschen, Aug in Auge zu sehen! Ich will ihm weisen, wie der Sohn des wahren den Namen des Vaters wider Lug und Schimpf mit blutigem Schwertschlag weiß zu schirmen und zu rächen!“ Umsonst das Flehen der Mutter: da sprengt er schon aus dem Tore, während sie verzweifelt an der Linde niederbricht: „Ganz so ritt sein Vater und kam nicht wieder ...“

Zweiter Akt. Gebirg, Hildebrand mit seinem Waffengefährten Amelolt im Gespräch. Er will es nicht wahr haben, aber in seinem Herzen regt sich eine längstentwöhnte Sehnsucht. „Wie aus versteckter Fuge schlechtgenieteten Erzes Blut hervorquillt, quillt es mir irgendwo in der Brust von Tropfen weibischen Giftes.“ Da erscheint Hadubrand, der Vater gibt sich ihm zu erkennen. Aber nichts rührt sich in seiner Brust, er schilt ihn einen Betrüger. „Wenn Frau Ute Euch sagt, daß fälschlich Ihr Euch brüstet mit des Namen bestem, mit Hildebrands Namen, schwört mir zu: Ihr stellt Euch mir zum Schwertkampf.“ Und Hildebrand schwört. Dieser etwas müde geführte Akt bildet die Überleitung zum stärksten, dem dritten.

Hildebrand kommt, aber Frau Ute kennt ihn nicht, will ihn nicht kennen. „Trefflich, als ein Meister in bösen Hexenwerken, habt Ihr dem toten Helden Euch angeglichen in Gestalt und Antlitz! O schämt Euch! Schämt Euch!“ Er schließt alte

Erinnerungen auf, sie bleibt fest: „Hildebrand ist tot. Ihr weckt ihn nicht mehr." Da weist er ihr einen Goldreif, den er in zwei Hälften zerbrach, als er ausritt. „Hier die meine! Weise mir Du die Deine, daß sich Bruchstück an Bruchstück füge zum Ganzen." Aber Frau Ute erwidert: „Hätte ich ihn auch und paßten seine Hälften, nähm ich sogar für wahr, zum Schein nur – Ihr wäret, der Ihr zu sein begehrt, spräch ich: Du hast in zwanzig Sommern nicht um Dein Weib gefragt. Du ließest sie einsam. Vaterlos Deinen Sohn. Die Burg ohne Burgherrn. Hildebrand, spräch ich, was war Dir meine Liebe? Eine Blume am Weg, die, kaum Dir erduftet, Deines Rosses flüchtiger Hufschlag zertreten. Fremder ist mir das Fremdeste nicht, als Du. Da ich Dich tot gewußt, da dacht ich Deiner, wie man gewaltigem, toten Recken schuldig. Nun Du lebst und forderst, könnt ich Dich hassen, hasse Dich! Weil Du zu rauben kommst, was ich liebe! Weil Du mir Schatten wirfst in meine Lichtwelt! Weil Du zerstörst, wo andere säten und bauten!" Und Hildebrand wendet sich bebend zum Gehen. „Ute, Du zieltest gut. Es zielte und traf mich nie der grimmigste Feind, wie Du." Aber das Schicksal muß sich erfüllen. Hadubrand besteht auf dem Zweikampf, die Schwerter klirren aneinander, und er sinkt unter dem tödlichen Streich des Vaters. Und nun erst erkennt ihn Ute ganz: „Wahngestalt ist leibhaft ... Gespenst ist Wesen ... Hildebrand bist Du, Hildebrand, Heribrands Sohn!" Der aber spricht: „Hört nicht! Glaubt nicht! Irre redet Frau Ute. Redet nur im Wahn, der die Sinne verdunkelt ... Hildebrand war ich vielleicht: ich bin's gewesen." Und geht zurück in die Fremde, zu den Hunnen.

Dieser letzte Akt ist – die gescheite Kritik möge einwenden, was sie wolle – von einer hohen dichterischen Schönheit im Detail, einer Wucht der dramatischen Zusammenballung und einer psychologischen Feinheit und Vertiefung, die nicht gewöhnlich sind. Er wurde auch von Frau Bleibtreu und Herrn Marr ganz prachtvoll gespielt.

LINA LOOS: „MUTTER“ HERBERT KRANZ: „FREIHEIT“

Das ‚Deutsche Volkstheater‘ hat einen sehr glücklichen Abend gehabt: Es brachte in vortrefflicher Darstellung und Inszenierung die Uraufführung zweier sehr bemerkenswerter Dramen: ‚Mutter‘ von Lina Loos und ‚Freiheit‘ von Herbert Kranz. Diesen letzten Namen hat bisher niemand gehört; aber ich wüßte unter den protokollierten Dichtern wenige, die imstande wären, Gedanken und Menschenschicksale so klar und scharf, so stark und dicht gegeneinander zu ballen. Wir erblicken acht Gefangene: drei Matrosen, die Wasser in die Kessel gegossen haben; drei Soldaten, die die Gewehre weggeworfen haben; eine Frau und einen „Zivilisten“, die den Aufruhr gepredigt haben. Alle acht sind zum Tode verurteilt; was bewegt sie? Dies ist das Thema, das in vier Akten, man müßte eigentlich sagen: in vier Sätzen aufs Reichste durchfiguriert wird.

Das Ganze ist so mit Spannung geladen, daß man berechtigt wäre, es einen Sketch zu nennen, wenn nicht dahinter auch ein ernstes und tiefes Ethos stände und der Versuch, die Realität nicht bloß packend zu gestalten, sondern auch zu durchleuchten, gewissermaßen zu röntgenisieren, zu ihrem unsichtbaren Kern und Sinn vorzudringen. Die eigentliche Aufgabe des bedeutenden Dramatikers, Geist in Bewegung und Bewegung in Geist umzusetzen, ist hier aufs Schönste gelöst.

Fast noch höher möchte ich das erstgenannte Drama stellen, das kaum eine Viertelstunde spielt. Seine Verfasserin ist Frau Lina Loos, die den Berliner Kabarettbesuchern durch den originellen und anmutigen Vortrag alter Volkslieder noch in liebenswürdiger Erinnerung sein wird. Eine Frau soll operiert werden, die Ärzte bereiten die Narkose vor. Die Tochter wird gerade weggebracht, man hört den verzweifelten Aufschrei „Mutter!“ und nun zieht in einer Vision das Leben der

Mutter vorüber, die niemals Geliebte gewesen, nur des Kindes wegen dem fremden Manne zu Willen war. Doch jetzt ist die Tochter selbst reif zur Mutterpflicht, ein Mann wirbt um sie: das Leben der Mutter hat sich erfüllt, sie will abtreten. Aber die Tochter weist den Mann zurück und zwingt die Mutter zur Operation, die ihr Leben verlängern soll. Die Mutter warnt: „Mein Leben wird sinnlos, wenn Du mich hältst, trotze nicht dem Gesetz der Natur!" Die Tochter erwidert: „Wer wagt es mein Richter zu sein?" Es wird wieder hell, die Ärzte bemühen sich vergeblich um die Patientin, sie ist tot. Die Tochter stürzt herein und der Kraft ihrer Bitten gelingt es, die Mutter wieder zum Leben zu erwecken; in demselben Augenblick aber stürzt sie selbst entseelt zu Boden: die Natur hat das Kind, das nur Kind war, zurückgefordert. Die beiden Krankenschwestern sprechen das Schlußwort: „Mir ist, als wäre Gott hier gewesen." „Schwester Marie, verstehen Sie Gott?" „Niemand versteht Gott. Wir denken nicht mehr, wir glauben und warten und tun unsere Pflicht."

Peter Altenberg hat einmal „Fünfminutenszenen" geschrieben; an diese hat mich dieses kleine Drama durch seine beispiellose Konzision, Gedrängtheit und Wortkargheit erinnert, während es durch seine Kraft, eine Atmosphäre von ganz besonderem seelischen Stimmungsgehalt um sich zu erzeugen, an Maeterlinck gemahnt. Und dazu kommt noch ein instinktives Wissen um die tief unterirdischen Mysterien des Gebärens und Vergehens, wie es nur einer Frau gegeben sein kann. Man muß unwillkürlich an Goethes geheimnisvolles Wort von den „Müttern" denken.

Und dies alles in fünfzehn Minuten. Aber für die Wiener, die auch in geistigen Dingen auf das zu halten pflegen, was sie bei Gemüsen „Einbrenn" nennen, ist vielleicht gerade dies ein Einwand.

SABATINO LOPEZ: „DER DRITTE GATTE“

Harry Walden hat das Burgtheater verlassen und die Direktion einer eigenen Bühne übernommen: eine Angelegenheit, die die Wiener mindestens ebenso aufregt wie die Kohlennot. Das hübsche kleine Theater, das bisher ‚Volksbühne‘ hieß und jetzt in ‚Renaissance-Bühne‘ umgetauft wurde, stand zuletzt unter der Leitung eines Schauspielers Krones. Dieser, ein Mann von bedeutendem Vermögen (aber leider nur als Finanzmann, nicht als Künstler), weigerte sich, die von seinen Mitgliedern geforderten Teuerungszulagen zu bezahlen, solange die Einnahmen sich nicht bessern würden; was jedoch nicht eintrat, da er sich zu der einzigen Attraktion, die er seinem Publikum hätte bieten können, nämlich: selber nicht mehr aufzutreten, nicht entschließen wollte. Nun mischte sich die allmächtige Bühnenorganisation ein, und es kam zum Direktionswechsel. Als Eröffnungsvorstellung fand die Uraufführung des Lustspiels ‚Der dritte Gatte‘ von Sabatino Lopez statt. Das Bühnenbild sah brillant aus, woran man in diesem Hause wahrhaftig nicht gewöhnt ist, in dem bisher bei allen in besseren Kreisen spielenden Dramen immerzu, ohne Ansehung der Nationalität, des Zeitalters und des Stils, mit demselben scheußlichen brustzuckerrosa getünchten Zimmer aufgewartet wurde. Das Stück ist eine jener romanischen Niaiserien, die den Wunsch rege werden lassen, Italien möge sich auf die Einführung seiner vortrefflichen Piselli und Spaghetti beschränken, ein künstlich zusammengepapptes, oberflächlich angezuckertes, unschmackhaftes Zeug: Tragantware; im Dialog nicht ein erlebtes, nicht ein originelles, ja nicht einmal ein geistreiches Wort, sondern nur lauter Geraschel, das sich wie Geist anhört. Aber Herr Walden ist glücklicherweise auf die Reden, die ihm sein Text gibt, nicht angewiesen, sondern wirkt einfach dadurch, daß er da ist: durch seine frische Spielfreudigkeit, das Parfüm seiner echten Liebenswürdigkeit und vor allem durch einen rührenden Zug von Kindlichkeit: er hat immer etwas von einem ertappten Lausbuben. Frau Ehren hält ihrem Partner nicht immer Stich, wirkt aber durch ihre elegante Routine sehr angenehm, und Fräulein Kneidinger spielt eine Dame, die Aphorismen zu sprechen hat, wie „Junge Mädchen sind ungeschriebene Bücher", mit einer leichten Affektiertheit, die ihr recht gut steht. Herr Ziegler ist als Père noble von sympathischer Unaufdringlichkeit und bringt etwas italienisches Kolorit in das Ganze, indem man ihm sofort glaubt, daß er kein Graf ist, sondern bloß ein Conte. Als Spielleiter sollte er aber doch jetzt, wo wir ja mit den Italienern wieder gut sind, die Darsteller davon abhalten, konsequent „Lago Matschore" und „Tschulio" zu sagen.

DAS THEATER MAETERLINCKS

Maeterlincks Gestalten, obgleich vom Dichter zum Teil in unsere Tage versetzt, wirken wie Menschen vor Jahrtausenden oder wie Menschen der Zukunft, niemals wie Wesen der Gegenwart. Er wirft ein magisches Licht über sie, dessen Erzeugung offenbar sein Geheimnis ist, und plötzlich sind sie aller sinnlich deutbaren Körperlichkeit, aller profanen Realität entkleidet, Bürger eines höheren Traumreiches, das uns ganz fern und fremd und doch wiederum wie unsere eigentliche Heimat anmutet. Am ehesten erinnern sie noch in ihrer Mischung aus kindlicher Einfalt und engelhafter Luzidität an die Bilder des XV. Jahrhunderts, wie sie Rogier van der Weyden und die Brüder van Eyck gemalt haben, an jene ernsten hageren Männer und herben, zarten Frauen mit ihren schmalen Händen und schmächtigen Brüsten, ihrer befangenen Körperhaltung und schwerfällig gebauschten Gewandung: entrückte

Wesen, ganz in Wehmut und Andacht getaucht, erfüllt von Weltfurcht und Gottesnähe. Und die Welt, die Welt der Dinge und Taten ist nicht völlig abgetan oder geflissentlich ignoriert, sie ist da, aber draußen. Durch die Gemächer scheint sie herein, in zauberhaften Landschaftsformen, Berge, Städte, Burgen, Flüsse, Schiffe, aber alles wie durch ein Fernrohr gesehen, gleichsam nicht dazu gehörig: nur wie eine unwirkliche Vision oder eine schattenhafte Erinnerung flattert es um die Seele; die Seele selber aber ruht schon auf Erden in Gott. Anatole France hat einmal über Villiers de l'Isle-Adam gesagt: „Er ging durch die Welt wie ein Schlafwandler: von dem, was wir alle sehen, sah er nichts, aber das, was unseren Augen verschlossen ist, sah er." So geht es uns auch mit den Figuren Maeterlincks. Das wirkliche Leben, das tägliche, gewöhnliche, praktische, das Leben des Augenscheins und der normalen Sinne, das sehen sie nicht, ihm gegenüber sind sie verschüchtert und ohnmächtig, ratlos und stumm wie Kinder und fast wie Schwachsinnige; aber während sie so in der groben Realität blind herumtappen, öffnet sich einem geheimnisvollen inneren Sinn, den nur sie besitzen, eine andere Welt, ebenso real wie diese, ja viel realer, die Welt der Ahnungen und Träume, der Fernwirkungen und Fernwitterungen, eine Welt, in der alle Geister und Seelen sich als ein ungeteiltes Ganzes, eine Einheit und Harmonie fühlen und in der es daher keine Mißgriffe, keine Unsicherheiten, keine Kämpfe gibt. Ein Stück von Charles van Lerberghe, Maeterlincks Landsmann und Zeitgenossen, heißt ‚Les flaireurs'. Solche Flaireurs des Unfaßbaren und Unsichtbaren, in dem das wahre Geheimnis unseres Wesens beschlossen liegt, sind alle seine Gestalten.

Aber wir sagen Geheimnis und wollen, wie dies zu allen Zeiten der Fall war, damit nichts endgültig Unlösbares und Unentzifferbares bezeichnen, sondern nur etwas, dem wir sein letztes Wort noch nicht abgerungen haben, etwas Werdendes, Entstehendes, das im Begriff ist, sich uns zu offenbaren. Es zögert noch; oder vielleicht sind wir es, die zögern? Es handelt sich, mit einem Wort, um alle jene Energien und Manifestationen, die wir die „okkulten“ nennen. Es sind zweifellos Naturkräfte wie alle anderen, ebenso gesetzmäßig und unergründlich, ebenso wohltätig und gefährlich wie sie, aber uns heute eben noch „verborgen“. Maeterlinck ist der erste Dramatiker des okkulten, des telepathischen, des drahtlos telegraphierenden „Seelen“-Sinnes. In seinen Vorlesungen über Psychoanalyse sagt Sigmund Freud, die Eigenliebe des Menschen habe bisher drei große Kränkungen von der Wissenschaft erdulden müssen: die erste, als er durch Kopernikus erfuhr, daß unsere Erde nicht der Mittelpunkt des Weltalls sei, die zweite, als Darwin ihn auf die Abstammung aus dem Tierreich und die Unvertilgbarkeit seiner animalischen Natur verwies, und die dritte und empfindlichste, als die heutige psychologische Forschung dem Ich zeigte, daß es nicht einmal Herr im eigenen Hause sei, sondern auf die kärglichen Nachrichten dessen angewiesen bleibe, was unbewußt im Seelenleben vorgehe. Dies ist in der Tat auch die Erkenntnis, die im Herzen der Dramen Maeterlincks lebt. „Dies sagt man und jenes sagt man, aber die Seele geht ihren eigenen Weg.“ Aber Freud, dessen Genius die bloße Erforschung des Irdischen gewählt hat, ohne dem Göttlichen einen Blick zu schenken, übersieht oder verschweigt den ungeheuren moralischen Zuwachs, der uns durch ebendiese Erkenntnis geworden ist: daß nämlich das, was die Psychoanalyse mit einem kalten, abweisenden und fast verächtlichen Wort Unterbewußtsein nennt, nichts ist als das Bewußtsein eines uns unendlich überlegenen und daher unverständlichen Geistes und daß wir noch niemals so groß waren wie jetzt, wo wir nach dem Fall der letzten Bollwerke unseres selbstherrlichen Ichs uns in inniger und unzerstörbarer Kryptogamie mit dem Weltgeist erkannt haben.

All dies hat Maeterlinck am schönsten symbolisiert in seinem Märchenspiel vom ‚Blauen Vogel', das nichts anderes ist als eine Beantwortung der Frage: Was ist ein Dichter?

Ein Dichter ist ein Mensch, der den Zauberstein der Fee Berylune besitzt; er braucht ihn nur zu drehen, um den Dingen sogleich ihre Seele zu entlocken; und nun tritt sie hervor, die Seele der Katze, die Seele des Hundes, die Seele der toten Dinge sogar: der Milch, des Brotes, des Zuckers. Und alles wird schöner: der einfache Haustisch wird prächtig und gewichtig, die dürftige Wäsche im Schrank wird reichlich und kostbar, die Stunden verlassen die Uhr und werden zu leuchtenden Jungfrauen, die einander die Hände reichen. Dem Dichter erschließen sich die Dinge; er gelangt an das Herz der Dinge, weil er sie liebt. Für ihn gibt es nichts Seelenloses und nichts Lebloses. Die ganze Welt ist voll von Gedanken und Empfindungen; man muß sie nur zu lesen wissen. Und der Dichter liest sie. Er liest die tiefen und liebevollen Gedanken des Hundes, dieses Romantikers der Tierwelt, die falschen und feindseligen Gefühle der Katze, die milden Gedanken der Linde, die hoffärtigen Gedanken der Kastanie; auch die Zimmermöbel, der Wasserkrug, das Herdfeuer, die Lampe haben allerlei Empfindungen, die man entziffern kann. Und er steigt hinab in die Vergangenheit zu den Toten, und sie sind nicht mehr tot; sie sitzen vergnügt vor ihrer Haustür und plaudern; er steigt in das Reich der Zukunft zu den noch ungeborenen Seelen, und sie werden lebendig und geben ihm Antwort. Was er aber überall sucht, das ist der blaue Vogel: denn wer den besitzt, dem erschließt sich das letzte Geheimnis der Dinge. Aber gerade das ist das einzige, was er nicht findet.

Nach diesem Vogel sucht der Dichter immerfort, nur seinetwegen durchwandert er alle Reiche des Werdens, rührt er an die Seele aller Dinge. Er wird ihn freilich niemals besitzen. Aber das ist vielleicht sehr gut: denn sonst würde er ja nicht mehr suchen.

Alle Mittel, durch die bisher der Dramatiker seinen stärksten Ausdruck und seine fesselndste Wirkung erzielt hat: Deutlichkeit und Schärfe, Wucht und kraftvoll zuschlagende Brutalität, Bewegtheit, Reichtum an Handlungen und Geschehnissen, lebhaft vorwärts drängende Entwicklung, individuelle und bunte Charakteristik, alle diese Mittel sind Maeterlinck fremd; seine Gestalten wandeln unter dem Nebelschleier eines tiefen Geheimnisses und ihre Schicksale sind nichts weniger als eindeutig, ja sie sind überhaupt schwer zu deuten; kein Charakter wächst aus der dramatisch fruchtbaren Sphäre des Willens hervor, niemand will, niemand handelt, auch äußerlich geschieht wenig von Belang. Es sind lauter schmale Figuren von einer ungemein sparsamen Zeichnung, die wie Irre oder Berauschte eigensinnig immer dieselben Sätze wiederholen, dabei ganz homogen charakterisiert: alle haben für dieselbe Empfindung denselben Ausdruck und für denselben Eindruck dieselbe Empfindung. Es sind Schattenspiele in einem mehr als äußerlichen Sinn: denn was der Dichter zeigt, sind nur die Schatten, die ungeborene, nie zu gebärende Taten in der Seele des Menschen vorauswerfen. Es sind überhaupt nur Bilder, Einzelmomente, nie eine Aufeinanderfolge, ein Abrollen von Geschehnissen. Fast alle Theaterstücke von Maeterlinck könnte man malen, weil sich jedes von ihnen in einer einzigen Konstellation, in einer einzigen Grundimpression zusammenfassen läßt. So könnte man zum Beispiel sagen, daß der dramatische Held von ‚La mort de Tintagiles' eine Tür ist. Der wahre Held freilich in allen diesen Dramen ist das höchste Wesen, man mag es Gott, Schicksal, die Weltseele oder wie immer nennen, das stumm und unsichtbar im Mittelpunkt aller Ereignisse thront. Und wie wäre bei einem solchen Aspekt der Dinge das, was der praktische Dramaturg als Handlung bezeichnet, möglich? Vergangenheit und Zukunft stehen still, sie sind mit der Gegenwart in einen großen Moment zusammengefaßt, vor Gott haben sie keinerlei Bewegung, sie blicken nur halb friedlich, halb drohend herein: „Da ist alles ein Nun", wie Meister Eckhardt sagt. Dies ist entweder keine Handlung oder die tiefste Handlung, entweder ganz undramatisch oder höchste Spannung wie im Kreisen der Atome eines scheinbar ruhenden Körpers oder im Gleichgewicht der einförmig dahinwandelnden Gestirne: ein Theater ohne Theatralik, ein Theater des Schweigens, des Aufhorchens und der Passivität, die die Weltharmonie in sich einströmen läßt. Die „Spannung" dieser Dramen ist nicht die brutal-materielle, wie wir sie gewöhnt sind, sondern die latente und darum viel aufregendere, wie sie in einer geladenen galvanischen Batterie besteht.

Wir haben hier eine dramatische Form im Urzustande, die einer neuen Verfassung unserer Sinnesorgane entspricht. Was sich nämlich vor unseren Augen zu vollziehen beginnt, ist eine Rückbildung der Lautsprache. Und es gibt in der Tat schon da und dort Ansätze zu einer unterirdischen Sprache der Seele, die keiner Worte mehr bedarf, sondern sich anderer Ausdrucksmittel zu bedienen vermag. Man nennt das „Fluida": ein Wort, mit dem man immer Naturkräfte zu bezeichnen pflegt, die man nicht kennt. Auch die Elektrizität nannte man anfangs ein Fluidum, aber es hat sich gezeigt, daß dieses flüchtige, imponderable, sozusagen immaterielle Etwas doch eine sehr respektable Energie und Realität besitzt. Eine Kunst, die immer mehr auf diese Mitteilungsmöglichkeiten zurückginge, hätte gar nichts Unsinnliches, so wenig wie die Elektrizität etwas Unsinnliches ist; sie wäre sogar in ihrer Wirkung viel sinnlicher als jede frühere. Was wir Persönlichkeitswirkung nennen, ist nichts anderes; es sind Kräfte, die direkt von den Sinnen auf die Sinne wirken, ohne Einschaltung einer toten Semiotik der Laute und Gebärden.

Bei Shakespeare haben wir den störenden Eindruck, daß er das Leben zu sehr einströmen läßt; es soll aber nur hinten vorbeiströmen. Übrigens könnte Shakespeare heute kein einziges seiner Stücke mehr schreiben. Er müßte sich sagen, daß Othello die Desdemona nicht töten wird, wenn er nicht gerade betrunken ist, sondern daß er etwas anderes tun oder reden wird, irgend etwas scheinbar Unbedeutendes und Nebensächliches, irgend etwas, das sich schwer vorausberechnen läßt, das aber vielleicht tiefer treffen wird als sein Dolch. Bei einem Othello der Shakespeare-Zeit lag die Gleichung klar und deutlich vor Augen: er wird sie töten. Was sollte er denn sonst tun, wenn er nicht gerade betrunken ist? Die Menschen waren eben damals viel übersichtlicher, einfacher, schematischer. Ein genialer und kenntnisreicher Seelenforscher konnte mit ihnen ebenso Astronomie treiben wie Galilei mit seinen Sternen. Man mußte nur die Gesetze der Epizyklen kennen, die sie beschreiben würden. Und Shakespeare selbst hat bereits im ‚Hamlet' wie in einem Gleichnis das Schicksal der dramatischen Kunst gezeichnet. Sie geht umher, gequält und verfolgt von nächtlichen Gesichten, angetrieben zu weitausladenden geräuschvollen Handlungen, zu Mord und Totschlag, Kampf und Tat, und indem sie den Sinn und Wert aller dieser Lebensäußerungen erwägt und prüft, erkennt sie: alle diese Dinge haben keine innere Existenzberechtigung, sie sind nichts als eine Konzession, die wir dem Milieu machen, in dem wir leben, nämlich dem großen Irrenhaus von Unweisheit und Ungüte, das man Menschheit nennt. Und wie Hamlet in solchen Reflexionen sich selbst zersetzt und lebensunfähig macht, so gelangt im langsamen Prozeß der Selbstbespiegelung auch die bisherige dramatische Kunst zu ihrer Selbstauflösung.

Ich sehe hiebei ab von dem lärmenden Zwischenspiel einer Theaterkunst, die sich futuristisch nennt, obgleich sie ganz und gar der Vergangenheit angehört und nur ein letzter Krampf und verzweifelter Versuch ist, künstlerischen Ausdruck mit Mitteln zu finden, die historisch geworden sind. Es kommt aber, wie gesagt, nicht auf Aktivismus an, auf Sichbemühen und Velleitäten, sondern auf Stillehalten, damit das Neue in uns wirken kann. Dieses Neue ist die Seele. Die

Seele war natürlich immer da, wie ja auch Mund und Kehle schon längst da waren, ehe der Mensch sie zur Rede gebrauchte; aber erst heute schickt sie sich an, zu sprechen. [...]

W. S. MAUGHAM: „DER KREIS“

Frau Grishild Carpenter, unter dem Pseudonym W. G. Maugham in ganz England bekannt, geschätzt und sogar bewundert, ist eine interessante Kreuzung aus Unterhaltungsschriftstellerin und couragierter Psychologin; ihr Unglück ist nur, daß sie in weiblicher Unentschlossenheit nicht die Kraft findet, sich resolut für das eine oder das andere zu erklären: immer verrückt die eine ihrer beiden Seelen im entscheidenden Moment der anderen das Konzept. So schon in ihrem 1915 erschienenen Erstlingswerk ‚The bread-and-butter miss‘ (‚Der Backfisch‘): Hier glaubt man während der ersten acht Kapitel, bloß einer durch die feinste Raffinade gegangenen Courths-Mahler gegenüberzustehen, aber in der zweiten Hälfte des Romans, der aus den Tagebuchaufzeichnungen der Heldin besteht, enthüllt sich eine Doppelbodigkeit: in Geständnissen und Beobachtungen von oft hinreißender Aufrichtigkeit und Ursprünglichkeit werden die trivialen und konventionellen Geschehnisse des ersten Teils demaskiert, und die Wahrheit, die hinter den Dingen steht, tritt siegreich hervor. Nur daß sich eben die Verfasserin durch diesen Trick beide Parteien zu Feinden macht: die einen werden das Buch schon nach den ersten zwanzig Seiten wegwerfen, und die anderen werden, wenn sie zu ‚Lucy's Diary‘ kommen, maßlos empört sein. Ganz ähnlich, nur umgekehrt verhält es sich auch mit Maughams zweitem Roman ‚The border‘ (‚Die Grenze‘), der in Suffragettenkreisen spielt: er setzt kühn psychologisierend ein, um ziemlich banal damit zu enden, daß die politischen Bestrebungen der Heldin an der Allmacht der Liebe ihr Ziel und ihre Schranke finden. Und dann hat die Dichterin sich der Bühne zugewandt, auf die ihre epigrammatische, spielerische Art sie eigentlich von Anfang an hinwies. Ihre Einakterserie ‚Within a hair's breadth' (etwa: ‚Zwischen Lipp' und Kelchesrand') fiel durch; aber das Lustspiel ‚Circle' (das im Deutschen vielleicht besser ‚Kreislauf' zu betiteln wäre) hat ihr den großen Erfolg gebracht. Die Handlung ist sehr einfach. Champion Cheney ist seinerzeit von seiner Gattin Katharina verlassen worden, die nun, nach dreißig Jahren, mit ihrem „Ravisher", Lord Porteous, zum Besuch ihres Sohnes Arnold zurückkehrt. Und es zeigt sich, daß sie ein schlechtes Geschäft gemacht hat: sie ist verblüht, mit sich zerfallen, von ihrer zweideutigen Situation unterhöhlt und zerfressen, eine lächerliche und traurige Ruine, während der betrogene Gatte einem glücklichen, frischen und heiteren Alter entgegengeht. Was aber Arnolds Gattin Elisabeth nicht hindert, mit einem bereits paraten Ravisher der zweiten Generation, freilich nicht ohne herzergreifendes Schwanken, doch wieder dasselbe Schicksalsexperiment zu versuchen. Denn was nützen uns alle Erfahrungen der anderen, da doch die Umstände und Charaktere niemals die gleichen sind? Hier muß man wiederum den für englische Begriffe und gar für eine englische Dame ungeheuerlichen Mut bewundern, zwischen zwei Schlüssen den „unpassenden" zu wählen. Freilich könnte bis zum Fallen des Vorhanges auch noch jederzeit der Anstand siegen. Alfred Polgar wollte einmal mit mir einen kleinen Kabarettsketch schreiben: ‚Das beliebige Stück'. Darin sollte der Conferencier nach jeder Szene vortreten und dem Publikum den weiteren Fortgang anheimstellen: ob die Liebe erwidert werden solle oder nicht, ob die Eltern dafür oder dagegen sein sollen usw. So konnte man sich auch bei Missis Maughams ‚Kreis' sehr gut vorstellen, daß der famose Direktor Paulsen, dessen humorvoll souveräner Menschenverachtung diese Rolle sehr gut liegen würde, vor den Vorhang träte und sagte: „Meine Herrschaften, ich habe dieses Stück angenommen, weil ich glaube, daß dessen witzig-romantische und frech-sentimentale Art Ihrem Geschmack zusagt, aber ich kann sie ja auch unterschätzt oder überschätzt haben, also retten Sie, was noch zu retten ist und bestimmen Sie selbst: soll der korrekte Edelmut des Gatten Recht behalten oder die forsche Naturkraft des Liebhabers? Wir haben auf jeden Fall beide Schlüsse probiert."

Aber ich bemerke, daß ich im Begriff bin, ungalant zu werden, und so will ich denn nicht verhehlen, daß der Kreis eine wirklich feine, kultivierte, oft geistreiche und niemals geschmacklose kleine Luxusarbeit ist. Von Frau Mayen mit einer zarten, pastellhaften Grazie, von Frau Reinhold mit Laune und Temperament und von den Herren Reimers, Ph. Zeska und Romberg mit liebenswürdigem Takt performiert. Eine Figur von bezwingend englischem Schnitt gelingt Herrn Heine. Das Publikum fühlte sich in der noblen, angenehm lauwarmen Atmosphäre dieser anspruchslosen Sommerdichtung recht wohl, und Herr Karl Zeska konnte öfters für den Beifall „im Namen Maughams" danken, wobei er, entweder aus Kunstpolitik oder aus Unkenntnis, absichtlich offen ließ, ob es sich um einen Herrn oder eine Dame handle.

GUSTAV MEYRINK: „DER ALBINO, EIN NACHTGESICHT"

Ich sehe nicht ein, warum ich von Gustav Meyrinks Debut als Dramatiker nicht öffentlich und mit höchstem Lob sprechen soll, bloß weil dieses Debut im Wiener Cabaret ‚Fledermaus' stattgefunden hat, dessen sogenannter „artistischer Leiter" ich bin. Denn ein „artistischer Leiter" hat in einem Cabaret ungefähr so viel zu reden, wie ein Dramaturg in einem Theater: nämlich gar nichts, und daher habe ich mit diesem Stück so gut wie nichts zu tun gehabt, außer daß ich eine Rolle darin gespielt habe, die aber jeder andre ebensogut hätte spielen können. Zweitens aber, selbst wenn ich alle möglichen Verdienste um diese Aufführung gehabt hätte, würde ich noch immer keinen Grund sehen, mich nicht auch in der Form öffentlicher Kritik damit zu beschäftigen. Die Frage sollte überhaupt einmal prinzipiell in Erörterung gezogen werden: Warum äußern sich fast niemals die Direktoren, Regisseure und andre spiritus rectores über die Dichtungen, die an ihren Bühnen aufgeführt wurden? Sie wären doch eigentlich die Berufensten dazu, denn sie müßten doch wohl am besten wissen, warum sie diese Stücke gespielt haben, und sicher besitzen sie, schon durch die wochenlange Arbeit, die sie der Sache gewidmet haben, ein intimeres Verhältnis zu dem Werk als irgendein Nachtreferent, der sich übelgelaunt im letzten Moment das Textbuch durchgesehen hat. Ein „Dramaturg" in der echten Bedeutung des Wortes wäre doch gerade ein Mensch, der unablässig bemüht wäre, dem Publikum, den Dichtern, seinem Unternehmen und sich selbst die Wege und Ziele des Theaters klarzumachen, im allgemeinen und im besondern. Für ihn müßte jede Neuaufführung, die seine Bühne bringt, direkt die Verpflichtung zu einer Art öffentlichen Rechenschaftsberichtes in sich schließen, und so hat es auch Lessing gewollt und erreicht, der aber vielleicht der erste und letzte Dramaturg des deutschen Theaters gewesen ist. (Deutsches Theater ohne Gänsefüßchen; denn Dramaturg des ,,Deutschen Theaters" ist nach den letzten statistischen Erhebungen jeder dritte bis vierte österreichische Staatsbürger.) Man wird einwenden, daß ein solcher Dramaturg dann notgedrungen pro domo sprechen müßte. Ja, aber: – welcher normale Mensch spricht denn nicht „pro domo"?

Alles, was einer sagt oder nicht sagt, was er tut oder unterläßt, ist ja nichts anderes als eine mehr oder minder eindrucksvolle oratio pro domo. Alles geschieht „pro domo", und je nachdrücklicher, je leidenschaftlicher und rechthaberischer es geschieht, desto mehr Wert hat es. Alles ist eine „persönliche Angelegenheit", mein Mittagessen so gut wie meine Weltanschauung, und die Genies unterscheiden sich vielleicht nur dadurch von den übrigen Menschen, daß sie es verstehen, die sogenannten „unpersönlichen" Probleme zu höchst persönlichen, privaten Angelegenheiten zu machen. Sie ergreifen Partei, immer und unbedingt. Goethe „ergreift Partei" in der Farbenlehre und wird gegen Newton geradezu beleidigend, weil dieser die andre Theorie hat. Und doch hat Newton Recht, und Goethe hat Unrecht. Schopenhauer „ergreift Partei" in Fragen der Kantischen Philosophie und verdächtigt Kant, der doch eigentlich darin kompetent sein sollte, niedriger Motive, bloß weil Kant hier über sich selbst andrer Ansicht ist als Schopenhauer. Jesus ergreift in heftigster und fast jähzorniger Weise Partei gegen die Pharisäer, Nietzsche ist nicht weit davon entfernt, Wagner einen virtuosen Hochstapler zu nennen, und man lese nur einmal nach, mit welchen Ausdrücken er gegen den ehrwürdigen David Friedrich Strauß vorgeht. Also überall Ehrenbeleidigungen, Verdächtigungen, Ungezogenheiten „pro domo". Nur mit dem kleinen Unterschied, daß es hier um Weltanschauungen geht, während bei den andern Menschen so heftige Angriffe gewöhnlich ihren Grund in „persönlich wichtigern" Dingen haben, wie, zum Beispiel, daß einer den andern „geschnitten" hat, oder daß er ihm ein Darlehen verweigert oder die Geliebte abspenstig gemacht hat.

Dies alles hat mit Meyrink allerdings nicht viel zu tun, aber vielleicht sollte diese prinzipielle Frage doch einmal von berufenerer Seite beantwortet werden.

Meyrinks erstes Drama heißt also ‚Der Albino, ein Nachtgesicht', und es scheint mir, daß dieser kleinen Dichtung eine ganz neue künstlerische Intention zugrunde liegt. Das Theater hat sich im Laufe der Kulturentwicklung immer mehr von der Kunst entfernt, und allmählich hat sich zwischen beiden ein direkter Dualismus herausgebildet. (Das Endresultat dieses Prozesses wird vielleicht die Verschmelzung von Varieté und Theater zu einer „höhern Einheit" sein; denn beide nähern sich einander schon in sehr beachtenswertem Maße: Das Varieté wird immer theatralischer, und das Theater immer varietémäßiger, wie der große Erfolg der Reinhardt-Polgar-Friedell-Bermann-Walden-Arnold-Biensfeldt-undsoweiter-schen Bearbeitung von Nestroys ‚Revolution in Krähwinkel' neuerdings wieder ziemlich schlagend bewiesen hat.) Einem Theaterfeind muß dieser Entwicklungsgang eigentlich sympathisch sein, denn je zirkusmäßiger das Theater wird, desto mehr wird die Kunst davon abgeschreckt werden, sich zum Theater zu degradieren.

Nun scheint aber Meyrink einen, vielleicht nur vorübergehenden, Verständigungsweg anzubahnen. Er sagt sich offenbar: das Theater ist in seinen Mitteln und Zwecken zu grobsinnlich, um irgend welchen wirklich dichterischen Absichten dienen zu können. Er hält sich daher an das Sinnliche in der Kunst, an das Bildhafte, und erreicht so eine letzte kleine Möglichkeit, Kunst und Theater zu versöhnen. Sein ‚Albino' ist eine rein pittoreske Schöpfung: ohne irgend welche psychologischen oder gar philosophischen Intentionen, wie sie den großen modernen Dramen zugrunde liegen, auch ohne sprachliche Tiefen, aber dafür von der äußersten Sorgfalt in der musikalischen Abwägung der Sprachelemente. Dies geht hinunter bis in die Wahl der einzelnen aufeinanderfolgenden Vokale. Also zwei rein sinnliche Künste auf die Bühne projiziert, und dazu eine mehr aufregende als sinnvolle Handlung, die aber auch mehr malerisch als dichterisch vor uns abgerollt wird, indem nur hie und da ein paar Flecken und Fetzen hingeworfen werden. Das Stimmungsmilieu des

Ganzen ist ähnlich dem der alten „Schicksalsdramen", nur ohne den kindischen Versuch, wirklich eine religiöse Weltanschauung damit ausdrücken zu wollen, und unter noch viel skrupelloserer Verwendung aller technischen Raffinements.

Es hätte keinen Sinn, die Handlung zu erzählen, denn sie ist, wie gesagt, mehr pointillistisch aus jenen aufreizenden und aparten Details zusammengetupft, die das Grundelement aller Meyrinkschen Novellen sind. (‚Der Albino' ist übrigens seinerzeit als Novelle im ‚Simplizissimus' erschienen und daher wohl ziemlich allgemein bekannt.) Das völlig Neuartige und Interessante an der Sache besteht eben darin, daß hier ein Versuch gemacht wird, sich zwischen drei Künsten zu einer neuen Bühnenkunstform zu bewegen. Anders als im Wagnerschen Gesamtkunstwerk, das einen großangelegten Kolossalbau, eine Art Pantheon auftürmt. Sondern mehr negativ, aus einem tiefen Nihilismus heraus, mit weisem Verzichten auf Absichten, denen nicht genügende Mittel zu Gebote stehen, als eine Art Annäherung an die Pantomime, die ja auch ihr Hauptelement in der Klang- und Gebärdensprache hat. (Aber nur als Annäherung, denn die Pantomime ist doch eigentlich kein künstlerisches Genre oder, um es weniger schroff auszudrücken, sie ist eine bloße Spielerei, denn sie kann so gut wie gar nichts ausdrücken und stellt sich ja selbst ihr eigenes Armutszeugnis aus, indem sie dem Zuschauer einen gedruckten Leitfaden an die Hand gibt, ohne den er nicht das Geringste von der Handlung verstehen würde.) Solche „Bilddramen", wie man sie vielleicht nennen könnte, sind eigentlich schon öfters versucht worden: man denke an ‚Ugolino' und an Maeterlinck und seinen Kreis, van Lerberghe und an andre. Auch bei Maeterlinck geschieht so gut wie nichts, alles gruppiert sich um ein Bild, es sind gewissermaßen tableaux vivants mit unterlegtem Text, und sicherlich sind Maeterlincks kleine Dramen zunächst aus der dichterischen Vision eines bestimmten Bildes hervorgegangen. Aber Maeterlinck ist doch im Grunde immer der tiefe Psycholog und Philosoph, und Mystik und Impressionismus sind bei ihm mehr als Stimmungselemente. Eben dieses „Mehr“ macht seine Dichtung so undramatisch.

Es wäre schade, wenn der ‚Albino‘ auf den engen Rahmen der ‚Fledermaus‘ beschränkt bliebe, und dies ist auch der einzige Grund, warum ich hier ein paar Worte über diese kleine Dichtung gesagt habe. Sie erfordert allerdings einen eigenartigen, sehr intimen Bühnenraum, aber ein solcher läßt sich finden oder adaptieren. Und es wären jedenfalls mit solchen Versuchen tiefere und künstlerischere Wirkungen zu erzielen als mit den hysterisch-pathetischen Verskünsten unreifer Neuromantiker und den billigen Clownspäßen brutaler Possenkonfektionäre, wie Max Reinhardt, Alfred Polgar und

Egon Friedell

ALFRED MÖLLER/LOTHAR SACHS: „MEINE FRAU, DIE HOFSCHAUSPIELERIN“

Dr. Kurt Reichenberg, Schriftsteller, aber obskur, liebt seine Frau namens Karla, die früher Hofschauspielerin war, aber ihm zuliebe der Bühne entsagt hat. Sie liebt ihn übrigens auch, das heißt: ganz so ist es nicht, sonst wäre das Lustspiel ja aus, wogegen allerdings manche nichts einzuwenden hätten. Also im genaueren verhält sich die Sache so, daß er glaubt, daß sie ihn nicht liebt, weil ihm nämlich, nun ja, Frauen sind ja manchmal so, der äußere Erfolg fehlt. „Frauen“, äußert er sich, „müssen bewundern, wenn sie lieben sollen.“ Infolgedessen schreibt er anonym ein Stück, das ebenfalls ‚Meine Frau, die Hofschauspielerin‘ heißt, aber hoffentlich besser ist als jenes, das wir zu sehen bekamen.

Als Autor gibt er seinen Freund Cand.-Phil. Erich Wolters aus, der das Stück nicht einmal kennt. Welch köstliches Quiproquo! Am Schluß, das brauche ich wohl kaum zu versichern, klärt sich die Sache vorteilhaft auf, indem das Stück Erfolg hat und Karla Gelegenheit bekommt, ihren Mann nicht nur zu lieben, sondern auch zu bewundern. Auch spricht ein Diener schlesisch, und ein Karikaturenzeichner schnarcht urdrollig, ein Mensch heißt Köppke, und es findet der Aphorismus statt: „Verliebte sind wie Streichhölzer: wenn sie brennen, verlieren sie den Kopf." Kurz, prächtigster, sonnigster Boche-Humor. Der geschmackvollere Teil der Bevölkerung dürfte für diese Art Anschluß wohl kaum zu gewinnen sein, aber wie klein ist der geschmackvollere Teil des Publikums? Ich prophezeie daher mindestens vierzig Aufführungen, um so mehr, als der Schmarren von Fräulein Woiwode, den Herren Werner-Kahle, Everth und Gluth und der neuengagierten Frau Gebühr sehr liebenswürdig gespielt wurde.

MAX MOHR: „IMPROVISATIONEN IM JUNI"

Das Stück setzt wundervoll ein: mit einem klingenden, schwingenden Auftakt voll gestufter Menschlichkeit, unsentimentaler Güte, reichem ironischen Verstehen auch der Niedrigkeiten des Daseins. Die Gestalt einer uralten Fürstin beherrscht den ganzen ersten Akt, eine wahrhaft dichterische Figur, aus einem tiefen und noblen Herzen geboren, und dazu noch von der Baudius gespielt, die, wie durch die Gnade eines Naturwunders über die Sintflut unserer Zeit hinübergerettet, als ein lichtes Denkmal längst versunkenen Seelenadels, längst verwelkter Schönheit, Freiheit und Heiterkeit, ein Stück blühendes achtzehntes Jahrhundert über die Bretter wandelt, einen berückenden Astralglanz ausstrahlend, Botin und letzte Erbin einer reineren, höheren und unwirklicheren Welt. Aber nach dem ersten Akt verschwindet sie, und es ist, als ob sich mit ihr auch der Geist und das feine Aroma aus der Dichtung verflüchtigt hätte, die nun zusehends tendenziös und dialektisch, diskursiv und doktrinär wird, ohne daß man auch nur weiß, welche der sich kreuzenden Tendenzen Recht behalten soll.

Durch diese Doppelbrechung wird das Ganze unscharf, trübe und schließlich sogar langweilig. Handlung hat das Stück gar keine: aber es würde nichts machen; es steht aber auch kein weltumspannender einheitlicher Gedanke dahinter und keine einmalige souveräne Persönlichkeit, und zu dieser großen Fortsetzung wäre man nach dem Anfang berechtigt gewesen. Der Mechanismus läuft unübersichtlich, ohne beherrschendes Triebrad und bisweilen auch ganz leer; einzelne Lichter erinnern freilich immer wieder daran, daß ein vornehmer, differenzierter, ernst grübelnder Geist dieses Buch geschaffen hat. Es sind feine, oft originelle und manchmal starke Erörterungen über das Leben, aber nicht das Leben selbst. Herr Hennings, eine Art Edelbolschewik, der zwischen Tolstoi und Nietzsche hin und her gerissen wird, sieht gut aus und hat einen warmen Ton: das Letzte bleibt er schuldig. Sehr zart und angenehm Frau Mayen, sehr amüsant Herr Danegger, scharf profiliert Herr Heine; Herr Emmerich Reimers ein wenig zu blaß und undeutlich, wie ein nicht genügend durchkopiertes Lichtbild.

TAKTLOSE BEMERKUNG ÜBER MOLIÈRE
Zu seinem dreihundertsten Geburtstag

Man wird mich jetzt wahrscheinlich für sehr ungebildet halten, aber ich finde: Molière ist für das heutige Theater und die heutige Kultur nur noch eine große anbetungswürdige Kalamität. [...]

Die Zeit, die Molière in seinen Porträts abgebildet hat, lag im Schatten des großen Sonnenkönigs, und ihr Philosoph hieß René Descartes. Um die Mitte des Jahrhunderts verfaßte dieser eine kleine Schrift ‚Les passions de l'âme', in der er die menschlichen Leidenschaften methodisch untersucht, zerlegt und klassifiziert, als ob es sich um höchst einfache und typische Elementarerscheinungen handelte: er behandelt also diesen Gegenstand ganz wie ein Problem der von ihm erfundenen analytischen Geometrie, indem er sozusagen von der Ansicht ausgeht, es genüge, durch Scharfsinn und Beobachtung die Gleichung für die Kurve einer jeden Gemütsbewegung zu finden, um diese dann mühelos in allen möglichen praktischen Anwendungsfällen konstruieren zu können. Diese Abhandlung hat Molière in gewissem Sinne dramatisiert, indem er ebenfalls nichts anderes tat, als daß er eine Reihe von höchst einfach gebauten Leidenschaftsparadigmen wie in einem naturhistorischen Museum zur Besichtigung ausstellte; daß er diese hölzernen Schulattrappen in das sehr bunte und kostbare Kostüm seiner vielseitig irisierenden Laune kleidete, kann über die Dürftigkeit und Lebensfremdheit, man möchte fast sagen: die Unmenschlichkeit seiner Psychologie nicht hinwegtäuschen. Sein Lehrmeister hatte die Behauptung aufgestellt, daß die Tiere Automaten seien, und es ist mehr als wahrscheinlich, daß er über die Menschen nicht anders dachte; es auszusprechen, verhinderte ihn wohl nur die Scheu vor einem Konflikt mit den kirchlichen Dogmen. Und diese Annahme war ja auch in der Tat bloß die natürliche

Konsequenz aus der gesamten damaligen Einstellung zur Realität. Daß die Wirklichkeit in ihrer Totalität sowohl wie in allen ihren einzelnen Auswirkungen ein Ding sei, das man genau berechnen, auskalkulieren, einteilen und gliedern, der Alleinherrschaft des wägenden, sichtenden, ordnenden Verstandes, der Ratio unterwerfen könne, kurz, daß die Welt ein mathematisches Phänomen sei: dies war der höchste Glaube und zugleich die tiefste Sehnsucht der Menschen jenes Zeitalters; aus dieser prinzipiellen Einstellung erfließt alles, was sie geschaffen und zerstört, erkannt und verkannt, bejaht und negiert, entdeckt und übersehen haben; alle ihre Würfe und Mißgriffe, ihre Nieten und Treffer. Sie wollen die Welt *fassen*, licht und durchsichtig, wohldisponiert und überschaubar haben: artikuliert, rubriziert und wissenschaftlich paragraphiert. So dichteten die tragischen Gegenspieler Molières, in deren Dramen die Gefühle der Helden und Heldinnen aufgereiht und etikettiert sind wie in einem Herbarium, und die Handlung streng nach den mißverstandenen drei aristotelischen Einheiten wie in ein Quadratnetz eingezeichnet ist. So war das Hofleben des Königs beschaffen, so ließ dieser malen und bauen, und selbst die Natur durfte sich nur „geometrico modo" entfalten, indem man ihr nicht gestattete, andere als cartesianische Bildungen von hoher Regelmäßigkeit hervorzubringen. Ein solcher Vorgang führt aber notwendig zur Mechanisierung. Und in der Tat: sehen wir näher zu, so bemerken wir: das Ideal des Menschen der Zeit Ludwigs XIV., dem er, halb unbewußt, nachstrebt, ist die *Marionette*. Die ausgesteiften, starren Gewänder, die den Eindruck des dreidimensionalen Menschenkörpers auf die Linienwirkung zu reduzieren suchen, die tiefen, abgezirkelten Verbeugungen, die gewollt eckigen Bewegungen, die gezierte Haltung beim Stehen und Sitzen, die stets nach der Winkelform tendiert, die ungeheure tote Perücke, die dem Kopf etwas Grimassenhaftes verleiht: dies alles führt uns unwillkürlich zur Vorstellung einer Drahtpuppe.

Und nun begreifen wir vielleicht den letzten Grund, warum die Figuren des armen Molière uns heute so seltsam leblos, halb gespenstisch und halb grobschlächtig, zugleich zu sehr und zu wenig materiell erscheinen: er mußte ja der Hanswurst eines großen Herrn sein, eines noch mächtigeren, selbstherrlicheren und eigensinnigeren als es selbst Ludwig XIV. war: er war der Hofnarr des Zeitgeistes! Und indem er die chaotische Unruhe und Bodenlosigkeit, die Zwiespältigkeit und das Unendlichkeitsgefühl, das in ihm lebte – denn er war ja schließlich doch auch ein Zeitgenosse Pascals und Rembrandts und keiner der geistlosesten –, indem er dies alles, was ihn vor dem hohen Tribunal des Zeitgeistes nur lästig und verdächtig gemacht hätte, in die starre Maske gewollter künstlicher Primitivität, Undifferenziertheit und Eindeutigkeit flüchtete, war er am Ende gar Expressionist! Aber auch das wird ihn bei mir nicht herausreißen.

Halten wir uns jedoch an das, was von ihm noch da ist – denn alles andere würde höchstens in einen historischen Roman gehören –, so bleibt nichts übrig als ein altrenommierter, erstklassiger Antiquitätenladen mit einer Menge unnützem, halbzerbrochenem bric-à-brac, das in uns nur noch etwas Rührung, viel Hochachtung und sehr viel Langeweile zu erzeugen vermag. Es geht uns mit seinen Stücken wie mit einer wertvollen alten Uhr. „Was für eine wundervolle Pendule", sagen wir, „ein Meisterwerk ihrer Zeit und alles mit der Hand gemacht! Aber leider, die Räder sind kaputt: sie geht nicht mehr." Also wozu die Hemmungen, da wir ja die Matura glücklich hinter uns haben? Gestehen wir es uns nur ruhig ein: Molière geht nicht mehr.

FERENC MOLNÁR: „LILIOM"

‚Liliom', dieses Wunderwerk voll unkonventioneller Poesie, schwereloser Weisheit, zartester Drastik und menschlicher Menschenbeobachtung, das auf die Vorzugsnote „Unsterblich" unbedingten Anspruch hat, besitzt seit etwa einem Jahrzehnt in Wien eine begeisterte kleine Gemeinde; die übrigen Trottel kümmern sich nicht darum. Hoffentlich verhilft jetzt der Name und die grandiose schöpferische Dämonie Pallenbergs dieser Dichtung zu einem breiteren Erfolg. Wie er die in der dramatischen Weltliteratur einzig dastehende Figur des Liliom aufbaut und abwandelt, nuanciert und steigert, ist bewunderungswürdig. Eine Debütantin, Fräulein Grete Wagner, bringt für die Julie alle inneren und äußeren Bedingungen mit und ist auch im ersten Teil ihrer Rolle einfach unübertrefflich; die zweite Hälfte kann bis ins letzte wohl nur einer ganz ausgereiften Künstlerin gelingen. Den Mörder Ficsur Karl Forests wird wohl niemand vergessen, der ihn gestern gesehen hat: er zaubert eine ganze soziale und moralische Atmosphäre um diese Gestalt. Höchst plastisch ist auch Adrienne Geßner als Marie und meisterhaft Lina Loos als Frau Hollunder, von entzückender Echtheit Louis Böhm als Vorstadtphotograph. Die übrigen Episoden, jede einzelne eine kleine Kostbarkeit, sind teils überpointiert, teils unterexponiert, teils überhaupt nicht gestaltet. Die Wirkung des Ganzen war trotzdem sehr stark und sie wäre noch stärker gewesen, wenn man nicht die unbegreifliche Kühnheit gehabt hätte, diese Dichtung, in der jedes Wort tief existenzberechtigt und mit feinstem künstlerischem Takt loziert ist, durch barbarische Striche zu entweihen.

FERENC MOLNÁR: „DER SCHWAN“

Prinzessin Alexandra, einem von Napoleon depossedierten Fürstenhause entstammend, hat eine sehr ehrgeizige Mutter, die ihr Töchterchen um jeden Preis wieder gekrönt sehen möchte und zu diesem Zweck mit dem Thronfolger Prinzen Albert zu vermählen wünscht, der aber seinerseits gar nichts dergleichen tut. Um nun den Prinzen für sich zu interessieren, muß sie so tun, als ob sie in den Hauslehrer ihrer beiden Brüder verliebt sei, aber wie das schon so zu gehen pflegt: sie verliebt sich nun wirklich in den Hauslehrer; und wenn sie ihn nun auch heiratete, so wäre das Ganze tatsächlich von Moser oder Schönthan.

Sie heiratet ihn aber schließlich doch nicht, sondern den Prinzen; und das Ganze ist ja auch tatsächlich nicht von Moser oder Schönthan, sondern mindestens von Jenillet oder Scribe. Denn Molnár hat die bemerkenswerte Gabe, auch die trivialsten und konventionellsten Dinge so zu sagen, daß sie auf einmal wieder neu und geistreich klingen, und die billigste Ramschware in eine so geschmackvolle und reizende Emballage von Goldfäden, Stanniol und Glanzpapier zu verpacken, daß sie wie der exquisiteste Luxusgegenstand wirkt. Aber trotz alledem kann ihm die strenge Ermahnung nicht vorenthalten werden, daß er sich gehen läßt, daß er, durch Serienaufführungen verwöhnt, es sich zu leicht macht und sein blendendes Theatertalent oft leer laufen läßt, und daß es doch schöner wäre, wenn er sich hier und da daran erinnern wollte, daß er einmal in ‚Liliom‘ ein echter, großer Dichter gewesen ist. Er erhält die Note: „Gut; könnte aber bei mehr Ernst und Sammlung noch weitaus Befriedigenderes leisten“. [...]

HANS MÜLLER: „DIE STERNE“

‚Die Sterne‘ Hans Müllers sind ein Galilei-Drama. Man sollte nun zunächst meinen, daß sich bei der Wahl dieses Stoffes für den Verfasser ein erheblicher Profit ergeben müßte: er übernimmt die ganze Masse von bedeutenden Assoziationen, die sich an die Figur Galileis knüpfen, als Investitionskapital und kann unter dem Schild dieser altbewährten Firma seine eigenen geistigen Bestände viel vorteilhafter losschlagen. Aber es stellt sich alsbald heraus, daß das Geschäft mit Berühmtheiten für den Dramatiker durchaus kein so einseitiges ist: die fruchtbaren Nebenvorstellungen, die hier mitschwingen, erwecken zugleich sublime Erwartungen; Berühmtheiten verpflichten. Um einen Galilei schaffen zu können, muß man selber ein halber Galilei sein.

Von den Welten, die in Hirn und Herz eines großen Denkers und Forschers kreisen, scheint aber der Herr Direktor Müller nicht viel mehr zu wissen, als er aus den Lesebüchern und populären Biographien erfahren hat. Er begnügt sich mit der landläufigen, abgegriffenen Schwarzweiß-Technik: hie Wahrheitsdrang, hie Kirchenzwang, hie kühne Welträtsellösung, hie eingerosteter Buchstabenglauben, hie Licht, hie Finsternis: der philosophische Fundus des Dramas entspricht etwa dem des mit Recht so beliebten Ausstattungsballetts ‚Excelsior‘. Und man wird den Verdacht nicht los, daß Herr Müller, so wie er seinerzeit in den ‚Königen‘ dem Monarchismus und Deutschnationalismus eine sehr aktuelle Huldigung dargebracht hat, auch diesmal die Konjunktur des Antiklerikalismus und Freisinns zu nützen beflissen war. Es ist zumindest sehr gefällig von ihm, daß er in dem Augenblick, wo auf der Bühne des Burgtheaters der Papst erlaubt wird, sogleich mit einem Papst aufwartet. Daß er dabei als gerissener Theatraliker die wenigen packenden Situationen, die der Stoff hergibt, gehörig abrahmt, ist ja selbstverständlich. So entstand eine Art Aufklärungsfilm. Erster Kilometer: Galileis Verhör vor dem Kardinalskollegium. Zweiter Kilometer: Galilei und der Papst; Zusammenstoß zweier polarer Weltanschauungen. Dritter Kilometer: Galilei widerruft; sehr contre coeur, aus purer Angst vor dem Scheiterhaufen. Vierter Kilometer: Galilei empfindet Gewissensbisse, wird wahnsinnig und stirbt. Damit die Handlung nicht ganz ohne Frauenzimmer sei, huscht ein Straßenmädel durch das Stück, das den Meister, junge Mädchen sind nun einmal so, wegen seiner hervorragenden mathematisch-physikalischen Begabung abgöttisch verehrt, ein malerisch zerlumptes Kind, schmutzigen Kittels, doch reiner Seele: man kennt diese holden Wesen aus Paul Heyse, wie überhaupt die ganze Problematik und Psychologie des Werks auf dem Niveau der achtziger Jahre steht. Daneben noch einige Berühmtheiten: der namhafte Geozentriker Pater Scheiner und auch der gute Torricelli, obgleich der doch im Physikbuch bloß im Kleingedruckten steht. Und im vierten Akt gibt's noch unerwarteten Besuch: ein Jüngling mit blonden Locken ist aus London zu Galilei geeilt, mit der Begründung, dieser sei ihm im Traum erschienen. Dieser Londoner Jüngling kommt einem gleich verdächtig vor, und man berechnet im stillen: für Shakespeare ist er zu jung, für Byron ist er zu alt; und richtig ist es John Milton. Nach dem, was er redet, könnte er allerdings auch geradesogut der Dichter Hans Müller sein, der Galilei interviewt. Das einzige aber, worauf man fortwährend gefaßt ist, das Büchmann-Wort „Und sie bewegt sich doch!“ kommt nicht vor.

Die Aufführung verdient die höchste Anerkennung: geschmackvolle farbenstarke Bühnenbilder, eine reich und klar gliedernde Regie, klug und sicher geführte Massenszenen und eine erlesene Darstellung. Herrn Paulsens Wesen ist allerdings für den speckigen Liberalismus der Titelrolle zu schlicht; auch vermöchte kein Schauspieler der Welt dauernd für eine Figur zu interessieren, die nichts zu tun hat als vier Akte lang zu lamentieren, zu zittern, dem Grabe zuzuwanken und aufgeregt freisinnig zu sein. Frau Medelsky verklärt die Öldruckragazza mit der Inbrunst ihrer hohen Kunst. Die eindruckvollsten Charakterköpfe des zehngliedrigen Kardinalskollegiums sind der Borgia Forests, ein uralter böser Geier von einer grotesken, halb ohnmächtigen, halb gefährlichen Dämonie, und der Inquisitor, dem Devrient seine wundervolle, eisgepanzerte Noblesse gibt; sehr wirksame Gegensätze bilden Herr Straßny, einer der seltenen Schauspieler, die echte Menschlichkeit glaubhaft zu machen wissen, und Herr Maierhofer, der neu engagierte Charakterspieler des Burgtheaters, der mit seinen bisherigen Leistungen wenig Glück hatte, diesmal aber durch seine scharfe, trockene, diabolische Charakteristik überraschte. Der schauspielerische Höhepunkt des Abends ist der Papst Albert Heines: eine unvergeßliche Figur voll Geist, Faszinationskraft, funkelnder Energie und einer tief im Innern glimmenden, gleichsam vom Leben verschütteten Herzensgüte. Die Magie, mit der hier die ganze Widersprüchlichkeit und Verschränktheit des erwachenden Barock lebendig gemacht wird, ist umso geheimnisvoller und bewundernswerter, als diesem Papst von seinem Schöpfer fast nur billige Ramschweisheiten und tönende Bibelphrasen zur Verfügung gestellt worden sind. Das Burgtheater sollte sich für die nächste Staatsumwälzung doch nach einem anderen Gelegenheitsdichter umsehen.

HANS MÜLLER: „FLAMME“

Im dritten Akt der ‚Flamme‘ sagt einer, und zwar ziemlich deutlich ad spectatores, wie man das ja von Hans Müller gewohnt ist: „Der Schaffende ist im Tiefsten unverwundbar.“

Wenn sich das also so verhält, und ich glaube: man kann gar nicht daran zweifeln, dann fallen sämtliche Hemmungen bei mir weg und ich will dem Dichter einmal rund und offen sagen, was ich von ihm halte.

Ein geistvoller Literarhistoriker machte vor einiger Zeit im Gespräch zu mir die Bemerkung: Der künstlerische Grundzug Hans Müllers ist die Schamlosigkeit. Ich finde, daß mit diesem einen Wort wie durch eine Strukturformel die ganze Art Hans Müllers erklärt wird: seine großen und dauernden Erfolge bei der Menge und zugleich das Mißbehagen, das er Menschen von etwas anspruchsvollerem Geschmack immer bereitet hat und wohl auch immer bereiten wird. Es ist nämlich in der Kunst nicht viel anders als in der guten Gesellschaft: es gibt eine Menge Dinge, die nicht eigentlich verboten sind, ja, die man nicht einmal durch irgend welche Verbote einigermaßen eindeutig und unmißverständlich umschreiben könnte, und deren Vorhandensein dennoch äußerst peinlich, ja katastrophal wirkt. Hans Müller besitzt die eigentümliche Gabe, mit allem, was er sagt oder auch nur andeutet, mit jeder Bewegung, jedem Gesichtsausdruck, den er als Dichter annimmt, alle feineren Empfindungen zu verletzen. Wie er das fertig bringt, das ist eben sein Geheimnis, das geht in die unaufschließbaren Quellen hinunter, aus denen jede Persönlichkeit gespeist wird. Und Hans Müller ist ganz zweifellos eine Persönlichkeit, so gut wie Sudermann eine ist oder wenigstens war: er ist der stärkste, konzentrierteste, umrissenste Ausdruck der Kitschbedürfnisse um 1920. Um nun den jeweiligen Wünschen der oft recht launenhaften Kundschaft stets mit einer solchen Flinkheit und Unbedenklichkeit entgegenkommen zu können, muß man eben jene Eigenschaft besitzen, die in der menschlichen Sprache als Schamlosigkeit bezeichnet wird.

Aber wie ist denn das? Ist denn die Schamlosigkeit nicht gerade das Privileg des Künstlers, ist sie nicht die unerläßliche

Voraussetzung, der treibende Motor, der tiefste Sinn seines ganzen Schaffens? Hat es je einen großen Dichter, Denker, Gestalter gegeben, der nicht sein innerstes Wesen in seinen Werken ununterbrochen ans Licht gespült hätte? Hat nicht schon Goethe den Götz „das Bruchstück einer großen Konfession“ genannt und verdienen nicht alle seine anderen Werke ganz dieselbe Bezeichnung? Haben große Maler, zum Beispiel Rubens, Rembrandt, Raffael, je etwas anderes dargestellt als die verborgensten Geheimnisse ihrer Sexualität? Reißt sich nicht Strindberg coram publico die Brust auf und gibt es irgend einen Winkel in seinem Privatleben, den er nicht wiederholt und deutlich dramatisiert hätte? Das ist ja eben der Hauptwert des Künstlers, daß er frei ist von den ängstlichen Rücksichten des Philisters, der sein ganzes Leben mit Masken und Vorhängen umgibt, daß er alle Welt teilnehmen läßt an den Wundern seines Schicksals, an den lehrreichen Kreuzungen seiner Erdenbahn.

Also Schamlosigkeit ist sozusagen das Handwerkszeug des Künstlers, und man kann ihm aus dieser Eigenschaft so wenig einen Vorwurf machen, daß vielmehr ihr Mangel einen Einwand gegen ihn bilden würde. Aber die Legitimation dazu kann er nur aus einem ethischen Pathos von höchster Intensität ziehen, aus einem fanatischen, fast pathologischen Besserungswillen, aus einem moralischen Furor, der ihn fast wider Willen unaufhaltsam vorwärts treibt. Und vor allem: aus der unbedingtesten Ehrlichkeit. Diese fehlt aber Hans Müller. Er weiß das vielleicht selber gar nicht, denn er ist objektiv verlogen, er lügt sich offenbar auch selbst an. Das Recht zur psychologischen Vivisektion mit allen ihren Grausamkeiten und Peinlichkeiten hat jedoch nur der echte Seelenanatom und das Recht zum psychologischen Exhibitionismus hat nur der echte Reformator. Es ist nichts dagegen einzuwenden, daß „in Pfuhle hinabgeleuchtet werde“; aber kokett arrangierte Pfuhle, die mit der Realität gar nicht übereinstimmen,

Pfuhle, die nur dazu da sind, um einem wichtigtuerischen Autor von ziemlich subalternen geistigen Absichten ein Modesujet abzugeben, die brauchen wir uns nicht gefallen zu lassen. Hans Müller hat keine Ahnung von der Psychologie einer Prostituierten, er hat nur eine sehr deutliche Ahnung davon, wie man aus dem Prostituiertenmilieu ein effektvolles und erfolgsicheres Theaterstück herausschlägt.

JOHANN NESTROY: „EINEN JUX WILL ER SICH MACHEN"

Bei der letzten Aufführung dieses Werkes, die ich mitgemacht habe, befand ich mich oben. Das ist fast auf den Tag neun Jahre her, wir befanden uns noch im Besitz des Sandschaks und Lodomeriens und waren daher etwas übermütig, und so konnte es denn geschehen, daß im Strauß-Theater eine Vorstellung des ‚Jux' veranstaltet wurde, in der Ida Roland, Eisenbach, Eckert, ich und noch einige interessante Persönlichkeiten mitwirkten. Überflüssig, zu erwähnen, daß das Ganze einer Anregung des Herrn Siegfried Geyer zu verdanken war, denn die meisten Dinge, die sich ereignen, sind einer Anregung des Herrn Siegfried Geyer zu verdanken. Ich bin sehr im Zweifel, ob nicht schon die Erschaffung der Welt auf eine Anregung des Herrn Siegfried Geyer zurückzuführen ist, jedenfalls muß er dabei irgendwie seine Hand im Spiele gehabt haben. Ich vermute dies deshalb, weil auch im Kosmos bekanntlich Verschiedenes ganz und gar nicht klappt, wenn auch nicht eine so haarsträubende Unordnung herrscht, wie es bei unseren Nestroy-Abenden der Fall war; auch hoffe ich im Interesse der Menschheit, daß sich bei der Schlußbilanz die Schöpfung als ein wesentlich besseres Geschäft herausstellen wird.

Um über den äußeren Erfolg der Sache wahrheitsgemäß berichten zu können, dazu mangelt mir vermutlich die Objektivität. Ich weiß nur, daß bei der siebenten Vorstellung ein Zuschauer irrsinnig wurde, indem er mitten in einem entzückend interpretierten Quodlibet aufsprang, mit dem Stock wütend gegen die Bühne drohte und unter dem Ruf: „Es ist eine Frechheit, Nestroy so zu verhunzen!" das Haus verließ. Eigentlich hätte ich mich über diese Auffassung ärgern sollen, aber als ich sah, wie sehr die Roland darüber zersprang, wurde mir dieser an sich vielleicht unliebsame Zwischenfall zur reinen Genugtuung. Der Weise muß verstehen, auch aus widrigen Erlebnissen das Schöne zu schöpfen, das in ihnen verborgen liegt. Noch um vieles herber war jedoch die Kritik, die Meister Oskar Sachs (bekanntlich der eine von den beiden Künstlern, die heute noch Nestroy spielen können) an uns übte. Er schickte an Thaller, den anderen von den beiden, eine Postkarte, auf die er die Besetzung geklebt hatte, und schrieb darüber: „Vatter Nestroy, scheiß oba!"

Zu unserer Entschuldigung muß ich jedoch erwähnen, daß keinerlei Proben stattgefunden hatten, sondern nur einige angsterfüllte Beratungen. Und doch wären sie sehr nötig gewesen, denn ich hatte tatsächlich zu singen. Der Kapellmeister, mein erbittertster Feind im Ensemble, erklärte, ich sei ein Phänomen und es sei ebenso leicht, einer Sau das Schreiben wie mir das Singen beizubringen. Ich erwiderte ihm jedoch höflich, daß bei dem heutigen Stande der Tierpsychologie eine schreibende Sau durchaus keine Unmöglichkeit bilde und dazu nur Geduld, Geschicklichkeit und Liebe von seiten des Sauhirten erforderlich sei. Dies ärgerte ihn offenbar, denn von nun an rief er mir immer aus dem Orchester allerlei Spitznamen zu, wie „Es", „Des" und „Fis" und einmal nannte er mich sogar entrüstet „Fisis!", aber ich würdigte seine Sottisen keiner Erwiderung. Er fuhr jedoch fort, mich in seiner Gaunersprache zu apostrophieren und fortwährend zu verlangen, ich solle mich nach ihm richten, wo doch schon der Kapellmeister jedes kleinsten Hippodroms wissen muß, daß er den Auftretenden zu folgen hat und nicht umgekehrt.

Hievon abgesehen, ist es sehr erfreulich, daß das Burgtheater endlich einmal einen wirklichen österreichischen Klassiker spielt. Freilich etwas spät, wenn man bedenkt, daß schon Laube diese Möglichkeit gehabt hätte. „Soziale Lustspiele sind ein wahrer Schatz für die Bühne“, schrieb er, beklagend, daß die deutsche Produktion auf diesem Gebiete so viel ärmer sei als die französische, ohne zu bemerken, daß dicht neben ihm ein Dichter lebte, der alljährlich mit der größten Mühelosigkeit soziale Lustspiele produzierte, die die zeitgenössischen französischen an Kraft, Glanz und Natürlichkeit ebenso weit hinter sich ließen wie ein echtes Gemälde einen Dreifarbendruck oder ein lavaspeiender Berg ein Brillantfeuerwerk.

Nachdem ich aber seinerzeit als Nestroy-Darsteller so wenig gewürdigt wurde, müßte ich ein Sokrates, Buddha oder Lao-tse sein, um der Burgtheateraufführung gegenüber die nötige Sachlichkeit zu bewahren, und so überlasse ich denn die Beurteilung meinem trefflichen Kollegen, dem wegen seiner kristallenen Luzidität und seines hohen sittlichen Ernstes mit Recht allgemein verehrten Anton Kuh.

EGON FRIEDELL ALS NESTROY-AUTOR
Von Karl Marilaun

Das Theater in der Josefstadt bereitet gegenwärtig die Uraufführung einer ‚Zauberposse mit Musik‘ von Johann Nestroy vor, die zum Entsetzen der handelsgerichtlich eingetragenen Nestroy-Kenner die vaterländischen Dichter Egon Friedell und Hans Saßmann zu Verfassern hat.

Da Egon Friedell auch Verfasser einer demnächst erscheinenden Kulturgeschichte ist, verurteilt er zwar sozusagen als Fachmann die Unanständigkeit, nach dem Tode Nestroys einen lebendigen Nestroy zur Welt zu bringen, aber er plädiert auf mildernde Umstände. Und er beruft sich dabei auf Nestroy selbst. Nestroy war ein Genie und er dürfte sich infolgedessen nicht ganz so wichtig genommen haben, wie dies die Nestroy-Kommentatoren und Literarhistoriker tun. „Übrigens“, *sagt Dr. Friedell,* „haben Saßmann und ich als Nestroy-Autoren eigentlich nur philologische Arbeit geleistet und ein Stück aus Stücken gemacht. Wir kommen für die Literaturgeschichte also höchstens als Plagiatoren, keinesfalls aber als Dichterdioskuren in Betracht.

Was das Stück selbst betrifft, so existiert zwar keines mit diesem Titel, dieser Szenenfolge, diesen Personen und dieser Dialogführung, trotzdem aber glaubten wir das Recht zu besitzen, auf den Zettel „Von Johann Nestroy“ zu schreiben. Abschwächend steht allerdings darunter, daß wir die Bearbeiter sind. Ich glaube durchaus nicht, daß der selige Nestroy den Philologen und Fachprofessoren den Gefallen tun wird, sich unsertwegen im Grabe umzudrehen. Wie stand denn die Sache mit ihm? Solange er gelebt hat, galt er als Wurstel. Kein Mensch hat eine Zeile von ihm wirklich ernst genommen. Erst nach Jahrzehnten entdeckten die Philologen und Mikrologen, daß der Mann eigentlich ein Genie war. Auch bei Shakespeare, bei Molière war es nicht viel anders, und die „Wiedergeburt“, die Entdeckung Johann Nestroys bestätigt bloß, daß die Genies immer denselben Leidensweg zu durchmessen haben: vom Kasperl zum Seminar.

Seminaristisches wird man unserer Nestroy-Bearbeitung nun kaum nachzusagen vermögen. Wir sind mit dem, was wir an Nestroy-Worten und Gedankengängen benutzten, lediglich mit der Freiheit umgegangen, die einem Text gegenüber beim Theater üblich ist. Im Gegensatz zur weitverbreiteten Ansicht, daß der Text eines Stückes beim Theaterspielen in Frage kommt, möchte ich mich nämlich zur unumstößlichen Überzeugung bekennen, daß dem Schauspieler der vorgeschriebene Text völlig Wurst ist. Er spielt Rollen, der Dichter kann ihm gestohlen werden, der Dichter gehört den Philologen!

Nestroy war, wie übrigens fast alle genialen Komödiendichter, im Technischen bewußt schlampig. Er verachtete es und sah das Wichtige im Detail, in der sublimen und subtilen Charakteristik. Deshalb hatten von seinen Stücken nur die verhältnismäßig wenigen dauernden Erfolg, in denen die Charaktere entwickelt sind und die Handlung durchkomponiert ist. Weniger wertvoll sind aber auch die anderen nicht. Sie tragen alle sein Geniezeichen im sprudelnden Dialog und in der originellen Gestaltenschöpfung.

Nun gibt es heute ja nur eine Bühne, wo Nestroy mit vollendeter Besetzung jeder, auch der kleinsten Partie und unter souveräner Meisterregie zur Darstellung gelangt. Das ist das Vortragspodium von Karl Kraus, dessen Rezitationen und Bearbeitungen im wirklichsten Sinne des Wortes eine Nestroy-Renaissance herauführten. Er hat uns die entscheidende Anregung zu unserer viel bescheideneren Arbeit gegeben, die, wie gesagt, nichts sein will als eine Restauration – wie man etwa ein altes, wertvolles Bild oder Bauwerk möglichst pietätvoll und gewissenhaft wieder herstellt, bei welcher Arbeit allerdings ja leider einige moderne Retuschen und Ersatzteile unerläßlich sein mögen.

So ist das Stück, das wir schrieben, zwar nicht von Nestroy, aber alle hierin agierenden Figuren kommen bei Nestroy vor. Die Handlung ist ganz einfach. Arnolt Bronnen, Bert Brecht und sämtliche am Ödipuskomplex schmarotzenden modernen Dichterzeitgenossen dürften mit dieser „Primitivität" wenig Freude haben. In einem kurzen Vorspiel beklagt sich der „Herr des Flammenreiches", daß die Dämonie in der Welt zurückgeht, und die Fee Infamia erbietet sich daraufhin, den

Menschen das Dämonische wieder beizubringen. Das ist nämlich sehr einfach: wenn man den Menschen alle ihre Wünsche erfüllt, werden sie immer unersättlicher.

Diese These wird nun an vier Personen illustriert. Da ist ein Sesselträger, der an Unermeßlichkeit der Wünsche leidet. Ein Müllerbursch, der bei Frauen kein Glück hat und sich wünscht, daß alle „Ja“ sagen sollen. Ein Stubenmädchen, das eine Madame sein möchte. Und ein Weltreisender, der aber immer bloß nach Fischamend kommt, wo es ihm bereits entrisch wird und dessen trauriges Schicksal es infolgedessen ist, zwischen Fischamend und dem Stephansplatz immer hin und her fahren zu müssen. Er ist auf dem Nullpunkt seiner Wünsche angelangt, aber er hat nun erst recht den unerfüllbarsten aller Wünsche: er möchte, daß der Stellwagen nach Fischamend pünktlich abgeht.

Nun kommt also die Infamia mit ihrem Füllhorn, aber das Glück macht die vier Opfer nur immer unglücklicher, das Dämonische schlägt ihnen nicht gut an. Der Sesselträger wird schließlich so unersättlich in seinen dämonischen Wünschen, daß er eine Räuberbande mietet, mit der er bei sich selber einbricht. Der Müllerbursche wird trübsinnig, weil er von den Damen in einemfort angeschmachtet wird. Das Stubenmädchen ist unglücklich über ihre Verwandlung in eine Madame, denn der Tambour, den sie liebt, will durchaus ein Stubenmädchen und fürchtet sich vor der Madame. Und auch der Weltreisende kommt zur Einsicht, daß jenseits von Fischamend nicht viel los ist. Mit der Erfüllung dämonischer Wünsche ist den Menschen nicht gedient. Sie brauchen keine Dämonie, sie sind viel glücklicher mit ihren kleinen Wünschen, besonders wenn sie ewig nicht in Erfüllung gehen.

Das ist die ganze Handlung, die wir mit Nestroy-Figuren, mit einer ihm verwandten Szenenführung, mit Musik, Zauberei, Couplets in Bewegung setzen. Auf unerhörte Originalität, Psychoanalyse, Vatermord oder modernen Inzest haben wir uns nicht eingelassen, sondern nur Wert darauf gelegt, Rollen für den Schauspieler zu liefern. Das von Kalbeck inszenierte Stück wird übrigens in einer Besetzung gespielt werden, als ob die Autoren an Unersättlichkeit der Wünsche gelitten hätten.

Und jetzt fürchten wir nur eines: die Dämonie der Literaturhistoriker, die uns feinsinnig und tiefschürfend nachweisen werden, daß Nestroy – wenn er schon verschandelt werden muß – nicht ins Theater, sondern auf ihr Seminar gehört."

DARIO NICCODEMI: „TAGESZEITEN DER LIEBE"

Mit der italienischen Dichtung will es in der letzten Zeit nicht mehr so recht vorwärts gehen: Dante ist ja noch ein sehr bedeutender Geist, auch Petrarca und Boccaccio vorzügliche Köpfe; aber von da an beginnt es merklich nachzulassen. Schon dieser Ariost hat, unter uns gesagt, sein Renommee nur daher, daß er die ganze Presse hinter sich hat, und der Tasso ist sogar noch bei Goethe langweilig. Infolgedessen haben die Italiener, praktisch wie sie sind, sich seither damit begnügt, andere Literaturen zu kopieren, zuletzt die Franzosen, die ihrerseits wieder bekanntlich die Ungarn kopieren. Warum die beiden Verliebten in diesem neuen Lustspiel von Niccodemi, deren neckischer Dialog das ganze Stück bestreitet, Anna und Mario und nicht Erzsi und Lajos heißen, ist jedenfalls nicht ersichtlich. ‚Tageszeiten der Liebe', das ist zunächst ganz tatsächlich gemeint, weil die drei Akte zu verschiedenen Tageszeiten spielen, sodann aber vermutlich auch metaphorisch, etwa wie: Ebbe und Flut der Gefühle, Hochwasser und Verlandung der Leidenschaft, Abstoßung der gleichartigen, Anziehung der ungleichartigen erotischen Elektrizitäten und so weiter. Immerhin gibt dieses ganz nach dem hergebrachten

Regeln der Kulissenkombinatorik zusammengesetzte Spiel Frau Retty Gelegenheit, wieder einmal ihren schillernden Charme, ihre geistreiche Gaminerie, ihren Reichtum an zarten und sprühenden Facetten, ihre Kunst der diskreten und schlagenden Pointierung erquickend zu entfalten. Der neue Bonvivant, Herr Hennings, kann ihr hier nicht ganz folgen: sein Ton gleitet immer wieder ins Grobe, Überdeutliche, konventionell Theaterhafte; seinem gewandten und sichern Spiel fehlt das feine Fluidum, das die Albernheiten, die er zu tun und zu reden hat, ins Unwirkliche und Überwirkliche heben und dadurch erträglich machen würde. Sonst gibt es nur noch Stimmen aus dem Hause: der Vater, die Mutter, der Bruder, die kleine Schwester, das Stubenmädchen. Eine ganz originelle Idee, die den Keim zu allen möglichen Irreführungen, Enttäuschungen, Verwechslungen und Überraschungen in sich trägt; aber sie ist gar nicht ausgenützt. Hie und da pufft im Dialog eine kleine Leuchtkugel auf, allerdings immer von der billigsten Sorte. Die Regie Herterichs tat alles, was möglich war; aber es war nichts möglich. Also alles in allem: nicht ganz so fad wie Ariost, aber auch nicht viel mehr dahinter.

CHANNING POLLOCK: „DAS ZEICHEN AN DER TÜR“

The sign on the door ist jenes Täfelchen, das sich in jedem besseren amerikanischen Hotel befindet: Please do not disturb occupant of this room! Eben will es auch Frank Devereaux an die Tür hängen, ein gewissenloser Mädchenjäger und Ehebrecher (von Herrn Korff mit jener entzückenden Scheußlichkeit gespielt, die heute nur noch er meistert), denn er erwartet Helen, die Stieftochter Maria Hunniwells. Letztere jedoch (von Frau Hofteufel ganz scharmant verkörpert), erfährt davon und eilt zum Verführer, um das Rendezvous zu vereiteln. Aber sie hat selber ein wenig Butter am Kopf, wenn auch nur ganz reine, denn sie hat vor ihrer Verheiratung mit Devereaux ein anrüchiges Lokal besucht, allerdings ohne zu wissen, wo sie sich befindet. Als sie sich gerade im besten Edelmut befindet, wird ihr Gatte gemeldet (von Herrn Werner-Kahle mit seiner bewährten geladenen Animalität dargestellt), sie muß in das bekannte Nebenzimmer flüchten, inzwischen bekommen die beiden Männer Streit und Hunniwell erschießt Devereaux. Um Selbstmord glauben zu machen, hängt jetzt er das Zeichen an die Tür und versperrt sie von außen. Man denke sich in die Situation der armen Frau! Wie sich die Sache weiter entwickelt und schließlich löst, werde ich nicht erzählen, teils weil es mir zu fad ist, teils um Herrn Siegfried Geyer nicht durch Spannungsverminderung das Geschäft zu stören. Was mich betrifft, so habe ich mich vorzüglich unterhalten, viel besser als bei den meisten Expressionisten. Außerdem habe ich ein Faible für Stücke, in denen Kamine, englische Pfeifen und Whiskyflaschen vorkommen. Als Verfasser zeichnet Herr Channing Pollock. Seine für europäische Begriffe geradezu unanständige Prüderie ließ auf einen Amerikaner schließen, die Roheit und Geschicklichkeit, mit der er die Theatermaschinerie handhabt, auf einen Ungarn, die Sentimentalitätsspritzer, mit denen er den Dialog bisweilen marmoriert, auf einen Italiener oder Franzosen: aber wahrscheinlich wird er, wie eben alle Dichter, ein Jud sein.

ELISABETH RÄMING: „DER HOF“

Der armen Elisabeth Räming haben sie schreckliche Sachen angetan wegen ihrer so sympathisch theaterfremden und dabei doch bis in die letzten Äste ihres Gefäßsystems von dramatischem Blut erfüllten Dichtung ‚Der Hof‘. Hauptsächlich aus zwei Gründen: weil sie eine Frau ist und weil sie die Unvorsichtigkeit begangen hat, ihrem Stück die Bezeichnung „Schicksalstragödie“ zu geben; durch diese beiden Details sind Publikum und Presse in einer für die Verfasserin wenig günstigen Richtung irregeführt worden. Ich kann nun an diesen beiden Dingen nichts gar so Schreckliches finden. Zunächst vermag ich nicht einzusehen, warum es einer Frau versagt sein soll, Theaterstücke, und sogar gute Theaterstücke zu schreiben. Ich habe erst letzthin daran erinnert, daß der erste Mensch deutscher Nation, der auf die Idee kam, seine poetischen Visionen in dramatische Form zu kleiden, eine Frau war, nämlich die Nonne Roswitha von Gandersheim. Und ich habe mir damals erlaubt, noch auf eine zweite, viel wichtigere Tatsache hinzuweisen: die Tatsache nämlich, daß große seelische Erneuerungen der Menschheit, kurz das, was wir „Modernität“ zu nennen pflegen, sehr oft von den Frauen ihren Ursprung nehmen. Diese Atmosphäre neuer Geistigkeit geht allerdings nur in seltenen Fällen von einzelnen prominenten Frauenexemplaren aus, sondern zunächst mehr vom gesamten weiblichen Geschlecht; das letztere ist aber unleugbar. So kann man zum Beispiel mit nur geringer Übertreibung behaupten, daß die französische Revolution zum großen Teil ein Werk der damaligen Frauen gewesen ist. Und auch an der Kulturbewegung, die unter dem Namen „Renaissance“ bekannt ist, haben sie einen beträchtlichen Anteil gehabt. Während die vorhin erwähnte Roswitha auf der Höhe der damaligen Bildung stand, wurde ihr Zeitgenosse Kaiser Otto, den die Geschichte den Großen nennt, erst im späteren Lebensalter in die Geheimnisse des Schreibens und Lesens eingeführt. Im übrigen scheint der weibliche Einfluß auf die Kultur gewissen periodischen Schwankungen unterworfen zu sein: so spielt zum Beispiel in der sogenannten klassischen Zeit des Altertums die Frau eine ziemlich untergeordnete Rolle, während sie in der Alexandrinerzeit stark in den Vordergrund tritt; im hohen Mittelalter dominiert sie vollständig und ist der Mittelpunkt, um den sich alle höheren Empfindungen und Bestrebungen kristallisieren, im Ausgang des Mittelalters dagegen beginnt ihre öffentliche Rolle wieder kleiner zu werden, im siebzehnten Jahrhundert ist sie nicht viel mehr als eine Hausmagd, um im Rokoko zur höchsten gesellschaftlichen und geistigen Instanz emporzusteigen. Das neunzehnte Jahrhundert hat die Frau wiederum in eine mehr subalterne Stellung gedrängt; aber jetzt sind alle Anzeichen dafür vorhanden, daß sie dazu berufen ist, in unsere Kulturentwicklung bedeutsam einzugreifen.

Aber da bin ich von Elisabeth Räming ja ziemlich weit abgekommen, kehren wir also zu ihrem Drama zurück. Sie nennt es also eine Schicksalstragödie, und eine solche ist es auch in der Tat. Aber unserem Rationalismus scheint weder diese Bezeichnung noch dieses Faktum zuzusagen. Da brauchten wir uns nun allerdings nur daran zu erinnern, daß ja auch das sehr renommierte Theaterstück ‚König Oedipus' und auch die vom dramatischen Standpunkt gewiß anfechtbare, aber wegen einer Reihe beachtenswerter Qualitäten mit Recht hochgeschätzte Dichtung ‚Die Braut von Messina' reine Schicksalstragödien sind. Und zwar nicht bloß in der allgemeinen Bedeutung, daß das Leben jedes Menschen durch gewisse innere Dominanten magisch vorherbestimmt ist, sondern in dem ganz speziellen Sinn, daß bestimmte unglückliche Konstellationen, deren logische und selbst moralische Notwendigkeit wir durchaus nicht einsehen, in unser Dasein fortwährend aufs entschiedenste und verhängnisvollste eingreifen. Mit einem solchen Apparat, der ein wenig an ein Marionetten- und Zaubertheater erinnert, operiert nun auch Elisabeth Räming in der naivsten, und man muß auch sagen: in der couragiertesten Weise; denn in einer Zeit, wo schon jeder Handlungsgehilfe sich aufs psychologische Motivieren versteht, bedarf es allerdings einer angenehmen Unbefangenheit und eines schönen Mutes, um dummen Naturkräften und leichtsinnigen Zufällen das Geschäft der dramatischen Bewegung zu überlassen. Mir scheint aber, daß wir heute im Begriffe stehen, über die Figur des „vorurteilslosen" Positivisten, der im Grunde nichts anderes war als ein moralischer und intellektueller Parvenü, schon ein wenig zu lächeln. Daß es keine Zufälle gibt, keine übelwollenden Dämonen und boshaften Kobolde, das wußte dieser Mensch; auch schien es ihm erwiesen, daß ein Freitag sich in nichts Wesentlichem von einem Sonntag unterscheidet und daß zwischen der Tatsache, daß man den linken Fuß zuerst aus dem Bette schiebt, und irgend einem äußeren Ereignis unmöglich logische oder physikalische Beziehungen bestehen können. Daß aber alles untereinander in Beziehung steht; daß es geheimnisvolle überphysikalische Zusammenhänge gibt, die wir nur deshalb unnatürlich oder übernatürlich nennen, weil wir ihr Gesetz noch nicht entdeckt haben; daß es zwar keine Dämonen gibt, wohl aber einen Dämon, für jeden Menschen einen besonderen, der umso gefährlicher und geheimnisvoller ist, je größer eben dieses Individuum ist; daß unser Schicksal sich zwar nicht mittels astrologischer Geheimbücher aus den Sternen ablesen läßt, daß es aber doch dort genau aufgeschrieben ist —: das alles wußte dieser Mensch noch nicht. Er hatte einige ungereimte Vorurteile abgelegt und sich einige nützliche Kenntnisse zugelegt; aber er war viel zu eingebildet auf diese kleinen provisorischen Errungenschaften, um sich über sie stellen zu können und zu wissen, daß es gewissermaßen nur punktierte Hilfslinien waren, nützlich und unentbehrlich wie alle Hilfslinien, aber schließlich doch nur dazu da, um eines Tages ausradiert zu werden. Die Physik ist etwas, das überwunden werden muß, und zwar – durch Physik.

Aber da bin ich von Elisabeth Räming ja schon wieder ziemlich weit abgekommen; kehren wir also zu ihrem Drama zurück. Es heißt ‚Der Hof', und dieser Hof der Muthbauern ist tatsächlich der Held des Stückes. Seine Besitzer besitzen ihn nicht, sondern werden von ihm besessen und erleben schaudernd das Schauspiel, wie die scheinbar tote Materie plötzlich eine eigene Seele, einen eigenen gefährlichen Geist bekommt, indem sie die Menschen zu bloßen Sachen, Werkzeugen, Gliedmaßen erniedrigt. Und darin finde ich nun in der Tat eine Tragödie von sehr eigenartiger und neuer Form: man könnte sie die „Tragödie der Anpassung" nennen. Diese Menschen haben durch Anpassung an ihr Milieu das Recht auf persönliche Selbstbestimmung verloren, im Laufe der Generationen hat sich eine bestimmte „Varietät" herausgebildet: die Muthbauernvarietät, oder wie man sie nennen will. Und das Lebensgesetz der Varietät ist stärker als das Individuum. Die Tragödie dieser Menschen ist: sie haben präexistiert in ihren Vorfahren. Hier greift ein Stück der stummen Außenwelt auf Schritt und Tritt als ein wirksamer Faktor in die Entwicklung und bestimmt die Schicksale der Menschen fast wie eine handelnde Person. Im übrigen mögen jene Leute, für die die Neuheit einer Sache stets ein Einwand gegen diese Sache ist, sich dahin beruhigen, daß dieser Gedanke, die Kulisse sozusagen aufspielen zu lassen, gar nicht so neu und unerhört ist, wie er auf den ersten Blick erscheint. Ansätze dieser Art gehen mindestens bis auf Shakespeare zurück. Zum Beispiel die erste Szene in ‚Hamlet': hier ist die Umwelt schon fast ein Stück der Exposition. Man fühlt es: wer diesen Schauplatz betritt, muß Hamlets Vater erblicken, aus dem Grauen und Dunkel wächst das Gespenst förmlich hervor. Eine ähnliche Rolle spielt die Nacht in ‚Macbeth'. Und an etwas Derartiges hat wohl auch Schiller gedacht, als er ‚Wallensteins Lager' schrieb: das Bild dieses Lagers, in möglichst starken Farben hingemalt, ohne alle Nebenbeziehungen bloß durch sich selbst wirkend, diese bunte, gefährliche Masse, einem zielbewußten Willen gehorchend, erklärt schon durch ihr bloßes Dasein Wallensteins Verbrechen. Und noch etwas zeigt diese Form der Tragödie in sehr schöner und vorbildlicher Weise, die Lehre, die eigentlich aus allen Kunstwerken spricht: daß nämlich alle Menschen in ihrer Art recht haben, daß man, um die Tragödien aus der Welt zu schaffen, das ganze menschliche Dasein und seine Bedingungen abschaffen müßte und daß es im Grunde nur einen einzigen „Intriganten“ gibt: das Leben. Hierdurch erhält diese Dichtung, die in ihrer Apotheose der dunkeln Erdkräfte einen fast heidnischen Charakter trägt, einen tief christlichen Zug. Im Grunde mündet ja alle Kunst in Religion.

FERDINAND RAIMUND: „DIE GEFESSELTE PHANTASIE“

Eine neue Wiener Kunstvereinigung, genannt ‚Der blaue Bienenkorb‘, veranstaltete im Komödienhaus eine Aufführung von Raimunds ‚Gefesselter Phantasie‘, die hauptsächlich den Zweck hatte, dem Publikum Grete Wiesenthal als Schauspielerin vorzuführen. Das Stück ist leider ein Schmarrn. Es soll folgendermaßen entstanden sein: Man sagte Raimund nach, daß er sich seine Stücke von anderen schreiben lasse, denn sie seien für ihn viel zu gebildet. Darauf antwortete Raimund mit dem allegorischen Zauberspiel, in dem er zeigte, daß Gelehrsamkeit allein noch kein Gedicht mache, sondern das Vermögen und die allmächtige Phantasie. Zweifellos richtig: aber Unbildung allein macht auch noch kein Gedicht; das zeigt die ‚Gefesselte Phantasie' ebenso deutlich. Das Ganze ist also ein Streitpoem, und zwar ein recht unbeholfenes, gegen irgendwelche Widersacher, von denen wir heute natürlich nichts mehr wissen und die es vielleicht überhaupt nur in der Einbildung Raimunds gegeben hat, der ja von allem Anfang an gewisse Keime zum Verfolgungswahn in sich trug. Nun war aber Raimund andererseits ja ganz zweifellos ein Dichter, und wenn ein Dichter polemisch wird, so kommt immer etwas Miserables heraus, Gott sei Dank. Dichter können nicht polemisieren, befeinden; sie sind Verklärer, Steigerer und Rechtfertiger des Lebens, und wenn die Welt durch ihren Kopf und Herz hindurchgegangen ist, so kommt sie schöner wieder ans Tageslicht, als sie jemals zuvor gewesen ist. Werden sie nun dieser ihrer göttlichen Mission untreu, so sinken sie nicht nur unter ihr eigenes Niveau, sondern sogar unter das ihrer wertloseren Kollegen. Und dazu kommt noch, daß Raimund mit den ganzen mythologischen Gesellschaftskreisen überhaupt in sehr wenig intimen Beziehungen steht; wenn diese antiken Götter und Nymphen, die nie über die Amorsäle hinausgekommen sind, zu reden anfangen, so haben sie immer etwas von einer Köchin, die einen ‚Extrablatt'-Roman vorliest. Das Stück spielt „im Blumenland Flora, in den Wolken und in Lerchenfeld", und Körper hat nur die einzige Szene, die uns nach Lerchenfeld führt. Dieser gibt Herr Etlinger in der Raimund-Rolle des Harfenisten Nachtigall durch seinen unaufdringlichen und doch kräftigen Humor, seine echte Naivität und seine liebenswürdige Beweglichkeit wirklich ein Aroma von jener Altwiener Kultur, mit der auch die schwächeren Dichtungen Raimunds so angenehm imprägniert sind. Als Phantasie flattert Grete Wiesenthal durch das Stück, ein liebliches Gedicht voll kindlichster Anmut, beglückendsten Seelenadels und reinster Menschlichkeit. Besonders rührend ist die Hilflosigkeit, mit der sie Verse spricht. Man hat dabei ganz unmittelbar die Erkenntnis, daß die Schauspielkunst keine Kunst ersten Ranges ist, sondern irgendein Nebenher der Kunst, ein vulgäres Gepatze mit schreienden Indianerfarben, ein roher Megaphonlärm für die unteren Hunderttausend. Die Wiesenthal ist zum Theaterspielen zu kultiviert: ihre Ratlosigkeit enthüllt es. Aber wozu braucht sie solche subalternen Künste, wie Sprechtechnik und dergleichen, wenn ihr Antlitz, ihre Hände, jede Biegung ihres Körpers eine hundertmal beredtere Sprache reden als alle Verse Raimunds und selbst Goethes und Shakespeares? Ich schlage daher für die nächsten Vorstellungen vor: ‚Die gefesselte Phantasie' ohne Text von Ferdinand Raimund, in sämtlichen Rollen getanzt von Grete Wiesenthal. – Was sonst noch auf der Bühne stand, war teils ohnmächtiger Amateurgschnas, Amateurtheater, teils ordinärste Provinzschmiere. Eine solche Aufführung hätte wirklich auch ein normalgefärbter Bienenkorb zustande gebracht.

RAIMUND-FEIER DER „CONCORDIA"

Vor einiger Zeit bekam ich einen Brief von einem Verehrer aus Argentinien. Nun, daran ist noch nichts Bemerkenswertes, denn man wird doch wohl nicht daran gezweifelt haben, daß ich auch in Südamerika meine Gemeinde habe. Das Bemerkenswerte daran war bloß die Adresse. Sie lautete nämlich: Herrn Dr. Egon Friedell, Präsident der ‚Concordia'. Dies habe ich nun mit gemischten Gefühlen aufgenommen: einerseits war ich natürlich riesig geschmeichelt, anderseits aber fiel es mir schwer auf die Seele, daß ich diese Würde nicht nur nicht besitze, sondern auch gar keine Aussicht habe, sie jemals zu erreichen. Aber träumen wir einmal den Traum, ich hätte Aussicht auf sie, ja, ich hätte sie schon erreicht: – also dann würde ich zunächst einmal der ‚Stunde' sofort kündigen und dann würde ich natürlich auch eine Raimund-Feier veranstalten, aber eine andere. Ich würde zum Beispiel eines der vielen wundervollen Stücke dieses Dichters hervorholen, die fast nie gespielt werden, etwa den ‚Alpenkönig', den man Raimunds ‚Faust' nennen könnte, oder den ‚Diamant des Geisterkönigs', ein Werk von ebenso versteckter und daher verkannter Tiefe wie die ‚Zauberflöte', und dann würde ich es mit jenen Schauspielern besetzen, die noch den Raimund-Stil haben, also etwa mit der Medelsky, der Hedwig Keller, Thaller, Oskar Sachs, Pallenberg, Edthofer, Forest, Karl Kraus (dem ich zu diesem Zweck geschickt verheimlichen würde, daß ich Präsident der ‚Concordia' bin). Keineswegs aber würde ich ein Quodlibet aufführen lassen: 1. Akt ‚Barometermacher', 2. Akt ‚Bauer als Millionär', 3. Akt ‚Verschwender'. Denn das erinnnert an eine Kochkunstausstellung oder an den Wohnungsgeschmack der Achtzigerjahre, wo der Salon Empire, das Speisezimmer Renaissance und das Schlafzimmer gotisch war, und außerdem ist es eine Despektierlichkeit gegen Raimund, denn man drückt damit aus, daß man ihn nicht für einen sinnvoll komponierenden Künstler, sondern bloß für einen Mann der isolierten guten Einfälle, nicht für einen Dichter, sondern für einen Librettisten hält. Was die Darstellung anlangt, die jene drei Ansichtslieferungen im Burgtheater gefunden haben, so bin ich zwar, wie gesagt, nicht Präsident der ‚Concordia', aber so viel Solidaritätsgefühl habe ich doch im Leibe, daß ich weiß, daß man Schauspieler, die bei ‚Concordia'-Veranstaltungen mitwirken, rücksichtslos loben muß; und so tue ich es denn.

THADDÄUS RITTNER: „DIE TRAGÖDIE DES EUMENES“

Thaddäus Rittners ‚Tragödie des Eumenes‘, die im Burgtheater zur Uraufführung kam, ist die Komödie vom verhinderten Dichter. Eumenes, ein sizilischer Tragiker, der sich schon durch einige Werke einen gewissen Namen gemacht hat, ist die richtige Poetennatur: weltfremd, impressionabel, willensschwach; und in jedem der vier Akte wird nun auf eine sehr feine und launige, wenn auch bisweilen ein wenig ins Breite gehende Art gezeigt, wie immer wieder etwas anderes dazwischen kommt, das ihn in der Vollendung seines Trauerspiels stört. Zunächst erscheint eine hübsche kleine Dame aus der römischen Gesellschaft, Offizierstochter, modernes junges Mädchen, graziös, lüstern, ein bißchen Snob, und trägt ihm ihre Hand an. Eumenes, der sie zwar in der Tat heimlich liebt, aber eben so, wie Dichter zu lieben pflegen, schreckt zurück. Alsbald tritt jedoch ein viel ernsterer Zwischenfall ein. Die „Gesellschaft der Patrioten“, der Eumenes angehört, erscheint mit der überaus ehrenden Mitteilung, daß er dazu bestimmt worden sei, den Tyrannen zu töten. Und nun kommt es im zweiten Akt zu einer sehr reizvollen Szene zwischen Mörder und Tyrann. Dieser entpuppt sich nämlich, wie das schon einmal im Leben zu sein pflegt, als das völlige Gegenteil jenes blutigen Phantoms, das er in der romantischen Phantasie jener Freiheitsschwärmer darstellt; er ist ein zarter, empfindsamer, ja geradezu furchtsamer Mensch. Die beiden verstehen sich ausgezeichnet. Aber nun muß Eumenes vor der Rache der Patrioten fliehen. Er wird jedoch unterwegs von Piraten geraubt, was wiederum ein bedenkliches Dichthindernis bildet. Die junge Witwe Titalia, die ihn schon lange verschwiegen liebt, rettet ihn jedoch in aufopferndster Weise, aber nur, um ihn der schrecklichsten Störung in die Arme zu führen: der Ehe.

Der Hauptreiz dieser losen, leichten und doch keineswegs oberflächlichen Dichtung liegt in der frechen Art, wie sie das antike Kostüm behandelt. Diese Griechen reden keine Jamben, sind keine wandelnden Marmorstatuen, tragen Peplos und Olivenkranz wie wir Cutaway und Zylinder und benehmen sich überhaupt wie moderne, natürliche, je nach Zeit und Ort in hunderterlei Seelenschwingungen opalisierende Menschen. Jedermann denkt hier sogleich an Shaw, der diese Methode der „Wiederbelebung der Antike“ ja auch in der Tat mit der höchsten geistigen Souveränität und Kraft der historischen Einfühlung gehandhabt hat, am schönsten in ‚Cäsar und Kleopatra‘, einem Werk, das man wohl unbedenklich zu den Unsterblichkeiten zählen darf. Aber schließlich hat Shaw diese Methode weder erfunden noch gepachtet; sie ist aus unserer Zeit geboren. Darin besteht ja gerade die unvergleichliche, geschichtliche Rolle der Hellenen und ihrer Kultur, daß sie die merkwürdige Genialität besaßen, jedem Jahrhundert ein anderes Antlitz zu zeigen. Wenn wir den verschiedenen „historischen Forschungen“ nachgehen, so müssen wir annehmen, daß sie ein Volk von scholastischen Freidenkern, sittenlosen Moralisten, harmonischen Neurasthenikern und weltabgewandten Wirklichkeitsmenschen waren. In Wahrheit sind das aber gar keine Widersprüche. Der wirkliche Sachverhalt ist der: wer die Griechen waren, sagen uns alle diese Auffassungen nicht, oder doch nur sehr einseitig; aber wer und welcher Art die Auffassenden waren, das erzählen sie uns sehr genau: nämlich das Mittelalter scholastisch, die Renaissance sinnlich, die Aufklärung moralistisch, Goethe harmonisch und unsere Zeit neurasthenisch.

Es liegt nun in der ganzen geistigen Struktur Thaddäus Rittners, daß er derartige künstlerische Programme nicht mit der Wucht einer Weltanschauung vorträgt, sondern ohne alle Schwergewichte: in einer behutsamen, spöttischen, fast sorglosen Haltung. Aber er entschädigt dafür durch den Mangel an jeglicher Pedanterie, immer eingedenk der Kunstregel: Glissez, n'appuyez pas! Mettez jamais les points sur les i! Nie findet sich bei ihm ein solcher plumper, zudringlicher, trivialer Punkt auf dem i. Und darin kommt er in der Tat nicht selten sehr in die Nähe Shaws. Es ist alles mattgetönt, sanft abschattiert, in delikaten Wasserfarben gemalt: ein geschmackvolles Spiel für kultivierte Menschen, nicht mehr, aber auch nicht weniger. In dem bösen Riesenkasten des Burgtheaters müssen solche filigranen Dinge freilich oft unbemerkt abblättern, und zudem hielt sich ein Teil des Ensembles, wie Schauspieler schon einmal sind, bloß resolut an die derben, aber nahrhaften Schwankbestandteile des Stückes. Aber die feine Regie Forests, die die Handlung durch eine Menge kleiner glücklicher Einfälle belebte, die liebenswürdige Natürlichkeit Herrn Rombergs, die sanfte Noblesse der Frau Wohlgemuth, die kapriziöse Laune der Frau Carlsen und die echte Komik des jungen Thimig verhalfen dem Werk zu einem freundlichen Erfolg.

FELIX SALTEN: „KINDER DER FREUDE"

Das Leitmotiv dieser drei kleinen Komödien scheint mir in folgendem Gedankengang zu liegen: der Mensch denkt, und das Leben lenkt; du glaubst zu leben, und du wirst gelebt. Du bereitest dich mit deinem Hirn, deinen Nerven, deiner Gestaltungskraft auf ein bestimmtes Erlebnis vor, in dem dir Ziel und Sinn deines Daseins zu liegen scheint, aber unversehens kommt die Wirklichkeit in ihrer Selbstherrlichkeit und verrückt dir das Konzept: alles ist mit einem Male anders betont, um seine Pointe gebracht oder vielmehr mit einer neuen, ganz verschiedenen, ja entgegengesetzten Pointe begabt, die Dinge haben sachte und unmerklich, während du sie erlebtest, jawohl, gerade dadurch, daß du sie erlebtest, eine Achsendrehung von hundertachtzig Graden gemacht, und nun hältst du erstaunt und verwirrt das Negativbild von dem in der Hand, was du dir erwartet hast. Aber denkst du nur ein bißchen nach, so wird sich dein Schrecken legen und in stilles Glück verwandeln, denn was dir geschah, war ein Triumph des Lebens, des Lebens, das immer recht hat.

Diese Grundidee findet sich am stärksten und reinsten in dem ersten Stück ausgedrückt. Der junge Franz Rohrbach hat aus unglücklicher Liebe zu der Schauspielerin Hedwig Bollinger den Tod gesucht und beinahe gefunden; es ist fast ein Wunder, daß er davongekommen ist. Und nun kehrt er genesen ins Vaterhaus zurück, und das Mädchen, durch so viel Liebe gerührt, neigt sich ihm zu; aber für ihn ist es vorbei. Vorbei? „Jawohl. Ist das nicht wundervoll? Vorbei! Denk dir nur, Vater, wie merkwürdig, nicht wahr? Da geht man herum und ist so erfüllt von der einen, der einzigen, daß man glaubt, es gibt nichts mehr außer ihr, nichts – man ist so erfüllt, daß einem die ganze Welt versinkt – ja – da sieh nur, wie man das so sagt, was? Aber wenn einem dann die Welt wirklich versinkt – das ist ganz was anderes ... ganz was anderes ... da weiß man erst, was das heißt: die Welt – die Welt!" Er hat gewissermaßen den Tod erlebt, und neben diesem stärksten Erlebnis schrumpft nun alles in Nichts zusammen. In den beiden folgenden Einaktern gleitet das Thema mehr ins Spielerisch-Groteske hinüber. Im zweiten ist es wieder ein junger Mann, Fritz v. Kirchhof, der ohne eine Schauspielerin nicht leben zu können glaubt, aber noch rechtzeitig erfährt, daß er eine Schulkollegin seiner Mutter liebt. „In die Schule mit dir?" fragt Fritz: „in dieselbe Klasse?" „Sogar eine Klasse höher", erwidert Frau v. Kirchhof. Und so mag er etwa das Gefühl des Dr. Faust im Volksbuch haben, der plötzlich statt Helena ein grinsendes Gerippe in den Armen hält.

Im dritten Stück sehen wir einen liebenswürdigen, gutherzigen, aber etwas egoistischen und oberflächlichen, mit glänzenden Mitteln begabten, von aller Welt verhätschelten und bejubelten Hofschauspieler – kurz Herrn Reimers am Tage seines Bühnenjubiläums. Alles strahlt, das Publikum, die Kinder, die Dienerschaft, er selbst, nur eine strahlt nicht, seine Frau. Ihr ist gerade an diesem Ehrentage das Verlogene, Leere, Haltlose der Existenz ihres Mannes und ihrer ganzen langen Ehe klar geworden. „Wie er dort herumgeht ... geschminkt ... das ganze Gesicht geschminkt! Wie entsetzlich lächerlich das ist! Wie er da herumgeht und schöne Stellungen macht und edle Gebärden und schwärmerische Augen ... ich kann das nicht mehr aushalten! Fünfundzwanzig Jahre schau ich ihm jetzt zu, wie er Komödie spielt ... Liebesszenen spielt ... irgend etwas, was ich für etwas Heimliches, etwas Einziges gehalten habe ... das sehe ich nun immer wieder ... vor allen Leuten verraten ... abgeleiert, nachgeäfft ... die Kinder sind aufgewachsen ... sind vernünftige Menschen geworden ... und er steht auf der Bühne und spielt Liebesszenen vor ihnen. Und die Kinder applaudieren ihm ... und am Aktschluß kommt er heraus und verbeugt sich und nickt dankend mit dem Kopf zur Loge hinauf, wo seine Kinder sitzen ... ich sage Ihnen, ich hab' mich so wahnsinnig geschämt ... heut aber hab' ich mich plötzlich so tief ins Innerste geschämt." Und sie beschließt, endlich einmal ihrem Mann alles zu sagen, eine unerbittliche Abrechnung zu halten, ihm sein nichtiges, aufgeblasenes und ihr verdorbenes, aufgeopfertes Leben ins Antlitz zu schleudern. Und nun soll die große Auseinandersetzung unter vier Augen stattfinden. Aber es kommt nicht dazu. Er versteht gar nicht, was sie meint. Und redet selber, gießt einen erfrischenden kleinen Platzregen seiner unwiderstehlichen Gnade über sie aus, küßt ihr galant die Hand und begibt sich, strahlend wie immer, zu seinem Festbankett. Und resigniert und schicksalergeben bleibt die Frau zurück. Das Leben hat eben offenbar einen ganz anderen Mechanismus als unsere Seele.

Daneben läuft nun noch ein zweites Grundmotiv, das mehr äußerlich, vom Milieu hergeholt ist. ‚Kinder der Freude': – Damit sind offenbar die Menschen vom Theater gemeint, jene sonderbaren Wesen, deren ewige Bestimmung es ist, immer nur zu scheinen und niemals zu sein, als hohle, aufgeputzte Figuranten in einem Maskenzug einherzugehen, der meist heiter und glänzend, bisweilen lächerlich und armselig, aber niemals wahr und menschlich ist. Sie bezahlen das Glück, in einem ewigen Rausch von Licht und Freude leben zu dürfen, mit dem Verlust ihrer Seele. Doch bleibt es offen, ob nicht vielleicht doch sie das bessere Teil erwählt haben.

Welches Urteil, lieber Leser, soll ich nun über diese drei kleinen Stücke abgeben, da doch, wie du weißt, Felix Salten durch eine merkwürdige Verkettung besonders glücklicher Umstände ebenfalls die hohe Ehre genießt, für den ‚Morgen' Theaterkritiken schreiben zu dürfen? Wenn ich sage, daß ich alles sehr klug, sicher und überlegen gestaltet finde und daß man sich bei diesen drei Akten vortrefflich und auf die beste Manier unterhält, weil sie höchst gelungene Werkstücke einer sehr sauberen, farbigen und wendungsreichen Theaterkunst sind, so wirst du natürlich „Aha!" rufen. Wenn ich aber diese Beobachtungen unterdrücke, so besteht die Gefahr, daß ich in meinem Benehmen an meinen Frankfurter Klassenlehrer erinnere, bei dem ich in Pension war, und der mir infolgedessen, um seine Objektivität zu zeigen, immer in Griechisch „noch genügend" gab, obgleich gerade dies die einzige Sprache war, in der ich fast immer den größten Teil der Vokabeln erriet. Und da mir nun mein ganzes Leben lang nichts zuwiderer gewesen als ein Gymnasialprofessor, so ziehe ich es vor, dich „Aha!" rufen zu lassen.

Die Aufführung des Burgtheaters ist fast durchwegs sehr angenehm. Herr Reimers, im ersten Stück ein wenig zu äußerlich, erfrischt im zweiten durch Schlichtheit und Wärme und entzückt im dritten durch seine liebenswürdige Menschlichkeit. Bei seinem Sohn hingegen, der den Helden des ersten Einakters darstellte, werde ich die Zwangsvorstellung nicht los, daß er mir ein Theater vormacht. Das spricht entweder gegen ihn oder gegen mich; wir wollen die Frage offen lassen. Fräulein Mayen überraschte durch den sicheren Humor, mit dem sie eine vollendete Gans auf die Bühne zauberte, Herr Huber durch die angenehme und ungekünstelte Laune, mit der er den jungen Mann des zweiten Stückes spielte. Marie Mayer ist als dessen Mutter von unübertrefflicher Feinheit, Herr Forest spielt drei Chargen mit Takt und sicherster Wirkung, und Frau Senders gibt zwei Rollen, die sonst kaum bemerkt werden würden, die Folie ihrer großen Kunst. Und schließlich darf die liebliche Kindlichkeit des kleinen Fräulein Seidler nicht vergessen werden, dem man den untalentierten Papa doch endlich verzeihen sollte.

FRIEDRICH SCHILLER: „DON KARLOS“

Mit dem ‚Don Karlos‘ reißt die verheißungsvolle Entwicklung der Sturm- und Drangbewegung in der Mitte ab, und es vollzieht sich jener verhängnisvolle Frontwechsel zum Klassizismus, ohne den die Deutschen damals vielleicht eine ebenso hohe Blüte des Dramas erlebt hätten wie die Griechen unter Perikles und die Engländer unter Elisabeth; Schuld trägt der allgemeine Zeitgeist, die vom Kunstpräzeptor Winckelmann verflachte Antike und: sagen wir es rund heraus, auch jener berühmte zehnjährige Bund mit Goethe, den wir unter dem Titel „Die beiden Dioskuren“ fürs Abiturium lernen müssen. Abgesehen von alledem, was ja mehr oder weniger Sache des wechselnden Geschmacks ist, hat aber der ‚Don Karlos‘ einen Fehler, der für ein Bühnenwerk katastrophal ist: er ist viel zu lang. Schon Schiller selber, der ja nicht selten sein bester Dramaturg war, äußerte im Jahre 1786 in der ‚Thalia‘: „Es wird wohl kaum mehr nötig sein, zu bemerken, daß der Don Karlos kein Theaterstück werden kann“, und auch später hat er immer wieder darauf hingewiesen, daß er „viel zu breit zugeschnitten“ sei. Das liegt ganz einfach daran, daß er aus zwei Theaterstücken besteht, die sich noch heute in der Retorte des Dramaturgen ziemlich sauber voneinander sondern ließen, da sie ja niemals eine wahrhafte chemische Verbindung miteinander eingegangen sind, sondern immer nur ein mechanisches Gemenge gebildet haben. Der für das Theater wertvolle Teil ist das Intrigenstück Don Karlos, von dem selbst der unerbittlichste Schillerkritiker Otto Ludwig zugegeben hat, daß es als solches ganz außerordentlich sei und offenbar das stärkste und lehrreichste Muster für Scribe und seine Schule abgegeben habe. Den ungestrichenen ‚Don Karlos‘ spielen, wie es das ‚Deutsche Volkstheater‘ jüngst getan hat, heißt für Schiller mehr tun, als er selbst verlangt hat, und der Spannkraft des Publikums mehr zumuten, als eine zweitausendjährige Theatererfahrung gestattet; ihn auf zwei Abende verteilen, wie es Schlenther getan hat, heißt die dramatische Ladung zum großen Nachteil ihrer Schlagkraft verdünnen: ich glaube daher, daß der einzige praktikable Weg der wäre, durch sehr resolute und pietätlose Kürzungen das reine Familiendrama herauszuarbeiten, wie es mein Freund Felix Fischer in seiner Bühneneinrichtung getan hat. Dort sind die einzigen Hebel der dramatischen Handlung die Liebe des Infanten zu seiner Mutter, der Argwohn des Königs und die Gegenschiebungen der Hofkamarilla. Die gesamte politische Handlung ist entfernt, Posa tritt nur ein einziges Mal im ersten Akt auf und heißt dort bloß „ein Malteserritter“. Dieser Eingriff ist gar nicht so sakrilegisch, wie es auf den ersten Blick aussieht, denn bekanntlich hat ja Schiller selber ursprünglich ohne Flandern, Freiheit und Posa komponiert, und im Bauerbacher Entwurf verschwindet dieser auch sehr bald aus der Handlung. Eine ähnliche Verschiebung des Schwerpunktes hat Mitterwurzer als Philipp rein schauspielerisch bewirkt, indem er aus dem ‚Karlos', den man bisher als einen dramatisierten Leitartikel gespielt hatte, das schauerliche Gemälde königlicher Einsamkeit machte. Dann starb Mitterwurzer und der ‚Karlos' war wieder ein dramatisierter Leitartikel. Direktor Bernau nimmt den König ganz grau in grau, indem er die Figur gewissermaßen nur mit Bleistift zeichnet, und entgeht durch diese Tat eines sehr sichern künstlerischen Instinktes den meisten Gefahren, die in dieser Rolle liegen. Er spielt mehr den geprüften Familienvater als den Beherrscher zweier Weltteile, sein Zorn und Schmerz ist mehr der eines gestrengen Handelsherrn, der infolge der Einflüsterungen seines ersten Prokuristen Alba und seines Hausarztes Domingo seiner Frau zu mißtrauen beginnt und dessen Sohn die ‚Fackel' liest, aber auch diese Verbürgerlichung ließe sich aus der Dichtung selbst rechtfertigen. Ich weiß nicht, ob schon irgend ein Literarhistoriker bemerkt hat, was meiner schönen Nachbarin sogleich auffiel, daß es nämlich weder königlich, noch spanisch, noch sechzehntes Jahrhundert ist, daß dieser Philipp jedem neueintretenden Besucher seine ungeordneten Familienverhältnisse zu erzählen beginnt; bei den drei Granden ist es noch zur Not aus der Vertrauensstellung, die sie bei ihm einnehmen, und aus seiner momentanen Erregung zu erklären, in der Posaszene wirkt es geradezu unbegreiflich. Herr Onno als Posa weicht der Versuchung zu Rhetorik und Empfindsamkeit geschmackvoll aus, ebenso Frau Wagner in der unglücklichen Rolle der Königin, die, unter uns gesagt, das ist, was man hierzulande eine „Nocken" zu nennen pflegt. Der neue Herr Ehrle als Karlos sehr angenehm; aber dieses unnachahmliche Pathos, das Schillers Jünglingen für alle Zeiten die Patina echter Poesie erhalten wird, sinkt sofort zur Deklamation herunter, wenn es nicht von einer Persönlichkeit getragen wird, die es wirklich an sich und in sich erlebt hat, ja mehr noch: die nichts anderes ist, als die empirische Erscheinungsform, in der es sich seinen gewaltsamen Ausdruck schafft. Frau Carlsen als Eboli blendend schön und voll Liebreiz; aber wenn sie liebt, so minaudiert sie, und wenn sie zornig wird, so zankt sie. Alles in allem: keine Heroine, sondern eine Koloratursängerin; zu viel Zucker und bisweilen sogar nur Saccharin.

FRIEDRICH SCHILLER: „WILHELM TELL“

An einem Feiertagabend im Mai ins Theater gehen zu müssen, ist eine starke Zumutung. Wenn man es trotzdem nicht als solche empfindet, so ist das wohl vor allem Friedrich Schiller zu danken, der im ‚Tell‘ unübertreffliches, unveraltbares Theater gemacht hat, einen Farbenreigen straffer, gefülltester Szenen voll Glanz und Tempo und von einer genialen Strategie der dramatischen Führung, die bedingungslos überwältigt. Zum Teil ist es aber doch auch auf die ausgezeichnete Inszenierung Direktor Bernaus zurückzuführen, der die lange und beim Lesen bisweilen überlange Szenenreihe zu einer atemlosen, fast gespenstisch einprägsamen Bilderflucht kondensiert hat, alle Ansätze zum Theaterbauerntum durch eine Atmosphäre unheimlicher Gepreßtheit, die er um das Ganze legt, im Keime erstickt und den vielleicht einzigen Fehler dieses Meisterstücks: die liberalen Arien in ein so gehetztes Stakkato auflöst, daß man sie überhaupt nicht bemerkt. Und den Szenenbildern Strnads gelingt es endlich einmal, fern vom Naturalismus und fern von der Illusionsbühne streng expressionistisch zu bleiben, ohne daß der Spielplatz dadurch in einen Narrenturm oder in ein kahles, reizloses Gerüst verwandelt wird. Einzelne Szenen, sonst Nieten, gelangen dadurch plötzlich zu der ihnen innewohnenden Leuchtkraft, so zum Beispiel das erste Gespräch zwischen Bertha und Rudenz. Die Darsteller, alle aufs feinste und stärkste ineinandergreifend, alles wie aus einem einzigen Handgelenk geschnellt: prachtvoll der Tell des Herrn Klitsch, ganz der heitere Tell, unversonnen, naiv, ein reines jubelndes Stück Natur: die einzige künstlerische Rettungsmöglichkeit für diese Figur. Nur eines wäre zu monieren: warum amputiert man in der letzten Zeit die wundervollen Opernbestandteile des ‚Tell': den Sonnenaufgang am Schluß der Rütliszene, den Chor der barmherzigen Brüder usw.? Diese Stücke sind nicht nur echtester Schiller, sie sind nicht nur von leuchtendster Theaterwirksamkeit, sondern sie gehören auch zum Kühnsten und Originellsten, was je für eine Bühne erdacht wurde. Man soll nicht theaterverständiger sein wollen als Schiller; es genügt vollkommen, wenn man ebenso gescheit ist.

ARTHUR SCHNITZLER: „FREIWILD"

Schnitzlers ‚Freiwild' in einer sauberen und runden Aufführung, die nur in einer Anzahl kleinerer Rollen versagt. Am besten Herr Strobl, der den Karinski scharf und sicher konturiert, einfach und natürlich Herr Richter und Herr Norfolk in Horatiorollen, lustig Herr Böhm, der nur das gewisse tierische „Armeedeutsch", das er doch wahrscheinlich glänzend kopieren könnte, etwas zu schüchtern anschlägt; Herr Zeska in der Hauptrolle sympathisch, aber ohne Profil. Fräulein Rosenquist, wunderschön anzuschauen, arbeitet zu stark mit Atemtechnik und anderen Errungenschaften der Routine, die gerade in dieser Rolle leicht zu entbehren wären. Herr Marich gibt einer Episode etwas von seiner wohltuenden Menschlichkeit. Die anderen haben zumeist Mitglieder einer kleinen Sommerschmiere darzustellen, Rollen, die ihnen zum Teil besser liegen als unbedingt nötig wäre. Als das Stück im Jahre 1905 im Volkstheater gespielt wurde, schrieb Hermann Bahr: „Die Wirkung war stark: wie in einer Volksversammlung klatschten die Leute den verwegenen Reden der gesunden Vernunft begeistert zu. Da siehst du, Artur, so geht's: Vor acht Jahren, als du sie schriebst, sind es Frechheiten gewesen, die man dir gar nicht verzeihen wollte, und jetzt sind's schon Wahrheiten für die kompakte Majorität geworden, und noch zehn Jahre, und es werden Banalitäten sein, hoffentlich, gegen die sich dann eine neue Jugend wieder ingrimmig empören muß – das ist der Lauf der Welt." Die Welt hat aber nun, glücklicherweise, einen anderen Lauf genommen; einen viel rascheren Lauf. Denn den gefährlichen Punkt, wo es als Banalität wirken könnte, hat das Stück offenbar übersprungen: heute wirkt es bereits, und zwar höchst reizvoll, als Kuriosität. Das Duell ist für keinen Menschen mehr ein Problem, Schauspielergagen von fünfundzwanzig Gulden zahlt nicht einmal mehr Herr Krones, daß ein Direktor seine Mitglieder dazu zwingt, mit Kavallerieoffizieren anzubändeln, ist im Zeitalter Karl Forests endgültig unmöglich geworden, und sollte es wirklich noch irgendwo Verworfene geben, die so etwas ohne höheren Zwang tun, so ist ihnen dies durch die Auflösung unserer Front erheblich erschwert. So erscheint heute ‚Freiwild' als interessantes kulturpsychologisches Gemälde, als ethnologische Studie, als Kostümstück, etwa: Leben und Treiben der Eingebornen Österreich-Ungarns im Jahre 1897. Es ist aber abseits von aller sozialen Problematik, die ja immer veralten muß, ein ausgezeichnetes Theaterstück, und an diese Qualitäten hält sich das Publikum: an den blitzblanken Dialog, in dem jedes

Wort federt und sitzt, an die farbigen, glücklich erschauten Typen und an jene gesunden kräftigen Ingredienzien, von denen nun einmal die Dramatik lebt: Ohrfeigen, Pistolenschüsse und die erfrischende Vokabel „Mensch“ (als Neutrum). Jenes Jahr 1897 war überhaupt recht fruchtbar an Gesellschaftssatiren, denn es brachte außer ‚Freiwild‘ auch die Uraufführung des ‚Lumpen‘ von Leo Feld und des ‚Dreiecks‘ von Oskar Friedmann. Infolgedessen hatten sich in meiner Jugenderinnerung diese drei Werke so untrennbar zu einem Klumpen vermischt, daß ich nicht mehr genau wußte: war das ‚Dreieck‘ von Schnitzler, war Herr Leo Feld Kavallerieoffizier oder hat Herr Oskar Friedmann Ohrfeigen bekommen.

ARTHUR SCHNITZLER
Zu seinem sechzigsten Geburtstag

Die bleibende Bedeutung Schnitzlers scheint mir in dreierlei zu liegen.

Zunächst hat er als einer der ersten den impressionistischen Menschen auf die Bühne gestellt; dieser impressionistische Mensch hatte den ungeheuren Vorsprung, nicht mehr aus einer oder aus zwei Seelen zu bestehen, sondern aus einem ganzen Gesellschaftsstaat von Seelen, die sich in steter Verschiebung und Gegeneinanderbewegung befinden und dennoch stets ein gesetzmäßiges und symmetrisches Gebilde hervorbringen, ganz wie in einem Kaleidoskop. Um dies erkennen und gestalten zu können, muß man die Gabe besitzen, die Welt sozusagen mit Facettenaugen zu betrachten: als ein vielflächiges Gebilde, das zahllose Seiten und Ecken hat; und diese Gabe hat Schnitzler in hohem Maß bewährt.

Sodann aber hat er, was mit dem ersten eng zusammenhängt, den Mut und die Kraft besessen, in die geheimnisvolle Dunkelkammer des menschlichen Unterbewußtseins hinabzusteigen und dort jene bedeutsamen und widerspruchsvollen Verschränkungen, Rückbeziehungen und Polaritäten aufzuspüren, deren Entdeckung sich an den Namen Sigmund Freuds knüpft. Man kann sagen: er hat bereits zu einer Zeit, als diese Lehren noch im Werden begriffen oder nur auf einen kleinen Kreis von Fachgelehrten beschränkt waren, die Psychoanalyse dramatisiert.

Und schließlich – und das scheint mir das Wichtigste, obgleich es vielleicht manche für eine sekundäre und subalterne Funktion halten werden –: er hat in seinen Romanen und Theaterstücken das Wien des Fin de siècle eingefangen und für spätere Geschlechter konserviert; eine ganze Stadt mit ihrer einmaligen Kultur, mit dem von ihr genährten und entwickelten Menschenschlag, wie er sich in einem bestimmten Zeitpunkt der Reife und Überreife auslebte, ist durch ihn klingend und leuchtend geworden. Er hat damit für seine Zeit etwas Ähnliches geleistet wie Nestroy und Schwind für das Wien des Vormärz. Seine Werke sind ein unverlierbares Stück seelische Kostümgeschichte. Er hat eine Art Topographie der Wiener Seelenverfassung um 1900 geschaffen, an der man sich später einmal zuverlässiger, reicher und genauer orientieren wird als an den dickleibigsten Kulturhistorien.

KARL SCHÖNHERR: „KINDERTRAGÖDIE"

In jedem solid und kundig geübten Handwerk liegt etwas, das zur Verehrung, ja zur Bewunderung herausfordert. Um einen Schrank, einen Rock, eine Uhr wirklich gut zu machen, dazu gehört eine gewisse Sittlichkeit: Achtung vor dem gottgeschaffenen Material, Selbstzucht, Nachdenken, treue Hingabe an die Sache, Sinn für das Wesentliche. Ein Meister ist allemal etwas sehr Schönes, ob er einen Schuh macht oder ein Theaterstück.

Ich kann daher die steigende Geringschätzung, die Karl Schönherr in den Kreisen der Kunstkenner erfährt, nicht ganz begreifen; und ich denke: vor diesem, seinem jüngsten und reifsten Werk, wird sie wohl auch verstummen. Es ist ja wahr, daß er auch diesmal wieder keinen rechten Menschen zustande gebracht hat, sondern nur sehr sauber und liebevoll gemalte Bilderbogenfiguren (obgleich es auch Züge und Einzelheiten gibt, die sich nur einem wirklichen Seelenkünder erschließen), und es ist wahr, daß die Geschehnisse, die er vor uns abrollt, immer nur sich selber bedeuten und nichts äußerten, daß sie niemals Symbole einer höheren und tieferen Wahrheit, nie Zeichensprache des Unendlichen sind, und es ist schließlich auch wahr, daß hier nicht die Vision einer einmaligen Welt, die einem einzigen Menschen gehört, Gestalt gewonnen hat, sondern nur ein Stück Wirklichkeit, und sogar nur ein Stück Theaterwirklichkeit.

Aber alle diese Einwände verschwinden vor der meisterlichen Bravour und Präzision, mit der hier alle Schrauben, Zähne und Räder des dramatischen Mechanismus gegeneinander bewegt werden, vor der Schlagkraft und Treffsicherheit, der Gedrängtheit und Fülle einer Technik, deren Hypnose sich auch der widerwillige Hörer nicht entziehen kann. Und man wird gerechterweise zugeben müssen, daß ein Werk, das in jeder Zeile von einer so vollendeten Beherrschung des Fachs zeugt, doch zumindest der Kunst verwandt ist. Das Drama hat die denkbar geringste Personenzahl und die denkbar einfachste Handlung: drei Geschwister entdecken, daß ihre Mutter einen Liebhaber hat. Daß nun diese Mutter und der Vater fast greifbarer vor uns stehen als die drei Figuren, die Schönherr sichtbar auftreten läßt, ist zweifellos ein Beweis seines hohen plastischen Könnens. Im dritten Akt, wo die Pistole, die schon lange unheildrohend an der Wand baumelte, endlich losgeht, findet ein etwas ernüchternder Sturz ins Ganghoferische statt, während im zweiten Akt bloß durch ganz wenige undichte Stellen das Melodram eindringt. Der erste Akt aber ist von einer Straffheit und Geladenheit, wie sie sich auf der deutschen Bühne nur selten findet. Herr Edthofer spielte den älteren Bruder mit schöner Einfachheit und Kraft, Herr Joseph Schildkraut überraschte in der gefährlichen Rolle des jüngeren Bruders durch eine merkwürdig eindringliche, flackernde Leidenschaftlichkeit, und besonders Fräulein Keller war als Schwester ganz außerordentlich.

WILLIAM SHAKESPEARE: „KÖNIG RICHARD III."

Das Problem Richards des Dritten scheint mir dieses zu sein: Ist es möglich, genial und zugleich böse zu sein? Gibt es so etwas wie ein böses Genie? Die Antwort lautet selbstverständlich: Nein. Aber die wissenschaftliche Deduktion dieses sehr komplizierten Themas hat erst Nietzsche geliefert durch eine außerordentlich scharfe und tiefdringende Analyse des Begriffs „Böse", deren Endresultat darin besteht, daß dieser Begriff – aufgelöst wird. (Und zwar durch eine Gleichung: für Nietzsche sind nämlich die Begriffe „Böse" und „Genie" absolut identisch. Die Mißverständnisse, die er gerade durch die Genauigkeit und Gründlichkeit seines analytischen Verfahrens hervorgerufen hat, sind ja übrigens weltbekannt.)

Eine Lösung des Problems hat aber auch schon Shakespeare versucht. Nur tat er es auf rein künstlerischem Wege. Er mochte sich nämlich gesagt haben: Ich weiß nicht, ob es einen genialen Bösewicht gibt, und ob er in der Empirie möglich ist; aber für einen Dichter ist alles möglich. Und dann schrieb er Richard den Dritten.

Dies ist denn auch die einzige Möglichkeit sowohl für den Kritiker wie für den Schauspieler, um um das ganze irrationale Charakterproblem König Richards herumzukommen. Auflösbar ist die Sache nicht. Richard Gloster ist ein lebendiges Paradoxon, aber ein lebendiges, weil er von Shakespeare ist. Es ist für die Sachlage ziemlich lehrreich und aufklärend, wenn man diesen – ad hoc gelungenen – Versuch mit derselben Bemühung eines andern, ungleich geringer befähigten Dichters vergleicht. Der Franz Moor wird an allen Ecken und Enden Karikatur oder Psychose – bei Richard ist nichts von dem.

Höchst possierlich sind die Anstrengungen der Shakespearekommentatoren (welche fast ausnahmslos der bourgeoisen Moral entstammen und daher auf der Gleichung des Schönen und Guten als auf ihrem wichtigsten Programmpunkt beharren müssen), sich mit diesem Ungeheuer abzufinden. Da werden die entlegensten Details der Charakteristik herangezogen und hin- und hergebogen, bald wird Richard als im Grunde gut, bald wird er als im Grunde klein bewiesen, damit irgend eine Einigung erzielt werde, während die einzige Erklärung doch eben nur die ist, daß es einem genialen Gestalter gelungen ist, uns für vier Stunden eine psychologische Unwirklichkeit glaubhaft und wirklich zu machen.

Der großen Gefahr, die nun für den Schauspieler darin besteht, aus Richard dem Dritten ein Problem zu machen und ihn so zu verklügeln und zu entseelen, ist, in der neuen Aufführung des Burgtheaters, Albert Heine durch die Sicherheit seines psychologischen Taktes entgangen. Er spielt einfach: Richard Gloster, nachmals König Richard der Dritte. Möglichst scharf profiliert, mit möglichst vielen Zügen, als eine höchst komplexe, mit tausend Seelen begabte Gestalt, die von einer einzigen Vorstellung zentral beherrscht wird: die

Krone Englands. Als einen starken, überlegenen und – man kann paradoxerweise sagen: geraden Menschen, um so viel gerader gewachsen denn seine ganze Umgebung, als er etwas will und bewußt und unausgesetzt will. Sehr übersichtlich wird die ganze Figur auch dadurch, daß Heine den Punkt der Peripetie aufs schärfste präzisiert, von dem Fluch der Mutter an, wo Richard plötzlich fahrig, unentschlossen, ängstlich, abergläubisch, mißtrauisch gegen sich selbst wird. So wirkt der Traum dann durchaus nicht mehr peinlich, etwa als ein puritanisches Zugeständnis an die herrschende Moral, sondern als ein bloßes Nachlassen der Lebensenergie in diesem sonst so stählernen Organismus, und wenn am Schluß wieder seine bezwingende geniale Vitalität hervorbricht, so ist und bleibt er der Held des Dramas – auch im moralischen Sinne, und er redet dem Zuhörer aus der Seele, wenn er vom „flachen Richmond" spricht. Es ist gewiß ein Beweis für die überzeugende Kraft sowohl der dichterischen wie der schauspielerischen Gestaltung, wenn es gelingt, das Publikum gegen seine sittlichen Instinkte auf diese Seite zu bringen. Und dies war das Verdienst Heines – ein andres Verdienst kann sich der Darsteller dieser Rolle gar nicht erwerben –, daß er die Poesie dieses Schurken lebendig werden ließ, wie Shakespeare sie als Dichter lebendig machte. Diese Überwindung der Ethik durch die Ästhetik ist ein seltsames paradoxes Vorrecht der Künstler. Wir können diesen Richard nicht böse finden, so sehr er es ist; so wenig wir etwa an dem mysteriösen Schuppenwurz, dem Schurken unsrer Wälder, etwas Böses zu entdecken vermögen. Diese Pflanze ist wohl der größte Verbrecher ihrer ganzen verbrecherischen Gattung. Nicht nur, daß sie einer der frechsten und habgierigsten Schmarotzer anständiger, nützlicher und wohlsituierter Bäume ist, sie lockt auch noch durch gewisse raffinierte und heuchlerische Fangvorrichtungen unschuldige Insekten an und frißt sie mit grausamer Langsamkeit auf. Aber wir haben keinerlei Ranküne gegen sie, denn sie ist von so merkwürdiger, ungewöhnlicher, verwirrender Schönheit, daß wir ihr alles verzeihen. (Man wende nicht ein, daß wir die untermenschlichen Organismen ja überhaupt nicht moralisch werten. Das ist nur theoretisch wahr; denn auf Wanzen, Blattläuse und gewisse ekle Pilzsorten, zum Beispiel, haben wir eine riesige Wut.) Und ebenso sehen wir in Richard nichts als ein schönes, verruchtes Naturspiel.

Von den andern fast durchwegs würdigen Leistungen möchte ich nur den Catesby des Herrn Zeska hervorheben. Ich weiß nicht, ob es bewußte künstlerische Absicht ist, aber jedenfalls wirkte die vollendete Courtoisie und Naivität, mit der dieser Gentleman den Hastings zum Tode befördert und die andern Mordbefehle seines königlichen Herrn ausführt, ganz einzigartig: in seiner Manier, Menschen umzubringen, war soviel Ritterlichkeit, Liebenswürdigkeit, Humor, gute Lebensart und – man möchte fast sagen: Takt, daß das Ganze wirkte wie eine Demonstration der vornehmen Unschuld des Renaissancemenschen.

Die Inszenierung des Herrn von Berger hatte zwei große Mängel. Zunächst fehlte ihr jedes Tempo. Die Pausen zerrissen wieder einmal das ganze Drama. Es ist freilich das technische Problem wirklich schneller Umbaue noch nicht gelöst, und selbst die Drehbühne ist hier kein wesentlicher Fortschritt. Ich weiß auch nicht, wie es zu lösen ist, aber ich weiß, daß diese klassischen Stücke, wie ‚Götz‘, die ‚Räuber‘ oder Shakespeare, ohne ein Prestissimo des Szenenwechsels für einen modernen Zuschauer einfach nicht zu ertragen sind. Bedenklicher ist der zweite Einwand, daß diese Aufführung wohl manche sehr schöne Details brachte, daß sie aber nicht als Ganzes gesehen, nicht als Einheit konzipiert ist. Es fällt alles auseinander, es ist ein Stück aus Stücken. Viele Einzelheiten jedoch sind mit feinem und originellem Verständnis empfunden. Sehr fein, zum Beispiel, der Gedanke, die ganze Aufführung in ein sonderbar flimmerndes clair-obscur zu tauchen, was besonders den Interieurs zugute kommt und die große Familienszene im Palast zu einem sehr eindringlichen Gemälde der sich selbst zerfleischenden Yorks steigert. Sehr fein auch die Stimmung im vierten Akt mit den drei klagenden Frauen und, darauffolgend, die Trommlerszene, die sehr packend realistisch wirkt, wenn die Frauen immer weiter fluchen und lärmen, während die Trommeln gerührt werden – aber es nützt nichts: sie können sie nicht überschreien. Sehr fein die Traumszene, wo die Gestalten der Ermordeten aus den Falten der Vorhänge huschen (der Geist Annas neben ihrem Gemahl auf dem Ruhebett) und sich schließlich allesamt wie eine große graue Wolke dräuend über den Schlafenden legen. Sehr fein auch ... aber das ist es ja bei Baron Berger: er ist sehr fein, nicht mehr. Er hat Geschmack, Kultur, Subtilitäten, Einfälle, „Ideen". Aber er hat keine Idee, keinen Zentralwillen, von dem aus sein ganzes Schaffen organisiert wird. Er ist ein hochbegabter Empiriker, aber er ist kein Idealist. Auch wenn man seine Aufsätze liest, so wird auf fast jeder Seite irgend ein Satz, eine kleine Beobachtung, eine Nebenwendung, ein Bildchen sein, wozu man sich anmerkt: Sehr fein. Aber wenn man den Aufsatz oder das Buch fertiggelesen hat, so bleibt nichts zurück, rein gar nichts, als jenes Gefühl, daß man es mit einem feinen Kopf zu tun gehabt hat. Das ist zu wenig. Immerhin: für einen Hoftheaterdirektor, und dazu noch einen österreichischen, ist es wahrscheinlich nicht zu wenig.

WILLIAM SHAKESPEARE: „KÖNIG RICHARD II."

Überhebung und Sturz, Glanz und Vollendung eines Gesalbten, Tragik der dämonischen Versuchung, die von jeder Krone magisch ausstrahlt: des verhängnisvollen Glaubens, etwas

Höheres zu sein als die anderen Sterblichen, weil man durch äußere Umstände höher gestellt wurde, mit menschlichen Seelen und Schicksalen frei schalten zu dürfen, weil man scheinbar die Macht dazu bekommen hat, während doch kein einziges geschaffenes Wesen das Recht besitzt, eine andere Kreatur auch nur einen Atemzug lang von ihrem eigenen gottgewiesenen Weg abzubiegen, und hinter diesem Einzelschicksal die pittoreske Höllenfahrt eines ganzen Zeitalters, das, seltsam hin und her gejagt, zwischen übermenschlichem Heroismus und tierischer Niedertracht, unrettbar in den Abgrund saust: das ist Shakespeares ‚Richard II.'. Im Burgtheater bekommt man keine Königstragödie und keine Höllenfahrt zu sehen, sondern ein kostbares Kinderspielzeug, einen prächtigen Mandelbogen, manchmal äußerst delikat getuscht, manchmal ein wenig derb gekleckst und die Farben über die Ränder laufend; für die Klärung und Entwirrung der sehr komplizierten Beziehungen, Verwicklungen und Schiebungen, die dieses Stück erfüllen, geschieht jedoch nichts. Im übrigen unterhält man sich recht gut, freut sich des Wiederhörens der prächtigen Fanfare, die im Burgtheater in jedem historischen Stück (inklusive ‚Judastragödie') vorkommt und tröstet sich damit, daß man sich in der Familie Eisler, deren Prätendentenmordtaten uns doch wesentlich näher gehen, ja schließlich auch nicht auskennt.

WILLIAM SHAKESPEARE: „MACBETH"

Dieses geheimnisvolle Werk, anzuschauen wie ein grauenhafter schwarzer Wellentrichter, der tausend Taten und Tränen, Träume und Leidenschaften der irrenden Erdkreatur blind und gierig in sich hineinstrudelt, von zahllosen Bewunderern als die stärkste dramatische Blase gepriesen, die dieser Planet bisher ausgeworfen hat, ist im Grund nichts anderes als ein sehr sonderbarer Zwitter aus skrupellosem Kolportagetheater und tiefster Seelenoffenbarung. Was wollte Shakespeare damit? Ein Zugstück schreiben, dessen geballten Schreckwirkungen das Publikum willenlos erliegen muß? Ein Gegenstück zum ‚Hamlet' schaffen, indem er zeigte, daß übermäßige Tatensucht noch viel verderblicher wirkte als krankhafte Tatenflucht? Oder ganz einfach, weil durch die Thronbesteigung Jakobs schottische Stoffe sich als aktuell empfahlen, einmal diese hervorholen? Oder die letzten Weisheiten über Weltlauf und Schicksal verkünden, die sich dem Genie auf dem Scheitel seiner Erdenbahn enthüllt hatten? Nun, das weiß natürlich niemand; aber es hätte auch wenig Sinn, einer Entscheidung dieser Frage nachzugrübeln. Es ist etwas von alledem darin: jedoch die Mischung, die dabei herauskam, ist etwas durchaus Irrationales, und nur der Philister kann glauben, daß er sie zu analysieren vermag. Was ist denn ein Künstler? Ein ungeheures Absurdissimum, eine Fleisch gewordene Paradoxie, ein Arsenal von Widersprüchen, Idiotismen und Perversitäten, ein Narr wie alle anderen, ja mehr als alle anderen, weil er mehr Mensch ist als sie, ein pathologisches Original, dem ganzen dunkeln Lebensgewimmel, das ihn begleitet, im tiefsten fremd, aber auch seinesgleichen fremd, ja sich selber fremd. Der große Mann ist der große Solitär: was seine Größe ausmacht, ist gerade dies, daß er ein Unikum, eine Psychose, eine völlig beziehungslose Einmaligkeit darstellt. Er steht da als ein einsamer riesenhafter Sonderling, eine überlebensgroße Figur und beunruhigende Ausnahme, zeitlos, vorauseilend, voll Grillen und Krankheiten, isoliert und monströs. Es ist nichts mehr darüber zu sagen.

Aber nun erhebt sich die zweite Frage: was bedeutet ‚Macbeth' für *uns*? Es ist klar, daß sich, vom künstlerischen Standpunkt aus, die ganze Bedeutung dieses Dramas in dieser einen

Frage zusammenfaßt. Was das Werk früheren Zeiten gewesen ist, mag den Historiker interessieren, es muß ihn sogar interessieren; uns hingegen, die wir im Theater sitzen, berührt diese Frage nicht im geringsten. Oder vielmehr: wenn sie uns berührt, so empfinden wir nicht mehr rein, sondern unter der Suggestion von Nebenvorstellungen, die der klingende Firmenname „William Shakespeare“ in uns erweckt.

In der Tat ist nun das ‚Macbeth‘-Problem für uns kein Problem mehr. Oder doch zumindest eines, das sich sehr verschoben hat. Der seelische Inhalt des Dramas ist der Ehrgeiz, der „Wille zur Macht“; mit diesem ist es so durch und durch imprägniert wie mit einem starken narkotischen Parfüm. Nun, diese Leidenschaft wird vermutlich nie aussterben, ja es ist wahrscheinlich, daß sie den kommenden Menschen in noch viel heftigerem Maße beherrschen wird als den vergangenen. Sie wird sich verstärken. Aber das heißt: sie wird sich verfeinern. Wir sind ehrgeizig und machtbegierig. Aber eine Krone scheint uns nicht mehr das richtige Mittel, um diese Leidenschaften zu befriedigen. Und auf keinen Fall würden wir zu diesem Zweck Morde begehen. Man hat die Mordlust, die in vielen, vielleicht in allen Menschen steckt, bisher dadurch in Schranken halten wollen, daß man sie als etwas Entsetzliches, grauenhaft Tierisches darstellte. Das war wohl nicht die rechte Pädagogik. Aber wir sind im Begriff, eine bessere zu finden, und zwar aus unseren tiefsten Instinkten heraus. Der Mord fängt nämlich an, etwas Lächerliches zu werden. Eine wirklich humane Kultur wird erst in dem Augenblick die Welt beherrschen, wo alle Gebildeten einen Mörder höchst komisch finden werden. Dann werden die rudimentären Formen aus früheren Zeiten, jene Menschen mit atavistischer Mordlust, vielleicht eher in sich gehen, denn sie werden an ihrer schwächsten Seite gepackt werden: an ihrer Eitelkeit. Bisher hat man sie nur an der Furcht zu packen gesucht. Und dann wird man vielleicht auch über ‚Macbeth‘ lachen, obgleich er ja vielleicht wirklich das größte Drama aller Zeiten ist. Er wird uns vorkommen wie eine Knockaboutkomödie.

Nun, so weit sind wir ja leider heute noch nicht; aber doch auf dem Wege. Und hieraus ergibt sich eine psychologische Schwierigkeit, die kein Schauspieler und kein Regisseur der Welt restlos zu lösen vermag. Ist Macbeth unser Bruder, unser zweites Ich, die schreckhafte Projektion unserer eigenen versteckten Wünsche und Gedanken, führt er vor uns das Drama unserer eigenen seelischen Möglichkeiten auf? Nein, das tut er nicht: wir wollen nicht König von Schottland werden, nicht einmal Than von Cawdor. Wie soll man also ‚Macbeth' spielen, wenn er nun doch einmal gespielt werden muß? Ich denke, am ehesten noch: ganz voraussetzungslos, ohne sich um irgendwelche Schwergewichte der dramatischen Logik, Psychologie und Ethik zu kümmern, als grausiges Volksmärchen aus uralten Zeiten, als Gespenstergeschichte, Vision und Alpdruck. Die Neuinszenierung des Burgtheaters (über deren Text ich mich ausführlich äußern werde, sobald er mir gedruckt vorliegt) schlägt diesen Ton glücklich an, wenn auch nur in einzelnen Teilen und nicht so ganz hemmungslos, wie sie es ruhig dürfte. Immerhin: sie spielt das Ganze stark auf die reinen Stimmungsvaleurs hin, weniger auf Seelenmalerei, und das ist sehr wohltuend. Die große Kunst Shakespeares – und eine Kunst, die immer wirksam bleiben wird, weil sie auf rein artistischen Bedingungen ruht – besteht ja eben darin, daß er immer nur ein paar Farben hinwirft, diese aber dann mit der zwingendsten Sicherheit und feinsten Modulationsgabe das ganze Stück hindurch festhält. So besteht denn auch der ‚Macbeth' im Grunde nur aus zwei Farben: Nacht und Blut. Die Nacht im ‚Macbeth' ist sozusagen der Hauptintrigant, man fühlt: aus ihrem Grauen und Dunkel müssen all die schwarzen bösen Taten mit fast physikalischer Notwendigkeit hervorgehen, in dieser Atmosphäre müssen sich alle schlimmen Träume und Begierden zu Wirklichkeiten verdichten. Sehr schön wirkt auch das gewollt Skizzenhafte, Abrupte, sozusagen Epigrammatische der einzelnen Bühnenbilder: hier ein paar gezackte und gegiebelte Schatten, und wir haben Macbeths Schloß, dort ein paar fahle Baumprofile, und wir haben Macbeths Park. Und durch den feststehenden Rahmen, den zwei schwere, dumpfe Türme bilden, wird eine Schnelligkeit der Verwandlung ermöglicht, die in den Gang des Dramas ein beängstigendes und zugleich befreiendes Stakkato bringt. Auch der Gedanke, den wandelnden Wald von Dunsinan so zu zeigen, daß er zur unteren Hälfte von einem Felsen gedeckt ist und so wirklich den Eindruck eines wandelnden Waldes macht, ist sehr glücklich; nur sollte er, wenn er die Bühne gefüllt hat, stehen bleiben, so daß man das Gefühl hätte: es geht noch endlos weiter. In den Hexenszenen kommt Heines Lust am Grausig-Grotesken für meinen Geschmack ein wenig zu stark zu Wort: dieses Gekreische und Gefeixe ist zwar gute uralte englische Tradition, aber wir denken heutzutage doch mehr an den Schicksalsgehalt dieser Szene, hier hätte eine Stimmgabel, die an Maeterlinck orientiert ist, vielleicht reiner und voller getönt. Jedoch die Szene der Hekate ist wiederum von einer wunderbaren Unwirklichkeit, die die ganze Aufführung wohl hauptsächlich deshalb nicht überall hat, weil dies den vollendetsten Takt und die höchste Innerlichkeit bei jedem einzelnen der Darsteller erfordert hätte.

Diese haben, wie es gar nicht anders möglich ist, zum Teil versagt. Manche spielten noch immer lärmendstes, schmetterndstes altes Burgtheater, einige versuchten es mit einer heute auch bereits veralteten Nervosität. Namen nennen hat bei einem so figurenreichen Stück wenig Zweck: es läßt sich ja doch nicht mehr ändern und würde nur den Eindruck eines Katalogs von Klassenzensuren machen. Besonders starke Eindrücke waren Heines prachtvoller Banquo, die knappe, warme Männlichkeit Sieberts als Ross, die adelige Sanftmut der Wohlgemuth als Lady Macduff, die wunderbar sichere Tönung, mit der Marie Mayer die kleine Rolle der Kammerfrau sprach, und das stilvoll und doch charakteristisch gehaltene Mörderpaar, in dem Herr Huber sich knapp in die Nähe Forests spielte, was gewiß viel heißen will. Die Pförtnerszene ist von bedeutenden englischen Forschern, wie Coleridge und Collier, als Schauspielereinlage bezeichnet worden; mir kommt dies nicht recht wahrscheinlich vor. Es ist höchst shakespearisch, mitten in die tragische Gipfelszene plötzlich die Fratze des Clowns blicken zu lassen. Schiller hat diesen Auftritt bekanntlich aufs äußerste gemildert, wir empfinden nicht mehr so klassizistisch und würden ihn ganz gut vertragen; aber er erfordert den größten Geschmack und Takt des Darstellers. Wenn man aber, statt jedes Wort aufs behutsamste abzuwägen und über einzelne Roheiten, die nach Renaissance- und Globetheater schmecken, sachte hinwegzugleiten, noch aus eigenem allerlei Requisitenspäße beisteuert, wie dies Herr Maierhofer tat, so fängt die Sache an, gefährlich zu werden.

Der Macbeth ist kein solcher Bluthund, wie ihm gemeinhin nachgesagt wird. Er ist im Grunde ein Opfer seiner Phantasie, die ihm die sonderbarsten Bilder schafft, ein Stück Hamlet, ein Stück Dichter, ein Stück Shakespeare. So etwas gibt ihm auch Herr Devrient, und mit schönster und reinster Wirkung: als einen Menschen der Gesichte, der Träume, der Telepathie und Hypnose, der seine geheimnisvollen Pfade wie unter einem fremden Druck wandelt. Und daß er einer der wenigen heutigen Schauspieler ist, die Könige zu spielen verstehen, weiß jeder, der ihn einmal gesehen hat. Auch die Lady ist nicht jener weibliche Krampus, als der sie noch so häufig gilt. Sie ist mindestens ebensosehr das liebende Weib, das einfach seine Bestimmung erfüllt: den geliebten Mann zur Verwirklichung der höchsten Möglichkeiten anzustacheln, die in ihm schlummern. Es ist die wunderbare Gabe der Medelsky, jeder Rolle das Letzte an Weiblichkeit zu geben, und so spielte sie eine Lady, die mehr ergriff als erschreckte. Unvergeßlich sind einzelne Momente ihrer Rolle: ihr nachtwandlerischer Gang über die Treppe, die von allen Schatten des Verhängnisses umwitterte Briefszene gleich am Anfang, und ihr Erschauern im roten Königsmantel nach der Bankettszene: wie sie plötzlich zitternd wie in Blut gehüllt dasitzt, an der Seite des ihr durch gemeinsame Schuld nur noch mehr verbundenen Gatten. Überhaupt war das Zusammenspiel des Paares ganz außerordentlich: es waren hier Worte und Gebärden, Töne und Blicke, die oft geradezu etwas von strindbergschem Geiste offenbarten: von der magischen Dämonie und Schicksalhaftigkeit und der tiefen, unentrinnbaren Sündigkeit, die in dieser, in jeder Geschlechtsgemeinschaft lauert.

WILLIAM SHAKESPEARE: „ANTONIUS UND KLEOPATRA"

An diesem Stück haben selbst alle „berufenen" Kritiker, von Ben Jonson bis Brandes, getadelt, daß es schlecht komponiert sei. Nun, gerade das empfinden wir heute nicht mehr als Einwand, sondern eher als Vorzug, denn wir haben endlich wieder einmal erkannt, was nicht bloß Shakespeare, sondern auch seine weniger arrivierten Kollegen längst wußten: daß es nichts Langweiligeres gibt als ein gut gebautes Theaterstück. ‚Antonius und Kleopatra' ist kein Drama, sondern ein dramatischer Karton, ein aufgeregtes, undurchsichtiges, vielleicht sogar gewollt undurchsichtiges Hin und Her voll Leben, Farbe, Widerspruch und Bewegtheit und bisweilen sogar das erschütternde Gemälde eines ganzen, schon vom Tode gezeichneten Kulturkreises. Eigentlich ein Strindberg-Stück, aber im Zeitalter Strindbergs doch ein wenig primitiv anmutend. Daneben handelt es sich aber offenbar um den Versuch, diese

Sexualtragödie zum Symbol eines großen welthistorischen Geschehens zu erhöhen. Im Grund ist das römische Weltreich, wie es sich unter den Triumviraten endgültig konsolidiert hat, die letzte geschichtliche Auswirkung des Alexanderzuges. Der helle, tatkräftige Geist des Westens unterwirft sich das längst für den Untergang reife Morgenland, aber bei dieser Berührung vergiftet er sich selbst, und Roms Weltherrschaft birgt in sich von allem Anfang an den Keim der Verwesung. Das ist die Geschichte von Antonius und Kleopatra; oder sie will es wenigstens sein. Ganz ist dieses interessante Projekt nicht in die Realität des Theaters umgesetzt worden: dieselbe Handlung wird immer wieder von vorne angekurbelt und dabei ohne wesentliche Modulationen, so daß sich alsbald des Zuschauers eine Art Drehkrankheit zu bemächtigen beginnt und die Teilnahme von Szene zu Szene immer mehr erschlafft, denn spätestens von der Mitte des Dramas an weiß man alles: daß Kleopatra ein Mistvieh ist und Antonius an ihr unheilbar erkrankt, beide aber doch von höchst adeligem Seelenrange und nicht so ohneweiters abzutun wie andere Liebespaare in ähnlicher Situation; und die politische Aktion wirkt daneben doch als eine mehr mandelbogenartige Staffage. Aber alles in allem und wie es von diesem Autor ja gar nicht anders zu erwarten ist: eine schöne Talentprobe, reich an einprägsamen Theatermomenten, feinen psychologischen Beobachtungen und glücklich formulierten Aussprüchen, die die vortreffliche Übersetzung Stefan Hocks aufs subtilste und schlagkräftigste vermittelt.

Auch die Regie Heines tut alles, um die Mängel des Werkes liebevoll zu verkleistern, und besonders die Grundintention der Dichtung: die Kontrastierung von West und Ost hebt sie zu eindrucksvollster Plastik. Einzelne Szenen gelangten dadurch zu einer ganz neuartigen Phosphoreszenz. Die Medelsky steigert, indem sie die magische Dämonie und Schicksalhaftigkeit ihrer ganzen Beziehung zu Antonius ahnen läßt, ihr

Spiel von allem Anfang an zu einem ungewöhnlichen Kunsterlebnis, hierin aufs Wirksamste unterstützt von Aslan, der für derartige reizvolle Repräsentanten abwelkender Kulturen heute einer der geeignetsten Darsteller ist. Aus der ganz blaß geratenen, gleichsam nur mit Bleistift skizzierten Figur des Cäsar holt Schott alles, was aus ihr zu holen ist, ebenso Frau Pünkösdy aus der Octavia, die im höchsten Maße das ist, was man eine „Wurzen" zu nennen pflegt. Frau Aknay macht durch ihre starke Empfindung aus der Sklavin Charmion eine Vordergrundfigur. Auch die übrigen Episoden setzen sich alle scharf und fein gegeneinander ab: besonders zu rühmen wären vielleicht der Enobarbus Daneggers, die drei Boten Rombergs, Paulsens und Treßlers, der diskrete Humor Schmöles, der Takt des Herrn Eidlitz und die schauerlich skurrile Mystik Heines. Natürlich hätte ich auch allerlei Einwände; aber ich kann sie unmöglich sagen, weil ich mich, mit Ausnahme von Shakespeare, mit sämtlichen Beteiligten verhalten muß.

WILLIAM SHAKESPEARE: „DIE LUSTIGEN WEIBER VON WINDSOR"

Vor ungefähr zehn Jahren schrieb der vortreffliche Alfred Kerr nach einer Aufführung von ‚Viel Lärm um Nichts': „Warum sollt' ich nicht wahrhaft mein Empfinden äußern dürfen , warum sollt' ich die Gefühle verstorbener Oberlehrer statt der meinen hinschreiben, warum sollt' ich Dinge mir aufzwingen lassen, die mir eigentlich wurst sind, warum sollt' ich mich hinabschrauben mit Gewalt? Stammte dieses Stück nicht von Shakespeare, es wäre nie zu Ende gespielt worden!" Was soll man da nun erst über die ‚Lustigen Weiber von Windsor' sagen, die sich zu ‚Viel Lärm um Nichts' verhalten wie die im Gasthaus flüchtig und nicht mehr ganz nüchtern hingeworfene Bleistiftskizze irgendeines berühmten Meisters zu einem von ihm sorgfältig und nachdenklich ausgeführten Aquarell- oder Pastellbild? Sie sind nach einer gut beglaubigten Tradition in vierzehn Tagen auf Wunsch der Queen Bess geschrieben worden, die eine besondere Verehrerin des dicken Sir John war und diesen auch einmal, schließlich bei einer Frau ein ganz verzeihliches Verlangen, in Liebeshändel verstrickt sehen wollte; und wer an der Richtigkeit dieser Nachricht zweifelt, müßte an Shakespeare verzweifeln. Man weiß ja, was bei solchen Postarbeiten regelmäßig herauszukommen pflegt; und gerade je größer ein Künstler ist, desto elender wird er derlei Aufträge effektuieren. Aus der Figur des Falstaffs war nichts mehr zu holen, sie war sowohl als komische Figur wie als psychologisches Problem bereits vollständig ausgepreßt, und auch das willkürliche Hineinziehen einiger bewährter Personen aus anderen Lustspielen hat der Sache nicht viel genützt: man spürt an allen Ecken und Enden das Unorganische der Arbeit, die Unlust, mit der sie gemacht ist. Dazu kommt die höchst befremdende und nur in diesem einzigen Shakespeare-Stück zu beobachtende Philistrosität der ganzen moralischen Tendenz, die mit vollem Recht dem begeisterten Lob aller liberalen Shakespeare-Kommentatoren anheimgefallen ist. Und wenn Kerr annimmt, daß ‚Viel Lärm um Nichts' nicht zu Ende gespielt worden wäre, so kann man mit ebenso viel Grund vermuten, daß die ‚Lustigen Weiber' überhaupt nicht gespielt worden wären, wenn sie nicht Shakespeare zum Verfasser hätten. [...]

WILLIAM SHAKESPEARE: „KOMÖDIE DER IRRUNGEN“

Also von der ‚Komödie der Irrungen‘ wird doch wohl der unbekehrbarste Shakespeareomane zugeben, daß sie ein Schmarrn ist. Schon die ganze Voraussetzung, auf der sie ruht, ist für moderne Zuschauer unannehmbar. Da sind zwei Brüder, die ganz gleich heißen, was schon eine Seltenheit ist, da man Namen gewöhnlich zum Zweck der Unterscheidung gibt, und die sich zum Verwechseln ähnlich sehen, was noch seltener vorkommt, und die zwei Diener haben, die ebenfalls ganz gleich heißen und sich ebenfalls zum Verwechseln ähnlich sehen, und das kommt schon fast gar nicht mehr vor. Schade, daß nicht auch die beiden Schwestern, die die beiden Brüder lieben, austauschbare Zwillinge sind: es wäre schon in einem Aufwaschen gegangen. Man braucht wirklich nicht weniger modern zu sein als der alte Laube, der bereits erklärt hat, daß die meisten Lustspiele Shakespeares für uns „insipid“ geworden seien. [...]

Herr Böhm ist eine interessante Mischung aus Kean und Mitterwurzer, Herr Loibner eine Synthese aus Thespis, Talma und Novelli, Fräulein Rie erinnert teils an Fanny Elßler, teils an die Judic, teils an die unvergeßliche Neuberin. Die Herren Neugebauer, Ziegler, Ehmann, Zeisel, Wall und Kersten und die Damen Kaiser und Fasser gelangen bis an die äußersten Grenzen schauspielerischer Möglichkeiten. Lina Loos überschreitet sie, Maria Gutmann läßt sie weit hinter sich. So, und jetzt hoffe ich, wenn ich nächstens ins Konversationszimmer des Raimund-Theaters komme, nicht wieder mit so eisigem Schweigen empfangen zu werden, wie das letzte Mal.

SHAKESPEARE UND WIR

Es gibt keine „pompösen Dichter“. Die echten Dichter gehen immer inkognito umher, wie die Könige in den Anekdoten. Sie sprechen mit dem Volk, das Volk antwortet ihnen kaum und sieht an ihnen vorbei. Später kommt dann einer und erklärt den Leuten, wer das eigentlich gewesen sei. Aber inzwischen hat sich der verkleidete König längst davongemacht. Zweihundert Jahre nach Shakespeares Tode kamen einige Menschen und sagten: „Ja, wißt ihr denn, wer dieser kleine Schauspieler und Schmierendirektor war? Es war William Shakespeare!“ Da waren alle sehr erstaunt, aber Shakespeare hatte sich längst davongemacht.

GEORGE BERNARD SHAW: „DER ARZT AM SCHEIDEWEG“

Im Leben des Künstlers gibt es einen großen Konflikt, der um so größer zu sein pflegt, je größer der Künstler ist. Er besteht in der furchtbar aufwühlenden Frage: Was ist der Sinn des Daseins – Schönheit oder Güte? Man kann leicht vermuten, daß diese beiden Mächte gerade in der Künstlerseele feindlich miteinander ringen. Die Schönheit will sich, und immer nur sich, die Güte will niemals sich selbst und hat ihr Ziel immer außerhalb. Schönheit ist Form und nur Form, Güte ist Inhalt und nichts als Inhalt. Schönheit wendet sich an die Sinne, Güte an die Seele. Es ist klar, daß der tiefste Lebenswille, der innigste Beruf des Künstlers, darauf gerichtet sein muß, der Schönheit um jeden Preis zur Herrschaft zu verhelfen. In ihm waltet ein leidenschaftlicher Trieb, immer neue Schönheiten zu entdecken und, wenn er keine zu entdecken vermag, zu erfinden. Er will die ganze Welt in ein reines, strahlendes, kostbares und unnützes Paradies verwandeln. Aber andererseits: Ist der Künstler wirklich nicht mehr als ein Erzähler schöner Dinge, ist er nur dazu da, das Farbenkapital der Welt zu vermehren? Er ist zugleich der Mensch, der in alle Formen Inhalt gießt, der allen Menschen, Dingen und Ereignissen ihren geheimen Sinn abfängt und selbst der toten Materie ihre versteckte Seele entlockt. Kunst ist nicht bloß Schönheit, sie ist auch die höchste Form der Weisheit; und sie mündet stets in die Religion.

Künstler lieben zweifellos das Laster. Sie werden zu den Verirrungen des Lebens, zu den dunklen Leidenschaften und ihren Verstrickungen immer mit magischer Gewalt hingezogen. Welche fürchterlichen Magazine menschlichen Frevels sind Shakespeares Dramen oder Dantes ‚Göttliche Komödie'! Der Künstler sucht diese Dinge auf, denn er weiß: hier sind die lehrreichen Verwicklungen, die tiefen Geheimnisse, die aufregenden Bewegungen, die er so notwendig braucht wie der Baumeister die Steine. Und doch ist er im Grunde ein guter Mensch, ja ein besserer als die anderen, denn er ist voll Mitgefühl für alle und alles, und sein ganzes Schaffen ist, bewußt oder unbewußt, von der Frage organisiert: Wie kann ich die Menschheit ein Stückchen weiter bringen? So ist er zwischen zwei Extremen hin und hergestoßen: verliebt in die Sünde und im Innern nur das Heilige suchend, von Genüssen zu Genüssen jagend und in seinen Zielen ein reiner, entsagungsvoller Asket.

Es läßt sich im Leben fast jedes großen Künstlers der Moment finden und bezeichnen, wo dieser Zwiespalt mit erschreckender Klarheit drohend vor seine Seele tritt. Anfangs pflegt in ihm die unbefangene Freude am Gestalten die Alleinherrschaft auszuüben. Der Trieb, Eindrücke zu sammeln und zu formen, überwiegt in ihm alles andere. Aber eines Tages sagt er sich: wozu das alles? Sind wir in der Tat nur Hanswurste und Staatmacher? Sind wir nichts weiter als Tapezierer, Hofnarren und Vergnügungsarrangeure der Menschheit? Wäre es nicht viel besser, natürlicher und gottgefälliger, einfach ein guter Mensch zu sein, die anderen bei der Hand zu nehmen, ihnen zu dienen und zu nützen? Wir sehen dieses erschütternde Drama in der Seele Tolstois sich vollziehen, dieses gewaltigen Träumers und Gestalters, der plötzlich die Kunst glühend zu hassen begann und zum Bauer und Einsiedler wurde, wir spüren die dunklen Schatten dieser Erkenntnis in den letzten Dichtungen Shakespeares, wir hören diese bange Frage in den Alterswerken Ibsens ihre Stimme erheben und aus dem ungeheuren ‚de profundis' Oskar Wildes mit ehernen Glockenschlägen hervorgellen. Aber immer nur als Frage; denn wie auch die Antwort jener Meister lauten mochte: wir fühlen nur zu deutlich – eine endgültige Antwort gibt es nicht.

Dieses Problem hat auch Bernard Shaw, der stärkste und wärmste Kopf unserer Tage, in einer seiner feinsten, reichsten und freiesten Komödien zu gestalten versucht: ‚Der Arzt am Scheideweg' (the doctor's dilemma). Sir Colenso Ridgeon, berühmter Arzt und Bakteriolog, hat ein Mittel gegen Tuberkulose entdeckt, das unfehlbar wirkt, aber nur, wenn es unter seiner persönlichen Behandlung zur Anwendung gelangt. Da kommt zu ihm die schöne Jennifer, Gattin des Malers Louis Dubetat, und beschwört ihn, ihren Mann zu retten. Ridgeon lehnt ihre Bitte schroff ab, da zieht Jennifer eine Mappe heraus, die einige Bilder ihres Gatten enthält. Ridgeon betrachtet die Blätter, stutzt und wird nachdenklich. Es sind nämlich ganz außerordentliche Bilder, Dubetat ist zweifellos ein Genie. Aber er ist, wie sich im zweiten Akt herausstellt, auch ebenso zweifellos ein Schurke. So wenigstens bezeichnen ihn Ridgeon und seine sämtlichen Kollegen; hierzulande würde man ihn einen „Fallotten" nennen. Er leidet an moral insanity, ist ein Heiratsschwindler, Lügner, gewissenloser Pumper und steckt sogar gelegentlich ein fremdes Zigarettenetui ein, freilich weniger in bewußter diebischer Absicht, als aus vollkommener Sorglosigkeit in diesen Dingen. Und nun beginnt des Doktors Dilemma. In seiner Klinik ist nur mehr Platz für einen einzigen Patienten, und er hat nun zu wählen zwischen seinem Kollegen Blenkinsop, einem armen Teufel von rigorosester Anständigkeit, und dem genialen, aber verworfenen Dubetat. Ist nun ein braver, ehrlicher, tüchtiger Durchschnittsmensch nicht mehr wert als der begabteste Schurke? Oder ist eine einzige Bleistiftskizze Dubetats nicht hundertmal wichtiger als das ganze Leben einer Null wie Blenkinsop? Die Angelegenheit liegt aber noch komplizierter. Der alternde Ridgeon hat sich nämlich in Jennifer verliebt und muß nun die Frage, ob Dubetat zu retten sei, mit doppelter Strenge an sich richten, denn er ist fest entschlossen, Dubetats Witwe zu heiraten. Und nun erkennt er in einem Gespräch mit Jennifer, daß diese von der schadhaften Moral ihres Mannes gar keine Ahnung hat. Sie glaubt blind und inbrünstig an seinen Künstleradel: in ihren Augen ist er der reinste, vornehmste, kindlichste Charakter. Und nun ist Ridgeons Entschluß gefaßt: er übergibt Dubetat seinem Kollegen Sir Bennington, was einem Todesurteil gleichkommt, denn er weiß: dies ist die einzige Möglichkeit, Jennifer den Glauben an ihren Mann zu erhalten. Die Szene, in der dies gezeigt wird, ist die dichterisch schönste des Stückes und von einer Zartheit und Kraft, die sie der Weltliteratur einverleibt.

Aber nun kommt die berühmte Shawsche Drehung. Es findet sich nämlich in den meisten Stücken Shaws eine Art Peripetie, in der sich die ganze Handlung um 180 Grad verschiebt. Sie pflegt darin zu bestehen, daß im Angesicht des Schicksals die Menschen plötzlich ihr wahres Gesicht zeigen. [...] So geht es nun auch den beiden Kandidaten, die für Ridgeons Klinik in die Stichwahl kommen. Der geheilte Blenkinsop, der nun auch sozial arriviert und zu Geld und Ansehen gelangt, stellt sich, kaum im Besitze der Macht, als ein undankbarer Fallott heraus, während Dubetat angesichts des Todes fast wirklich zu jenem Bilde reinen, verklärten Adels wird, das Jennifer von ihm im Herzen trägt.

Und nun hat Shaw für den Schlußakt noch eine lange Pointe. Ridgeon legt Jennifer ein Geständnis ab: Ja! Ich habe Ihren Mann getötet, aber nicht um Ihnen Ihre Illusion zu erhalten, sondern weil ich Sie liebte! Da ist nun Jennifer gar nicht empört, sie zischt nicht „Elender!" und schlägt ihm mit dem Handschuh ins Gesicht, wie sie bei Sardou zweifellos getan hätte, sondern sie bricht in Lachen aus und ruft: „Sie, Sie – ein Mann in Ihren Jahren!" Und nicht genug damit: sie hat inzwischen schon wieder geheiratet, getreu dem Wunsch des Sterbenden, der keine Witwe haben wollte, und „weil Leute, die in der Ehe glücklich waren, immer wieder heiraten". Und so siegt denn am Schlusse doch die Moral, freilich nicht die landläufige, sondern eine Shawische, verzwickte.

Daß der Dichter sich überhaupt auf die Seite der Ethik gegen den Künstler stellt, scheint mir aus dem Werk ganz unzweifelhaft hervorzugehen. Wem dies aber noch immer nicht klar genug sein sollte, für den hat sich Shaw mit aller wünschenswerten Eindeutigkeit in einem seiner Essays ausgesprochen: „Die Behauptung, daß der große Künstler kein Unrecht tun könne, ist ebenso verderblich falsch wie die Behauptung, daß der König kein Unrecht tun könne oder daß der Papst unfehlbar sei ... In meinem letzten Drama ‚The doctor's dilemma' habe ich das hervorgehoben, indem ich einen Künstler zeigte, Genie und Schurken, mit dem beruhigenden Erfolg, daß mehrere kluge und empfindungsfähige Menschen ihn leidenschaftlich verteidigten." Diese Menschen hatten sich offenbar darauf berufen, daß Dubetat einmal sagt: „Ich bin ein Schüler Bernard Shaws"; aber Shaw will damit selbstverständlich nicht ausdrücken, daß er auf Dubetats Seite stehe, sondern er will ganz im Gegenteil mit dieser Bemerkung seine Mißversteher und falschen Apostel treffen.

Dieses Problem und diese Handlung sind nun in eine ungemein lustige Satire auf den Ärzteberuf eingebettet, den Shaw für eine „Verschwörung gegen die Laien" erklärt. An einer Reihe höchst gelungener Figuren werden die typischen medizinischen Marotten gezeigt. Da ist der alte Sir Patrick Cullen, der überzeugt ist, daß es in der Medizin nichts Neues gibt, sondern bloß in regelmäßigen Intervallen die alten Irrtümer wieder hervorgeholt werden, womit er zweifellos Shaws eigene Ansicht wiedergibt; da ist Sir Ralph Bloomfield Bennington, der jede Krankheit mit irgend einem beliebigen Antitoxin behandelt, weil im Grunde alle Antitoxine ganz gleich wirken, Doktor Cutler Walpole, der unter allen Umständen auf Blutvergiftung diagnostiziert und jede Behandlung mit der Amputation des Wurmfortsatzes einleitet, Doktor Blenkinsop, dessen Generalkur in reifen Pflaumen besteht, und Doktor Leo Schutzmacher, der ein noch einfacheres Universalmittel erfunden hat: er schreibt auf sein Firmenschild in großen Buchstaben: Erfolg garantiert.

Die Aufführung der ‚Neuen Wiener Bühne' hatte für einige sehr nette kleine Intérieurs und eine in allen Rollen zureichende Besetzung gesorgt. Herr Stahl-Nachbaur spielte die heikle Figur des Ridgeon mit einer wundervollen Vornehmheit und Diskretion und in den Gefühlsmomenten mit großer verhaltener Kraft: so theatermäßig zu wirken und dabei so geschmackvoll zu bleiben, ist eine Kunst, die nicht viele heutige Schauspieler beherrschen. Was er gab, war die Tragödie des starken Geistes, der doch ohne die Torheit der Liebe nicht leben kann. [...] Das Publikum war gut gelaunt und applaudierte, zeigte aber für eine ganze Anzahl von Feinheiten, in denen gerade der echteste Shaw steckt, nicht das geringste Verständnis.

Die ‚Candida‘ hat einen sonderbaren Schluß: der Dichter Marchbanks geht, und die Gatten sinken sich in die Arme; Shaw fügt jedoch hinzu: „Aber das Geheimnis im Herzen des Dichters kennen sie nicht.“ Vielleicht verhält sich nun der Dichter Shaw ganz ähnlich zum Publikum, wie sich der Dichter Marchbanks zum Ehepaar Morell verhält. Vielleicht besitzt auch er ein Geheimnis, und wenn der Vorhang fällt, so geht er leise davon mit einer Wahrheit im Herzen, die nur er kennt.

Dieses Geheimnis ist, wie die meisten Geheimnisse, sehr einfach: Shaw ist nämlich ein ernster Dichter, und die Menge glaubt, er sei ein amüsanter Theaterschriftsteller; er ist ein Erzieher, und das Volk hält ihn für einen Spaßmacher. Das Mißverständnis kommt bloß daher, daß Shaw ein geschmackvollerer und geistreicherer Erzieher ist als die meisten seiner Vorgänger. Diese machten kurzerhand die Szene zum Tribunal, sie suchten keinen Augenblick lang zu verbergen, was sie wollten und wozu sie sich berufen fühlten. Shaw aber lehrt seine Wahrheiten auf indirektem Wege: er sagt sie nicht einfach heraus, indem er eine seiner Figuren zu ihrem Mundstück und Prediger ernennt, sondern er läßt die bestimmten Ideale der Lebensführung, die er zu lehren versucht, an menschlichen Schicksalen und Lebenswenden hervortreten. Er ist ein Seelenchemiker, der nicht doziert, sondern bloß experimentiert, der nichts weiter tut, als daß er gewisse Elemente in seine Eprouvetten und Retorten bringt, die typischen Reaktionen aufzeigt, die diese Elemente gegeneinander ausüben, und es nun dem Zuschauer überläßt, aus den gesehenen Vorgängen bestimmte Formeln und Gesetze zu abstrahieren. Der Zuschauer unterläßt dies aber selbstverständlich, denn Selbstdenken ist bekanntlich nicht seine Sache und schon gar nicht im Theater: da muß ihm alles zwanzigmal in der schreiendsten und aufdringlichsten Weise plakatiert werden, bis ihm der Schimmer einer Ahnung dämmert; und so ist denn der Effekt, daß das Publikum sich an die bunten, spannenden und abwechslungsreichen Experimente Shaws hält, ohne im geringsten etwas aus ihnen zu lernen, ja ohne auch nur zu begreifen, daß etwas aus ihnen zu lernen sei.

Es ist übrigens für den Erfolg der Komödien Shaws sehr gut, daß das Publikum sie nicht versteht; denn wenn es sie verstünde, so würden sie alle miteinander durchfallen. Die Lehre, die Shaw in allen seinen Stücken immer wieder abwandelt, ist nämlich eine sehr unangenehme, es ist vielleicht von allen Lehren diejenige, die die Menschheit am wenigsten verträgt. Sie besteht, kurz gesagt, in folgendem:

Jedes Tier, jede Pflanze lebt naturgemäß und organisch. Eine Eidechse oder eine Wasserrose zum Beispiel suchen von Anbeginn nichts als ihre Eidechsen- oder Wasserrosenbestimmung zu erfüllen. Der Mensch jedoch will fast immer etwas anderes als das, wozu die Natur ihn geschaffen hat. Er steht nie an seinem Platz und schielt immer nach seinem Nachbar. Nun wären aber alle Menschen gleich wertvoll, wenn sie dem Naturgesetz gehorchten. Irgendeine nur ihm eigentümliche Fähigkeit und Kraft wirkt insgeheim in jedem, auch dem unscheinbarsten Menschen; diese Fähigkeit und Kraft allein ist es ja, der er seine Existenz verdankt, die ihn am Leben erhält; ohne sie wäre er niemals dieses einmalige Individuum geworden. Aber die Menschen besitzen meistens zu wenig Aufrichtigkeit gegen sich selbst, zu wenig Liebe gegen sich selbst, um diese ihre einzigartige Fähigkeit nur auch zu erkennen. Zugleich mit jenem Talent, das sie von Gott haben, hat der Teufel in einer unbewachten Stunde ihnen eine Art Gegenmitgift verliehen, den unglückseligen Hang, niemals das sein zu wollen, was sie sind. Diese sonderbare Geisteskrankheit scheint übrigens so alt zu sein wie die Menschheit; wenigstens gibt es keine noch so ehrwürdige kulturhistorische Quelle, aus der wir sie nicht leicht herausdiagnostizieren könnten, ja, im Grunde waren ihr schon Adam und Eva verfallen. Gibt es etwas Schöneres als das Paradies? Und doch hatte es für Adam und Eva einen einzigen Fehler: es war nämlich ihre Bestimmung. Und der Mensch hält nun einmal nur das für ein Paradies, was ihm n i c h t bestimmt ist. Also handelten die ersten Menschen ganz logisch und folgerichtig, wenn sie den Geboten Gottes nicht gehorchten, freilich nach einer vom Teufel erfundenen Logik.

Shaw zeigt nun, wie die meisten Menschen ihr ganzes Leben lang eine fremde Maske tragen, und zwar nicht nur vor den anderen, sondern auch vor sich selbst. Eines Tages jedoch kommt die Schicksalsstunde, in der ihr wahres Wesen sich enthüllt. Im ‚Teufelsschüler' sehen wir zum Beispiel einen Menschen, den seine ganze Umgebung für einen zynischen Abenteurer, einen rohen, herzlosen und pietätlosen Burschen hält; und er hält sich selber dafür. Und daneben sehen wir einen sanften und gütigen Pastor, der alle Welt liebt und von aller Welt wieder geliebt wird. Aber es kommt ein Moment, wo es um Tod und Leben geht; da vertauschen sich plötzlich die Rollen. Und es zeigt sich: der Priestertalar des einen war bloße Draperie, und die Teufelsfratze des anderen war bloße Schminke. Ebenso ist es in den ‚Helden'. Der serbische Major Sergius Saranoff erscheint als der Typus des edlen Heldenjünglings, neben dem der trockene, prosaische Hauptmann Bluntschli verblaßt. Aber in Wahrheit ist es gerade umgekehrt: Bluntschli ist der Held, und Sergius hat vom Helden nur das Kostüm, die äußere Geste. Ein Held ist nämlich nicht ein Mensch, der sich unter gar keiner Bedingung vor irgend etwas fürchtet; ein solcher Mensch ist bloß ein Trottel. Sondern ein Held ist ein Mensch, der den Tatsachen mutig und klar ins Auge blickt und mit diesen Tatsachen scharf und ehrlich zu rechnen weiß. Ganz in diesem Sinne hat Shaw auch in ‚Cäsar und Kleopatra' seine Auffassung vom Wesen des Genies niedergelegt. Der große Cäsar ist der allereinfachste Mensch von allen. Das Geheimnis seiner Größe ist seine Natürlichkeit. Er ist nicht der Mensch, der in den einzelnen Lebenslagen das Überraschende und Exzeptionelle vollbringt, sondern im Gegenteil der Mensch, der in allen Lebenslagen das Selbstverständliche und Angemessene tut. Wenn alle so lebten und handelten wie dieser Cäsar, nämlich in steter und genauer Übereinstimmung mit den Gesetzen ihres eigenen Organismus, so wimmelte vielleicht die Welt von Genies. Was den Rangunterschied unter den Menschen ausmacht, ist der Grad ihrer Natürlichkeit. Unverlogene Menschen sind immer groß.

Eine ganz ähnliche Wahrheit zeigt nun auch die ‚Candida'. Da ist der Pastor Morell, der verhätschelte, selbstsichere Liebling des Schicksals und der Frauen, und der arme, verlassene Dichter Marchbanks, der noch niemals geliebt worden ist. Es kommt der große entscheidende Moment, da Candida wählen soll. Und sie trifft eine echt weibliche Entscheidung: sie wählt den Schwächeren. Aber dieser Schwächere ist eben gerade Morell, der scheinbar Starke. Denn er ist vom Leben ununterbrochen so sehr verwöhnt worden, daß er nicht einen Tag lang ohne Candida existieren könnte, er ist gegen Mißhandlungen des Geschicks völlig wehrlos, weil er im Kampf gegen sie nicht die geringste Routine besitzt. Der weltfremde, heimatlose Dichter dagegen ist der wahre König des Lebens, er braucht nichts und niemand, denn er hat sich selbst. Und so scheidet er; scheinbar resigniert, in Wahrheit als der Sieger. Dies ist, wenn ich Shaw recht verstehe, das Geheimnis, mit dem er davongeht und von dem das Ehepaar Morell nichts weiß. Aber wie Düntzer einmal in einer Fußnote über eine autobiographische Bemerkung Goethes schrieb: Hier irrt Goethe, so möchte ich sagen, ohne mich hoffentlich damit als ein ebenso großer Esel wie Düntzer zu erweisen: Hier irrt Shaw; Candida kennt das Geheimnis.

Frau Wohlgemuth, von der man zunächst glauben sollte, daß sie für die Candida ein wenig zu massiv sei, hat durch die Zartheit und Leichtigkeit, mit der sie die Rolle anfaßt, aufs angenehmste gewirkt. Die ganz leichte Linie der Pose, die in der Physiognomie des Pastors Morell eingezeichnet ist, verdickt Herr Paulsen ein wenig über Gebühr, indem er den pastoralen Ton bisweilen allzu pastos aufträgt. Was er jedoch von selber hat und nicht erst absichtlich zu machen braucht, das ist jene Aura von edler Aufrichtigkeit und tiefer Anständigkeit, die den Pastor Morell umgibt; man spürt da aufs wohltuendste den ausgezeichneten Menschen, der hinter dem Schauspieler steht. Ganz restlos von Shawschem Geist erfüllt waren Frau Retty, die die Proserpina mit entzückender Drolerie spielt, und Herr Forest, der im Burgess einen Typus von unwiderstehlicher Echtheit mit ebenso burlesken wie feinen Mitteln auf die Beine stellte. Ein großer Mißgriff, der den ganzen Schwerpunkt des Stückes in verhängnisvoller Weise verschob, war dagegen die Besetzung des Marchbanks mit Herrn Thimig. Man hatte offenbar (nach Barbara) folgende Schlußfigur gebildet: der Marchbanks ist achtzehn Jahre, Herr Thimig ist achtzehn Jahre, also muß Herr Thimig den Marchbanks spielen. Aber diese Erwägung beruht doch wohl auf der Verkennung eines der wichtigsten Gesetze der Schauspielkunst: daß man nämlich das, was man ist, fast niemals darstellen kann. Der fünfzigjährige Kainz hätte nur ein bißchen Rouge aufzulegen brauchen, und er wäre der Marchbanks gewesen. Herr Thimig bringt für den Marchbanks nichts mit als seine Jugend, und gerade die ist das Unwesentlichste an der Figur, denn dieser Jüngling ist in Wahrheit der älteste und weiseste von allen Menschen des Stückes. Herr Thimig hat sicher noch nicht den zehnten Teil von dem erlebt, was ein Schauspieler in sich haben muß, um den Marchbanks auch nur zu verstehen, und er entspricht der Figur nicht einmal äußerlich, denn er sieht weder wie ein Dichter, noch wie ein

Aristokrat, noch wie ein Engländer aus. Nur bisweilen schlägt ein warmer Ton von Herz und Humor durch, der an die hellsten Zeiten des Burgtheaters erinnert: der Ton des alten Thimig.

GEORGE BERNARD SHAW: „HAUS HERZENSTOD"

Der neue Shaw ist schlecht; ohne Zweifel. Zunächst: er ist vollkommen amorph. Wenn man ein Drama schreiben will, und das heißt: eine Sache für Menschen, die drei Stunden lang gezwungen sind, in einem engen, dunklen Raum beieinander zu hocken und mit äußerster Geduld und Anspannung zuzuhorchen, ohne unterbrechen, miteinander plaudern oder während dieser Zeit in einem guten Buch lesen zu dürfen, so muß man sich vorher selber aufs stärkste konzentriert haben und darf sich nicht an einer so plan- und ziellosen Redeübung genügen lassen, die nichts ist als eine einzige wacklige Dialoggallerte. Auch geht das Stück hie und da bis hart an die Grenze der Albernheit und belebt seine Diskussionsöde durch die skrupelloseste Verwendung von Requisitenspäßen aus der Rumpelkammer eines Benedix, Blumenthal und Fulda. Und es macht nicht einmal den Versuch, in seiner Figurenschilderung so etwas wie Rundplastik zu geben, sondern alle Menschen in dem Stück könnten alles sagen, was die anderen sagen, und es könnte ebenso gut dreimal so kurz oder dreimal so lang, ein Einakter oder eine Trilogie sein. Und schließlich ist es oft geradezu unerträglich in seiner Achtundzwanzigbodigkeit, die vollkommen im ungewissen läßt, ob Shaw auch wirklich meint, was nicht zu meinen er vorgibt, damit man meint, er meine es doch.

Aber daraus ergibt sich noch lange keine Berechtigung für

irgend jemand, auf Shaw zu schimpfen. Denn die Sache liegt ganz einfach so, im Leben und in der Kunst: der eine darf sich gar nichts erlauben und der andere alles. Der eine kann einen Regenbogen von Geist und Lebensweisheit ausspannen und wir schauen empört weg; er kann einen Lebensausschnitt voll Schlagkraft, Tempo, Spannung, sicherster Wirkung vor uns hinschleudern und wir verweigern ihm unsere Nerven; er kann sogar bis in die letzte Zeile originell sein, aber wir wollen seine neuen Dessins nicht. Ich bin zum Beispiel fest überzeugt, daß das nächste Werk von Hans Müller ein viel effektvolleres, sorgfältiger und dichter gearbeitetes, den Gesetzen der Bühne weit glücklicher angepaßtes, also mit einem Wort ein unvergleichlich besseres Theaterstück sein wird; aber ebenso sicher weiß ich schon heute, daß ich es schrecklich finden werde. Während Shaw schreiben kann, was er will: die Menschen werden, so oft er zu ihnen spricht, immer von neuem das hohe Glück empfinden, mit ihm auf einem Planeten leben zu dürfen. Was er tut, ist gut, denn es gehört zu ihm. Alles, was er kann oder nicht kann, trifft oder verfehlt, wird schön und kostbar durch die geheimnisvolle Punze: G.B.S. Ist eine Sache gründlich schlecht, so gibt es für sie nur eine einzige Möglichkeit, trotzdem hervorragend gut zu sein: wenn nämlich der, der sie gemacht hat, ein Genie ist. Und Shaw ist ein Genie. Er ist es nicht nur durch den Reichtum und die Gestuftheit seiner Palette und die Schärfe und Tiefe seiner Seelenforschung, sondern auch durch die Stärke seines Wahrheitsmutes und die Wärme seines Glaubens an die Sendung der Menschheit; ein Glaube, der nichts dadurch verliert, daß noch wenige so lange und aufschlußreiche Blicke hinter die Masken getan haben, die diese Menschheit zu tragen pflegt.

Die Übersetzung von Siegfried Trebitsch ist, wie sie ist. Ich will nichts Schlechtes über ihn sagen, denn er wird immer gleich furchtbar gekränkt, wenn man den geringsten Scherz über ihn macht; und schon durch diesen Mangel an Humor und Selbstkritik würde er beweisen, daß er unmöglich ein kongenialer Shaw-Übersetzer sein kann. Nur das eine möchte ich bemerken, daß es nicht angeht, bei mißlungenen Werken Shaws immer den Übersetzer als Prügelknaben vorzuschicken: so bequem wollen wir es diesem großen Manne doch nicht machen. Sehr schön sagt Emerson: „Alles, was an einem Buch wirklich bedeutend ist, das ist auch übersetzbar; jede wirkliche Einsicht, jedes tiefe menschliche Gefühl.“ Alles Gute, Wertvolle hat eben seine unabweisbare innere Tendenz, sich der Welt mitzuteilen. Ein Mensch fasse einen großen, schönen und edlen Gedanken und äußere ihn auf botokudisch, und dieser Gedanke wird sich infolge eines fast physikalischen Naturgesetzes ausbreiten wie Gas: durch die Netze aller Sprachen, Übersetzungen und Mißübersetzungen. Ich erinnere mich noch sehr genau jenes Abends, als ich, ein sechzehnjähriger Obersekundaner, zum erstenmal Carlyles ‚Heldenverehrung‘ las und in einen wahren Rausch der Begeisterung geriet, und doch war die Übersetzung von Neuberg, durch die ich das Werk kennen lernte, geradezu entsetzlich, sie war, und ich freue mich, Herrn Trebitsch hier auch einmal etwas Angenehmes sagen zu können, viel, viel schlechter als irgendeine, die er jemals angefertigt hat. Inzwischen hat, wie die Zeitungen melden, Shaw das letzte Werk Siegfried Trebitsch' ‚Frau Gittas Sühne‘ ins Englische übersetzt und zwar so brillant, daß Trebitsch den Entschluß gefaßt hat, diese Übersetzung wieder ins Deutsche zu übertragen. Das ist eine sehr edle Rache, eines so weisen und vornehmen Geistes wie Bernard Shaw durchaus würdig, aber man fragt sich: wo bleibt da die Gerechtigkeit; Trebitsch übersetzt Shaw recht mittelmäßig und dieser übersetzt ihn zum Lohn dafür ganz grandios? Nun, die Gerechtigkeit, die eben als immanente Kraft in allem Geschehen waltet, kommt keineswegs zu kurz. Denn wer wird Shaws Trebitschübersetzung wieder ins Deutsche zurückübertragen? Siegfried Trebitsch.

KARL SLOBODA: „PHARISÄER“

In der ‚Neuen Wiener Bühne‘ gelangte ‚Pharisäer‘ zur Uraufführung, eine dreiaktige Komödie von Karl Sloboda, dem Verfasser der an allen Theatern unserer Hemisphäre mit frenetischem Erfolg gespielten Plauderei ‚Am Teetisch‘. Die Pharisäer sind wieder einmal die Priester. Sie predigen Wasser und trinken Wein, steigen Mädchen nach, unterstützen den ausbeuterischen Kapitalismus, haben kein Herz fürs Volk. Überhaupt alles verkalkt, rückständig, Buchstabenglaube. Nur einer ist brav, der Kaplan: steht auf der Seite der unterdrückten Ziegelarbeiter, ist für freies Wort und freie Kirche; und gerade der wird von der Oberbehörde verfolgt und angeklagt. Der dritte Akt – übrigens sehr geschickt gemacht – zeigt die Verhandlung vor dem bischöflichen Konsistorium. Keine Spur von Verständnis für den Edelmut des Kaplans: im Gegenteil, er wird wie ein Verbrecher behandelt. Besonders vom Abt, der gut täte, vor seiner eigenen Tür zu kehren, denn er hat an einer tugendhaften Lehrerin ein Sittlichkeitsattentat verübt. Kurzum: unhaltbare Zustände.

Das Ganze in skrupellosester Schwergewichttechnik flott und wirksam hingeschmissen, in den besten Szenen Anzengruberhöhe erreichend, mit prächtigen Tiraden gegen Gewissenszwang und Heuchelei garniert, die wie grellbunte Wimpel aufreizend ins Publikum flattern, das denn auch begeistert „Bravo!“ und „So ist es!“ rief. Am Schluß erschien ein Mann, der ungefähr so aussah wie die bekleideten Wachsfiguren in den Auslagen der Herrenmodegeschäfte, legte mehrfach die Hand aufs Herz und dankte gerührt. Dieser Herr ist zweifellos ein Theatertalent, und daß er der Anschauung huldigt, daß die Menschen in unbeschreiblich anständige und bodenlos tückische zerfallen, wird ihm beim Theater wohl kaum schaden.

Das Stück wurde ausgezeichnet gespielt. Herr Hendrichs

nahm durch seine wohltuende Einfachheit der Rolle des Kaplans viel von ihrer Peinlichkeit. Herr Lessen traf sehr glücklich Ton und Haltung für den gleisnerischen, tiefverderbten Abt: nur ist es ganz und gar unmöglich, daß ein Abt, selbst wenn er Baron ist, im Zivil gelbe Gamaschen und zum Ornat ein Monokel trägt. Die Lehrerin spielt ein neues Fräulein Eis. Hier sieht sich der Kritiker genötigt, im Vollgefühl seiner fabelhaften Verantwortlichkeit den Finger an die Nase zu legen und zu äußern: „Es scheint, daß der deutschen Bühne hier ein junges, vielversprechendes Talent heranwächst.“ Vortrefflich waren auch Frau Förster als frömmelnde Baronesse (die aber – hört! hört! – gleichwohl mit jedem neuen Kooperator ein „Pantscherl“ anfängt, wie man hierzulande zu sagen pflegt), Herr Miksch als schurkischer Fabriksdirektor und Herr Jensen als frivoler Bischof.

AUGUST STRINDBERG: „TOTENTANZ“

Haß, blutroter, weißglühender Haß ist die Seele des ‚Totentanz‘, jener schauervollen Ehelegende, in der Strindberg auf der Höhe seiner Dichterreife nicht mehr im Weib den Teufel, im Mann das Opfer, sondern in aller quälenden und gequälten Kreatur sein eigenes Fleisch und Blut erschaut. Haß, um so tiefer verwurzelt, da er der Liebe entsprang, tropft von den Wänden des finsteren Turmzimmers, in dem Edgar und Alice sich seit fünfundzwanzig Jahren täglich von neuem zerfleischen, Haß schwirrt in Millionen giftigen Bazillen durch die verseuchte Luft, heult aus jedem Windstoß, kreischt mit jeder Türangel, schrillt in jedem Klingelzug. Die Aufführung des Stadttheaters machte diese wetterträchtige Atmosphäre, in die das Drama ganz eingeballt ist, nicht körperhaft. Sie war anständig; aber das ist eigentlich das Bedenklichste, was man von einer Strindberg-Aufführung sagen kann. Sie verbürgerlicht, dehnt und verdünnt; ja sie versagt sogar in einigen selbstverständlichen Äußerlichkeiten, wie des Anzündens der Lampe, des Fallens des Vorhanges. Nur die Eysoldt, die als hoher Gast gebeten war, hat die von latenten Explosionen gesättigte Spannung, das beredte Schweigen, die vieldeutigen Blicke, das gedrängte Stakkato und die versengende Eiskälte, die diese grandiose Haß-Symphonie verlangt.

*

Zweiter Teil von Strindbergs ‚Totentanz‘: ‚Der Vampir‘. Sieben Akte lang haben Edgar und Alice einander die giftigsten Wunden geschlagen, aber über diesem pechschwarzen Furioso des Hasses schwebt, gegen das Ende zur brausenden Symphonie anschwellend, ein warmer goldheller Orgelklang der Versöhnung, der verzeihenden Liebe, des reinen Verstehens. An der Leiche Edgars erkennt Alice, daß er doch der Sinn und Inhalt ihres Lebens, ihre Seelenhälfte gewesen ist, und so mündet dieses stockfinstere Epos vom Kampf und der Höllenfahrt der Geschlechter in die lichte Philosophie des göttlichen Plato. Diesen letzten Ton trifft die Eysoldt sehr schön: wie das geduckte kleine Raubtier, das sie bis dahin war, mit einem Male eine zuckende menschliche Seele offenbart. Auch Herr Jarno ist scharf und wirksam im Umriß und im übrigen ein geschickter und tapferer Schwimmer. Was sonst gespielt wurde, war achtbares Theater; aber es fehlte an Tempo und Fülle, und manches war mehr Lindau als Strindberg.

Und nun sei es gestattet, daß noch eine andere Angelegenheit zur Sprache gebracht wird; die zwar, an der Dämonie Strindbergs gemessen, ziemlich futil und prosaisch erscheinen mag, aber dennoch für zahlreiche Personen eine Quelle lebhaften Verdrusses geworden ist. Für beide Teile des ‚Totentanz‘ war in sämtlichen Zeitungen der Beginn auf halb 7 Uhr angesetzt, dem im Theater eintreffenden Publikum wurde jedoch mitgeteilt, daß die Vorstellung erst um 7 Uhr anfange, und am ersten Abend fing sie sogar erst um 1/4 8 Uhr an. Nimmt man an, daß an jedem der beiden Abende auch nur sechshundert Personen das Stadttheater besucht haben, so sind auf diese Weise durch eine einzige Person, die zu träge oder zu gedankenlos war, um den Blättern die richtige Zeit anzugeben, der Menschheit siebenhundertfünfzig Stunden entwendet worden. Siebenhundertfünfzig Stunden, einunddreißig Tage, viereinhalb Wochen, ein voller Monat unwiederbringlich verloren, dahingesunken in Dunkel und Nichts! Wie viele gute Taten, wie viele erhabene Gedanken, wie viele edle Gefühle sind vielleicht ungeboren geblieben, bloß weil ein Mensch nicht halb 7 von 7 unterscheiden will oder kann!

AUGUST STRINDBERG: „GESPENSTERSONATE"

In Strindbergs ‚Gespenstersonate' vermählt sich der Traum eines großen Kindes, das phantasiert und fabuliert, mit der Vision eines großen Verbrechers, der alle Verruchtheiten und Untaten, die er je getan haben könnte, mit eisernem Griff von sich weg gestaltet. Sonderbar genug, daß zwei so polare Welten in ein und demselben Hirn und Herzen sich so untrennbar verbinden können; aber was wäre bei einem Dichter unmöglich? Es ist eine Kreuzung etwa aus Andersen und Dostojewski. Liebe alte Ammenmärchen werden lebendig, ein prächtiges Weihnachtsbilderbuch wird aufgeschlagen; und zugleich wird in die grauenvollsten Abgründe menschlicher Wirrnis und Bosheit hinabgeleuchtet. Und über alldem leuchtet unverrückbar ein milder Stern, der Stern aller Dichter: vergebende Liebe. Wir sind allzumal Sünder, aber daneben ist uns die himmlische Gabe der Reue geschenkt; alle Kreatur ist böse, und zugleich ist alle Kreatur viel, viel besser als sie ahnt, denn sie ist von Gott: dies ist das leuchtende Leitmotiv des Dramas. Welcher schöpferische Mensch hätte je etwas anderes gelehrt?

Wenn der Vorhang aufgeht, erblicken wir ein Haus, ein ganz gewöhnliches altes Haus: Bettwäsche hängt aus den Fenstern, Hyazinthen stehen in den Nischen, das Haustor wird eben aufgesperrt. Und vor dem Haus sitzt ein ganz gewöhnlicher alter Mann in einem Rollstuhl und liest die Zeitung. Aber alle diese Dinge s c h e i n e n nur gewöhnlich; blickt man etwas tiefer, nämlich mit den Augen des Dichters, so erschaut man unerhörte und ungeheuerliche Geheimnisse. Dieser alte Mann ist ein Vampir, der in Häuser dringt und fremde Schicksale entziffert, durcheinanderrüttelt und auf böse Bahnen lenkt. Und zu ihm tritt ein junger Student, der ist ein Sonntagskind und daher sieht er Dinge, die den anderen verborgen bleiben, und versteht, ohne es selber recht zu wissen, die innere Sprache der leidenden Menschenseelen. Und nun wird das Haus gleichsam transparent: wie mit Röntgenstrahlen werden seine Mauern von dem scharfsichtigen Geist des bösen Alten und der kindlichen Gläubigkeit des guten Jünglings durchleuchtet. Und es wird sichtbar, was für gewöhnlich kein menschliches Auge sieht: die Zwischenräume gleichsam des menschlichen Seelenlebens, jene dunklen Zwischenräume, in denen sich das Wahre und Wesentliche aller irdischen Ereignisse vollzieht. Und nun entrollt sich wie in einer Zauberlaterne eine Kette der berückendsten und bedrückendsten Spukbilder, an deren Ende man, wieder zum Kind geworden, zwischen Grauen und Entzücken rufen möchte: „Noch! Noch!"; und doch hat man im kindlichen Spiel zugleich die ganze Himmel- und Höllenfahrt aller Erdkreatur durchlebt und verläßt um vieles weiser geworden das Theater.

Herr Jarno, im ‚Totentanz' etwas schütter und undicht, ist in der Rolle des Alten absolut vollkommen. Es gelingt ihm, die Magie, von der diese Figur umwittert ist, mit ganz einfachen, ja fast alltäglichen Mitteln zu beschwören und so den Stil, den sie verlangt, meisterhaft zu treffen. Daß die Eysoldt sich für ihr Gastspiel die wenig umfangreiche Rolle der Mumie wählte, spricht für das hohe künstlerische Streben dieser Frau. Wie sie, ein uralter Papagei, krächzend, pfeifend und pfauchend durch den Akt flattert und dann aus dem jämmerlichen Vogel plötzlich ein Mensch, nein ein Übermensch, eine Norne, Ate selber in Person, hervorsteigt: das ist ein Erlebnis, das man nie wieder vergessen kann. Herr Fuchs hat als Student einen schlichten, warmen und echten Ton, Fräulein Kaiser rührt durch die Sanftmut ihrer Gebärden, Herr Friedrich und Herr Mittler erfreuen durch Diskretion, und keiner der vielen Darsteller verfehlte die Gesamtstimmung des Abends, die das Beklemmende und Herzpressende und zugleich das Verschleierte, Entrückte und Unwirkliche eines Alpdrucks hatte. Wenn das Publikum sich nicht zu dieser Vorstellung drängt – es hat diesmal nicht die Ausrede der Langeweile, denn kein Film kann spannender und bewegter sein –, dann muß man an seiner Empfänglichkeit verzweifeln.

EDUARD STUCKEN: „DIE GESELLSCHAFT DES ABBÉ CHÂTEAUNEUF“

In der Tragikomödie ‚Die Gesellschaft des Abbé Châteauneuf‘ hat Eduard Stucken einen Kolportageeinfall, den das wirkliche Leben einmal hatte, nicht ungeschickt, aber recht handwerksmäßig dramatisiert. Einer der vielen, die sich in Ninon de l'Enclos, „la dangereuse Ninon“ (im Akademietheater von der Hälfte ihrer Partner „Ninoh“ genannt), sterblich verliebten, war ihr eigener Sohn, der, als er den Sachverhalt erfuhr, sich den Tod gegeben haben soll. Daß sich daraus ohne Schwierigkeit ein effektvoller Akt machen läßt, ist klar; aber Stucken hat weder den psychologischen Mut gehabt, die dunkleren Stollen bloßzulegen, die einem Zeitgenossen Freuds hier zugänglich gewesen wären, noch die Enthaltsamkeit, an den höchst konventionellen Theaterwirkungen, die ihm hier direkt ins Haus geliefert werden, vorüberzugehen, sondern er begnügt sich damit, die grellsten Tinten grob gegeneinanderzusetzten und dazwischen ein paar Konversationslichter zu tupfen, wie sie jedes französische Memoirenwerk des 17. oder 18. Jahrhunderts mühelos an die Hand gibt. Alles roh mechanisch, secondhand, ein Dreifarbendruck, aber wenigstens ein sauberer. Frau Kallina ergreift die Gelegenheit, nicht bloß Charme, sondern auch seelische Noblesse und echte Empfindung zu zeigen, sie spielt jene Ninon, von der ihr bedeutendster Zeitgenosse, der Herzog von Saint-Simon, gesagt hat: „Elle était vertueuse et pleine de probité."

Vorher eine häßliche Belästigung des Publikums: ‚Verkündigung', dramatisches Gedicht von Rudolf Borchardt. Um hievon auch nur ein Wort zu verstehen, muß man offenbar von blühender Gescheitheit oder von märchenhafter Blödheit sein. Ich gehöre, scheint's, zu den Mittelintelligenzen und muß daher gestehen, daß ich das Ganze für ein anmaßliches, hohles Wortgebläse und verbogenes, verlogenes Wichtiggetue halte, dessen Lahmheit und Leere höchst einschläfernd wäre, wenn seine hochnäsige Affektiertheit nicht wiederum so aufreizend wirkte. Der Direktor Wildgans dürfte es angenommen haben, entweder weil er es für den Gipfelpunkt der Dichtkunst oder weil er es für den letzten Dreck hält: das wird nie aufgeklärt werden. In der Pause begab ich mich zu meinem Oberkollegen Alfred Polgar, um mir von ihm Rat zu holen. „Nun", sagte er, „ein Buchdrama." „Ja, versteht man es denn beim Lesen?" fragte ich betreten. „A!" erwiderte Alfred Polgar. Daraufhin war ich wieder beruhigt.

HERMANN SUDERMANN: „DIE GUTGESCHNITTENE ECKE“

Mit Sudermann geht es einem seltsam. Stehen Leute auf und sagen, er sei nichts anderes als ein gerissener Faiseur und verlogener Kitschier, so ist man bereit, sie entrüstet zu beschimpfen. Man ist bereit, ihren Standpunkt als alberne Vornehmtuerei und dilettantische Theaterfremdheit zu bezeichnen und ihnen zu erklären, daß Sudermann viel mehr kann, als sie verstehen. Was heißt denn das: „Theaterfaiseur“? Es bedeutet ganz einfach, daß ein Bühnenschriftsteller das Handwerk – das schließlich der goldene Boden jeder Kunst ist, wenn es auch noch nicht die ganze Kunst ist – gründlich gelernt hat und geschickt ausübt. Gibt es denn irgendein Theaterstück ohne Mache? Häuft Richard Wagner nicht in raffiniertester Weise Effekte auf Effekte, indem er spannt, scheinbar löst, um dann erst recht zu spannen, die Aufmerksamkeit bald konzentriert, bald zerstreut, bald irreführt, hier brutal losschlägt, dort listig zurückhält, kurz: indem er alle Hilfsquellen seines Geistes und seiner Phantasie dazu benützt, um das Publikum drei bis fünf Stunden lang in völlig hingegebener Erwartung und Erregung zu halten? Und hat im Grunde nicht schon Euripides vor mehr als zwei Jahrtausenden ganz dasselbe getan? Und haben die „Klassiker“ etwa hierin anders gedacht? Man lese darüber bei Eckermann nach; man erinnere sich an die Art, wie Goethe das Weimarer Theater leitete; man schlage die Bände auf, wo Schillers Vorarbeiten zu seinen Dramen verzeichnet sind, in welchen er sich intim, unbeobachtet, etwa wie ein Schauspieler auf der Arrangierprobe zeigt. Nehmen wir z. B. den ‚Demetrius‘. Da finden sich Notizen wie die folgenden: „Zu vermeiden ist, daß in dieser Szene ein Motiv wiederholt wird, welches schon auf dem Reichstag vorgekommen.“ „Ein hoffnungsreicher Erfolg beschließt diesen Akt auf eine theatralische Art.“ „Damit diese Szene nicht dem Krönungszug in der ‚Jungfrau von Orleans' begegne, muß sie sowohl ganz anders eingeleitet, als auch ganz verschieden geführt und disponiert werden." Längere Zeit schwankte er zwischen ‚Demetrius' und ‚Warbeck', einem ganz ähnlichen Stoff aus der englischen Geschichte. Ehe er die endgültige Entscheidung traf, stellte er noch einmal in einer ausführlichen Liste das Pro und Contra gegenüber, mit Bemerkungen wie: „Für Warbeck: Glücklicher Ausgang. Popularität des Stoffes. Interesse der Hauptperson. Debutrolle." Ist das nicht ganz sudermännisch gedacht?

Und dann: „verlogen"? Das ist ebenfalls ein törichter Einwand. Selbstverständlich ist alles Theater bis zu einem gewissen Grad verlogen; dafür ist es ja eben Theater. Der Schauspieler schminkt sich blau, weiß und rot, wie ein Hottentottenpriester, er tritt in eine so scharfe und grelle Beleuchtung, als ob er ein wissenschaftliches Objekt wäre, an dem etwas demonstriert werden soll, er muß so laut, so deutlich und so pointiert sprechen, wie es im wirklichen Leben höchstens ein Geistesgestörter tut, er muß durch starke Blicke, vielsagende Pausen, wohlüberlegte Gesten alles vielfach unterstreichen, sonst fällt es unter den Tisch. Es ist nun aber doch ganz natürlich, daß auch der Text, der für die Bühne geschrieben wird, dementsprechend etwas Geschminktes, Gestelltes, „Verlogenes" an sich haben muß, sonst wirkt er eben auch nicht. Das Licht des Theaters ist nun einmal nicht das natürliche der Sonne und des Mondes, es ist das künstliche, gemachte, schreiende des Scheinwerfers und der bunten Glaslaterne. Jeder Theaterkünstler verwendet bestimmte Tricks, und ist er ein großer Reformator der Bühne, wie z. B. Ibsen, so erfindet er noch neue hinzu, man nennt das nur meistens mit einem wohlwollenderen Wort: Stil. Und Sudermann beherrscht den Theaterstil virtuos, durch reife Überlegung sowohl wie durch angeborenen Instinkt. Ist es denn wirklich ein so unverzeihliches Verbrechen, niemals langweilig zu sein? Dies und noch vieles andere ist man gern bereit, jenen zu erwidern, die auf Sudermann herablächeln.

Aber man ist dazu nur so lange bereit, als man Sudermann in seiner Totalität, als künstlerische Gesamtpersönlichkeit betrachtet. Kaum läßt man sich auf die Details ein, so ändert sich das Bild. Einprägsame, scharfumrissene Figuren und suggestive, schlagkräftige Szenen sind ja fast immer da. Aber plötzlich fährt mitten in diese interessanten, gut geführten und sogar klugen Reden irgendeine entsetzliche Banalität, eine monströse Taktlosigkeit, ein zweite, dritte, vierte folgt, und in wenigen Minuten stehen wir unter einem solchen betäubenden Platzregen von lächerlichen Platituden, wichtigtuerischen Albernheiten und haarsträubenden Geschmacklosigkeiten, daß wir bereit sind, jeden entrüstet zu beschimpfen, der in Sudermann etwas anderes sieht als einen aufgeblasenen Kitschier.

Solche zwiespältigen Gefühle erweckt nun auch sein neuestes Werk ‚Die gutgeschnittene Ecke'. Der Stoff ist vortrefflich gewählt, denn er trägt alle Bedingungen in sich, aus denen ein richtiges Theaterstück hervorgehen kann; die Figuren sind zum großen Teil gut gesehen, ja es befinden sich unter ihnen geradezu einige Treffer dramatischer Charakteristik. Und dazu kommt noch als drittes ein ausgezeichnet erfaßtes Milieu: Berlin vor dem Kriege. Man weiß: in der Zeichnung großstädtischen Lebens ist Sudermann Meister, er ist ein Chroniqueur von Berlin W von fast kulturhistorischem Range. Alles das ist da; aber zwischendurch – nun, wir werden ja hören.

Herr Hugo Brandstätter, Verlagsbuchhändler, Stadtverordneter und im Hauptberuf Idealist und Volksbeglücker, hat seinen Mitbürgern bereits ein neues Rathaus und eine Markthalle verschafft; die Krönung seines Lebenswerkes soll jedoch ein Theater sein, aber kein solches Luxus- und Geschäftstheater wie die anderen, sondern ein echtes, rechtes Volkstheater.

Hiezu hat sich nun ein besonders passendes Terrain gefunden, die „gutgeschnittene Ecke", die einem Herrn Sigismund Dänsch gehört, einem höchst anrüchigen Patron. Fast alle im Stadtrat sind für den Ankauf des Grundes gewonnen, dagegen stimmt nur Herr Friese, der schon immer ein erbitterter Gegner Brandstätters war. Diese Dinge erfahren wir im ersten Akt, in dem wir auch Brandstätters Hausgenossen kennen lernen: den dichtenden Sohn, die malende Tochter, deren Gatten Dr. Devereux (ein Schurke, wie ich gleich verraten will) und die Nichte Ruth, die sich zur Nackttänzerin ausbildet und mit ihren beiden Cousins gleichzeitig in höchst gefährlicher Weise flirtet. Aber was tut das? „Wir sind amoralisch bis auf die Knochen, wir von der jungen Generation", sagt Dr. Devereux. Kurz: morsche Zustände. Nun fehlt noch das Betriebskapital. Dieses verschafft jedoch im Handumdrehen Herr Julius Weyrauch, Inhaber eines hochmodernen Kunstsalons und zugleich der gerissenste Manager der Stadt, eine Art Cesare Borgia des Tiergartens. „Die Welt hat Respekt vor der Macht wie vor dem Laster. Alle Großen sind lasterhaft gewesen. Bismarck allenfalls ausgenommen." „Die ganz Wahnsinnigen – die fördere ich. Auf hundert, die schließlich zugrundgehen, kommen vielleicht zwei oder drei, die sich sachte zu einer neuen Wahrheit emporschwindeln. Und die bringen viel Geld. Unser liebes deutsches Publikum ist nämlich so dumm, daß es jeden Bovist als eine Trüffel genießt, wenn er ihm nur in der richtigen Serviette serviert wird." Also auch morsche Zustände im Kunstleben. Brandstätter hingegen meint: „Wir Deutsche können über eine vierzigjährige Friedensblüte nicht besser quittieren, als dadurch, daß wir uns ein perikleisches Kunstalter zu schaffen versuchen." (Was er darunter versteht, wird nicht recht klar. Ich vermute stark: ein Zeitalter, in dem nur noch Sudermann gespielt werden wird.) Die Hauptbedingung, die Weyrauch stellt, ist: Engagement der Jaczinska, einer durchtriebenen Starspielerin, die seine Geliebte ist (mit Wissen seiner Frau! morsch). Nun folgt eine Unterredung zwischen Brandstätter und der Jaczinska. Sie: „Volkstheater! Welch eine köstliche Attrappe!“ Er: „Attrappe? Erlauben Sie mal! Ich hoffe das Gegenteil.“ Sie: „Aber ich bitt' schön! Theater und Volk – das sind zwei Begriffe, die sich nicht im mindesten berühren.“ Und nun enthüllt sie ihre schwarzen Pläne. Die eigentliche Direktorin soll sie sein, der nominelle Leiter ein bloßer Strohmann, das Theater soll einfach dazu da sein, um ihre schamlose Rollengier zu befriedigen. Andererseits deutet sie an, daß dafür die Stücke Viktors, des dichtenden Sohnes, aufgeführt werden sollen. Aber da kommt sie an den Unrechten. Brandstätter: „Gnädige Frau, ich bitte Sie herzlich, wollen wir meinen Sohn nicht ganz aus dem Spiele lassen? Und wenn Sie, gnädige Frau, bereit wären, Ihre – mit Recht bewunderte – darstellerische Kraft in den Dienst einer so hohen Aufgabe zu stellen, so würde ich Sie zunächst von Herzen bitten, die Leitung des Ganzen denen zu überlassen, die dafür auch die Verantwortung tragen.“ Natürlich werden sie nicht handelseins, denn der Edle und der Böse werden sich nie verstehen, und sie flüstert zu Weyrauch: „Wie konntest du mich mit einem solchen Idioten zusammenbringen?“

Der dritte Akt spielt bei Dänsch und ist von einer Reihe wilder Schiebungen erfüllt, denen der Nichtfachmann nur unvollständig zu folgen vermag, der vierte spielt im Rathaus. Weyrauch hat nicht nur kein Geld verschafft, sondern auch noch Brandstätters reine Aspirationen in teuflischer Weise zu kompromittieren gewußt, indem er ausstreuen ließ, daß dieser das Theater nur deshalb ins Leben rufen wolle, um seinen Sohn zum Direktor zu machen. Friese, der sich plötzlich aus einem Feind in einen Freund verwandelt, wüßte da allerdings einen einfachen Ausweg: Brandstätter brauche bloß zu Protokoll zu geben, daß er seinen Sohn in keiner Weise begünstigen werde. Aber er tut es nicht. Er hat genug, es ekelt ihn, daß alle seine angeblichen Freunde ihn bei der ersten heiklen Situation, in die er gelangt, sofort im Stich lassen. Er verzichtet auf das ganze Theaterprojekt, ja noch mehr: er legt sein Amt als Stadtverordneter nieder. In dieser Szene, der sich eine gewisse rohe theatralische Wirkung nicht absprechen läßt, kulminiert der vierte Akt und das Stück. Aber wenn sich der Hörer so die ganze Figur des Herrn Brandstätter von vorne und hinten ansieht, so ist er fast versucht, an den Dichter die Frage der Jaczinska zu richten: „Wie konntest du mich mit einem solchen Idioten zusammenbringen?“

Und nun kommt noch ein fünfter Akt, dessen Zweck mit dem besten Willen nicht ausfindig zu machen ist. Er spielt drei Jahre später, am Abend, da das Einweihungsfest des Theaters stattfindet, das doch zustande gekommen ist, aber natürlich mit Weyrauchs Geld, mit der Jaczinska als Star und – höchster Triumph des Bösen – mit Dr. Devereux als Direktor, der seine Frau sitzen läßt. Aber wenigstens ein Lichtpunkt: Viktors Stücke sollen trotzdem gespielt werden. Und es erscheint Friese und teilt mit, daß Brandstätters Bild in der Wandelhalle des Rathauses aufgehängt werden soll. Und Brandstätter sagt: „Sie – Sie Feind Sie!“ und küßt ihn auf die Backe. Zwei ehrliche Feinde, die sich küssen, haben zwar immer etwas Rührendes an sich, aber deshalb einen ganzen Akt? Und nun bekommen wir noch eine Philosophie mit auf den Weg: „Zum Volk wird die Masse erst, wenn e i n Gedanke sie hochträgt ... Vom Vaterlandsgefühl aus müßte es kommen. Und bis das Wunder in allen gleich lebendig ist, überlassen wir das Handwerk ruhig Herrn Weyrauch und Konsorten.“ Nun, freuen wir uns, daß dem Volke inzwischen das Stahlbad des Krieges beschert wurde, und jetzt in ganz Berlin nirgends mehr von Theaterschiebungen die Rede ist, sondern nur noch von Butterschiebungen. [...]

HERMANN SUDERMANN: „DAS HÖHERE LEBEN“

Erstens haben die Brüder Rotter nicht im Redoutensaal zu spielen; zweitens schon gar nicht einen Sudermann; und drittens hat man im Redoutensaal überhaupt nicht zu spielen. Er ist gar kein Theater, sondern eben ein bloßer Saal, in dem eventuell improvisierte Dilettantenvorstellungen vor versammelten Onkeln und Tanten denkbar wären oder irgend ein expressionistischer Schwindel, bei dem die Einstellung in Raum und Zeit unkontrollierbar ist, oder von mir aus auch Racine oder Molière, die ja für Säle geschrieben haben: ein Genuß wäre natürlich keines von den dreien; aber Sudermann ist hier unmöglich. Womit ich nicht sagen will, daß das Stück in irgend einem anderen Rahmen möglich wäre; denn es ist einfach unerträglich: ein wüster Platzregen von Kommiswitzen, menschlichen Ordinärheiten und geschmacklosen Albernheiten; dabei von einer erotischen Unappetitlichkeit und ranzigen Pikanterie, die wohl nur Berliner Ohren aushalten. Gespielt wird zum Teil sehr gut, besonders von der geistreichen und taktvollen Ida Wüst, der graziösen und dekorativen Olga Limburg und dem eleganten, leichten und natürlichen Eugen Burg. Bonn kann natürlich seine Rolle nicht und spricht seinen eigenen Text, wodurch fast so etwas wie eine lebende Figur entsteht. Die übrigen Mannsbilder kann ich nicht auseinanderhalten. Warum ich nach dem dritten Akt weggegangen bin? Also erstens wollte ich einmal früher ins Bett kommen, und zweitens hat die ‚Stunde‘ von den Rotters kein Geld bekommen.

GEORG TERRAMARE: „DIE STILLE STUNDE“

In seinem gemeinsam mit Julius Bab verfaßten, ebenso gehaltvollen wie amüsanten Buch ‚Wien und Berlin‘ sagt Willi Handl ganz vortrefflich über den Prinzen Eugen: „Er ist wohl der vollkommenste Mensch, der je in Wien gelebt hat, gleich vollkommen in den weithin wirkenden wie in den stillen Tugenden: tatkräftig und bescheiden, gelehrt und gesellig, künstlerisch und kriegerisch, diplomatisch klug und soldatisch ehrlich, von reinster Güte und von stärkstem Temperament. Er war kein Wiener, und es kann vielleicht kein Wiener so sein. Aber gewiß ist auch, daß diese große und im Geiste der Zeit ganz durchkultivierte Persönlichkeit sich nirgends so frei und sichtbar hätte entfalten können, als eben in diesem Wien der Barocke, das damals die einzige internationale Weltstadt, eine Stadt raschen Aufstieges und üppigen Glanzes, eine Stadt kaum begrenzter Möglichkeiten war ... In Wien begegnete ihm alles, was die Fülle seiner inneren Kräfte insgesamt erwecken konnte, vom strahlenden Glück bis zum tiefen Schmerz und zum gründlichen Ekel.“

Es muß damals in Wien ganz besonders prächtig und lustig zugegangen sein, und die Vermutung ist vielleicht nicht unrichtig, daß Wien in jenen Tagen seinen kulturellen und künstlerischen Höhepunkt erklommen hat, ja wenn man genauer zusieht, so ist es bis zum heutigen Tage in seinen eigenartigsten und sichtbarsten, seinen reichsten und feinsten Lebensäußerungen eine Barockstadt geblieben. Damals entstanden nicht nur jene berühmten Bauwerke, die dem Stadtbild noch heute vielfach ihr Gepräge geben, sondern auch jene seltsame Mischung aus „Weltflucht und Weltliebe, Demut und Stolz, Weihrauch und Moschus“, die Hermann Bahr als das Wesentliche der Wiener Barocke anspricht und die, wie jedermann weiß, auch jetzt noch als wichtiger Bestandteil im Wienertum vorzufinden ist. Und damals wurde Wien auch die große

„Theaterstadt", die es seitdem geblieben ist, worunter man eine Stadt zu verstehen hat, in der nicht bloß auf der Bühne, sondern überall und ununterbrochen Komödie gespielt wird und das ganze öffentliche Leben einen bisweilen sehr reizvollen, bisweilen sehr fatalen Überzug von Schminke trägt. Eine gewisse Lust am Unechten ist dem Wiener von jener Zeit her geblieben, und was er am Theater so leidenschaftlich liebt, ist weniger die Erhöhung als die Verfälschung der Realität. Daher muß, wer in Wien dauernd sein Glück machen will, in seinem Wesen irgendwie etwas dem Schauspieler Verwandtes haben, er mag Politiker sein wie Lueger, Maler wie Makart oder Professor wie Berger; und wer als Schauspieler dauernd sein Glück machen will, der muß irgendwie dem Wurstel verwandt sein, der sich ebenfalls aus der Wiener Barockzeit herleitet, der Zeit Abraham a Sancta Claras, dieses Kabarettiers auf der Kanzel, und Stranitzkys und Prehausers, der beiden unsterblichen Hanswürste. Später kam dann Gottsched, der Oberlehrer der deutschen Literaturgeschichte und vertrieb mit erhobenem Lineal den Hanswurst von der Bühne; aber aus Wien ist er eigentlich bis zum heutigen Tage noch nicht vertrieben worden: die Wiener sehen immer noch das Theater sub specie Prehauserii.

Das Wesen der Barocke ist, kurz gesagt, die Alleinherrschaft des rechnenden, analysierenden, organisierenden Verstandes, der das aber nicht wahr haben will und sich daher in tausend abenteuerliche Masken und künstliche Ekstasen flüchtet; die klare, ordnende, überschauende Intelligenz, die sich, des trockenen Tones satt, einen wilden Formen- und Farbenrausch antrinkt; Rationalismus, der sich als Mystik und Sinnlichkeit kostümiert. Ganz so war nun der Prinz Eugen: von jener genialen Nüchternheit, die stets das Merkmal großer Schicksalslenker ist, und doch voll von heimlicher Sehnsucht nach all den bunten, verwirrenden und narkotischen Dingen, die das Leben erst begehrenswert und interessant machen; ein starker, wissender und steuerkundiger Geist und doch umwittert von dem Aroma der problematischen Natur. Und darüber hinaus hat er noch das spezifisch Wienerische in der Barocke ausgedrückt: jenen pikanten Zusatz von Skepsis und Ironie, die mit dem ganzen Leben spielt und nichts übertrieben ernst nimmt, auch nicht das eigene Ich, und jene naive Freude an Repräsentation, Gepränge und Schaubarkeiten jeglicher Art. Wie ja gerade der halb Fremde, der „Zugereiste" das Wesen einer Lokalität, in der er sich heimisch macht, bisweilen am stärksten und reinsten darstellt. Gibt es zum Beispiel etwas Märkischeres als Fontane, den Sprößling französischer Emigranten? Und wenn der Prinz Eugen, der von mütterlicher Seite ein halber Italiener war, ein besonders kräftiger Extrakt von Wien wurde, so wird uns das nicht allzusehr wundern, wenn wir daran denken, daß in unseren Tagen bei zwei Männern, deren Abstammung ebenfalls nach Italien weist, etwas ganz Ähnliches stattgefunden hat: bei Carl Glossy und Alexander Girardi. Will man sich aber die interessante Synthese, in der der Charakter Prinz Eugens besteht, besonders anschaulich machen, so möge man sich erinnern, daß er ein und derselbe war, für den der messerscharfe Analytiker Leibniz seine ‚Monadologie' schrieb und für den der virtuose Formenspieler Lukas von Hildebrandt das kokette, sinnlich-heitere Belvedereschloß baute.

In eben diesem Belvedereschloß sitzt nun der Prinz Eugen, bereits an die sechzig, noch aufmerksam mit allen Vorgängen beschäftigt, aber doch schon ein bißchen müde und wienerisch verraunzt, und wartet auf irgend etwas, er weiß selbst nicht ganz genau, worauf. Es wird ihm aber sofort klar, als seine junge, eben aus dem Kloster heimgekehrte Nichte erscheint. Überflüssig zu sagen, daß sich der alte Haudegen, der sich bisher wenig um Amourschaften gekümmert hat und „Mars ohne Venus" genannt wird, sofort in seinen schönen Schützling verliebt: wir sind ja in einem Lustspiel. Selbstverständlich hat diese aber schon heimlich einen Anderen, der natürlich ganz jung, natürlich Offizier und natürlich unter ihrem Stande ist. Nimmt man noch hinzu, daß es da auch eine Gräfin Batthyaný gibt, zwar schon über ihre ersten, aber durchaus noch nicht über alle Reize hinaus, die mit dem Prinzen seit zwanzig Jahren täglich Mariage spielt, so haben wir alle Schachfiguren beisammen und es ergeben sich einige sehr naheliegende und nicht eben schwer zu lösende Lustspielaufgaben. Prinzeß Marie bewundert in Eugen den großen Staatsmann, den ruhmumglänzten Feldherrn, die illustre Persönlichkeit, die ein österreichisches Programm ist, kurz: die Firma, während dieser, was einem alternden Lustspielhelden nur zu leicht passieren kann, sich als Mann geliebt glaubt; sie umschmeichelt ihn mit Worten und Blicken, aber, wie das schon in Lustspielen zu sein pflegt, nur um ihm den Ehekonsens für ihren Geliebten herauszufiloutieren. Dazu kommt nun noch eine Hofintrigue. Es erscheint Exzellenz Graf Windisch-Graetz und überbringt dem Prinzen die kaiserliche Forderung, keine neue Ehe mit einem Mitgliede des Hauses Savoyen zu schließen. Gerade dies ist ja aber eben des Prinzen sehnlichster Wunsch! Welch peinliches, aber zum Glück bloß lustspielmäßiges Dilemma! Er wirft also alles hin und beschließt, dem Dienst und dem Land den Rücken zu kehren. Er teilt der Gräfin Batthyaný mit, er wolle endlich auch einmal seine „stille Stunde" haben. „Ich verlasse diesen Hof. Widersprechen Sie nicht. Ein englischer Gärtner hat mir in seinem Testamente einen Garten zugesprochen. Ich will die dunklen Rosen Frankreichs dorthin pflanzen und holländische Tulpen, die bunten Ambassadeure aus den Generalstaaten. Und von dem Fenster meines kleinen Palais will ich hinabblicken, selber aufblühend, Gräfin, weil ich endlich zur Sonne gefunden habe, zu meiner Sonne. Ich will das politische Treiben meines Gartens leiten und glücklich leben in England, in meinem Hause – mit meiner Frau! – Nun, Gräfin?"

Nun ja. Aber wir sind ja doch in einem Lustspiel, und zwar erst im zweiten Akt, und der dritte ist auch noch auf der Welt. Und in diesem heiratet Prinzessin Maria – den Prinzen Eugen? Gar keine Spur! Ihren feschen jungen Leutnant. Und der Prinz Eugen zerschneidet – das Tischtuch zwischen sich und dem Kaiser? Weit gefehlt! Die Fäden der um ihn gesponnenen Intrigue. Und spielt weiter Mariage mit der Gräfin, „mit einem neuen Paket Karten". Und man hat so eine gewisse gefühlsmäßige Ahnung, es läßt sich natürlich nicht mathematisch beweisen, aber eine innere Stimme sagt einem: er wird die Gräfin sogar heiraten. Das Gegenteil wäre zumindest gegen alle Sittenregeln eines anständigen Lustspiels. Und ein solches ist die ‚Stille Stunde'.

Diese nicht eben übermäßig aufreizenden Dinge werden von Herrn Terramare in einer sehr angenehmen Aquarelltechnik vorgetragen: mit zarten, liebenswürdigen, ein wenig blassen Farben. Die Hauptqualität des Stückes ist seine geschmackvolle Diskretion. Es wird niemals aufdringlich, weder im Esprit, der unleugbar vorhanden ist, aber sich nirgends breitmacht, noch, was sehr nahelag, in der patriotischen Tendenz. Es bleibt freilich auch bescheiden in der Psychologie, in der Charakterzeichnung und in der Darstellung des Zeitkolorits, die sich auf eine Anzahl sprachlicher Rekonstruktionen beschränkt, wie „ich bin persuadiert", „pardoniere er mich" und „das ist mir nicht ganz intelligible"; aber man wird doch sagen dürfen, daß jener eigenartige Duft, jene feine Lasur, die über den Menschen jener Zeit lag, recht wohl getroffen ist. Von der geheimnisvollen Persönlichkeit des Prinzen Eugen läßt das Stück allerdings wenig ahnen: aber wir sind ja in einem Lustspiel.

Dieser wird von einem Zeitgenossen geschildert als „klein, schwächlich, unansehnlich, von olivenfarbigem Teint, lebhaften, aber sehr unregelmäßigen Zügen". Nun, so sieht Herr Devrient freilich nicht aus, sondern imposant, tadellos gewachsen und überhaupt wunderschön; aber das ist ein Manko, das man einem Schauspieler nicht allzusehr nachzutragen pflegt. Was er jedoch für die Rolle mitbringt, das ist jene selbstverständliche Noblesse und feine Kühle, jene wahrhaft prinzliche Haltung, die heute kein deutscher Schauspieler in ähnlichem Maße besitzt. Neben ihm traf nur noch Frau Wilbrandt in einer Episode jenen echten Burgtheaterton, der nicht umsonst vor Jahrzehnten das Entzücken des Publikums war: die ungezwungene und doch formvolle, anmutige und doch von verhaltenem Temperament genährte Unterhaltung von Elitemenschen. Aber auch Frau Kallina als Gräfin Batthyaný, Fräulein Kutschera als Prinzessin Maria, Herr Gimnig als Graf Windisch-Graetz und Herr Romberg als ein törichter Graf mit ausgedehnter Familienprotektion vertrugen sich mit ihren Rollen auf eine kluge und taktvolle Weise. Auch sonst ist ja das Burgtheater für solche hocharistokratischen Stücke mit lautlosen Domestiken, rauchenden Kerzen, Glockenspieluhren und weitgehendsten Ansprüchen an den Kostümfundus der richtige Ort.

Hingegen war es eine rechte Diffikultät, sich an die nichts weniger als remarquable Zwischenaktsmusik zu accoutumieren; warum aber ein Orchester von so dubiösen Meriten auch noch bei verdunkeltem Zuschauerraum agierte, das ist mir – man pardoniere mich – nicht ganz intelligible.

ERNST TOLLER: „DIE MASCHINENSTÜRMER"

Im Jahre 1815 stürmten die Ludditen, so genannt nach ihrem Führer Ned Lud, in einigen englischen Fabriksstädten die Werkhäuser und zerstörten die Maschinen. Sie hatten also schon damals, in der Geburtsstunde des technischen Zeitalters, das klare Gefühl, daß die Maschine der Todfeind des Menschen ist, der ihm Herz und Hirn ausfrißt, ein gieriger Moloch mit hundert Fangarmen, Zähnen, Zangen, Greiffüßen und einem schwarzen Riesenmaul, das wie ein Vakuum cleaner alles in sich hineinstrudelt, Menschen, Tiere, Wiesen, Äcker, Greise, Frauen, Kinder, Glaube, Liebe, Glück, Friede, Heimstätten, Länder, schließlich den ganzen Erdball. Diese oder doch eine ähnliche Vision hat Toller gestaltet; nur diese Vision. Alles, was an den Vorgängen historisch bedingt, zeitlich und räumlich umgrenzt ist, rinnt ihm sofort in Schema, Allegorie und Typus auseinander. Hier steht nicht Ned Lud, geboren 1779 zu Sheffield, sondern einfach: der Arbeiterführer, nicht Lord George Noel Gordon Byron, sondern: der Dichter, und so geht es mit allen Figuren: sie haben keinen Meldeschein, keine persönliche Leumundsnote, keine Privatadresse. Platonische Ideen kämpfen miteinander, Prinzipien, die in menschliche Gewänder geschlüpft sind, führen einen Wortstreit auf. Zeitalter: die Ära des Gedankens, Schauplatz: der menschliche Gehirnkasten. Hiedurch werden die Geschehnisse, trotz all der propagatorischen Hitze und Überhitze, die sie speist, in die fahle Eisregion der politischen Diskussion gehoben. Ein blendendweißes, gleichmäßiges Glanzlicht, das alle Nuancen verschluckt, liegt über dem Ganzen, und was die Wangen der Agierenden rötet, sind nicht die Wärmewellen blutreichen inneren Lebens, sondern die Kälteschauer erstarrender Abstraktion. Das Werk erinnert in manchen Partien an ‚Die letzten Tage der Menschheit'; aber der Dichter teilt mit Karl Kraus nur die heroische Unbedingtheit seines Gerechtigkeitswillens und die apokalyptische Überlebensgröße seiner Hieroglyphenschrift, nicht die geistige Souveränität, die Tiefe und Schärfe der Menschendurchleuchtung, die magische Fähigkeit, kleinste Alltagszüge zu schicksalhafter Dämonie zu steigern und vor allem nicht die Gabe des tragischen Humors, die aus einem ethischen Bekenntnis erst ein Kunstwerk macht.

Aber es wäre flach und niedrig, an dieses Werk bloß als Ästhetiker heranzutreten. Es gibt Dinge, die für solche Maßstäbe zu groß und zu gut sind. Und als moralisches Phänomen können die ‚Maschinenstürmer' gar nicht hoch genug gewertet werden. Wie ein einziger, tausendstimmiger Schrei nach Menschenrecht, der sich auf einzelnen Höhepunkten zum reinsten Orgelton läutert, braust diese Dichtung über den Hörer hin. Allerdings hat die außerordentliche Inszenierung Karlheinz Martins an dem Erfolg den Hauptanteil. Es ist bewunderungswürdig, mit welch sicherem Griff er die wirre Bilderflucht in große und einfache Linien drängt, wie er das Ganze in den singenden und stampfenden Rhythmus einer Dynamohalle, in ein ratterndes, knatterndes Maschinenpathos von unheimlicher Suggestion einbettet. Ein Scheinwerfer bewirkt, daß die Figuren lange riesige Schatten erzeugen, die hinter ihnen ihr gespenstisches Spiel aufführen; und man sagt sich unwillkürlich: wie schön sind doch Schatten, und wie häßlich ist der Mensch! Möglich auch, daß der Regisseur den feinen Gedanken hatte, durch diese Anordnung das Ganze als einen bloßen Schattenkampf zu entlarven. Herr Dieterle sprach die Hauptrolle mit Wärme, wirksam unterstützt von den Herren Hofbauer, Rodenberg, Duschinsky und Frau Gutmann. Daß Herr Schmieder einer der besten Ausbeuter der deutschen Bühne ist, weiß man schon von seinem Dreißiger her. Nach jedem Bild gab es großen Beifall, dem Martin, der eigentliche Held des Abends, aber erst ganz am Schlusse Folge leistete, seltsam flankiert von der Direktion des Komödienhauses, Kneidinger & Lustig und noch einem dritten, gänzlich unbekannten Herrn, vermutlich dem Agenten, der die Verträge perfekt gemacht hat. Die langjährige vortreffliche Klosettfrau des Theaters war in schöner Bescheidenheit in ihren Appartements zurückgeblieben.

SIEGFRIED TREBITSCH: „FRAU GITTAS SÜHNE“

Zum erstenmal, von Frau Marberg und Fräulein Mayer, Herrn Treßler und besonders Herrn Paulsen sehr klug und taktvoll gespielt, ‚Frau Gittas Sühne‘, Schauspiel in drei Akten von Siegfried Trebitsch. Dieses Stück besteht eigentlich nur aus einem ersten Akt, und zwar aus einem guten. Der schwerkranke Professor Bruno Haldenstedt liebt Gitta, die Gattin seines Kollegen Alfons Lenkheim. Sie treffen sich im Absteigequartier, und dort enthüllt er ihr einen sonderbaren Plan. Er fühlt sich in der Schuld Lenkheims, denn dieser ist der Beraubte, um so beraubter, als er nicht ahnt, was ihm an Gitta verloren ging. Und nun hat Haldenstedt soeben sein großes wissenschaftliches Lebenswerk vollendet: ‚Hemmungen der weiblichen Psyche‘; es befindet sich in Maschinenschrift abgeschrieben in seinem Schreibtisch. Auf dem Titelblatt aber steht: „Von Prof. Dr. Alfons Lenkheim.“ Man wird also scheinbar ein Werk von Lenkheim in Haldenstedts Nachlaß finden, und Gitta soll schwören, daß sie das Geheimnis nie verraten wird. Diese sträubt sich: „Das verlangst du von mir? So Unerhörtes soll ich dir geloben? Dem, der mir alles schuldig geblieben ist, das uns hier heraufgetrieben hat, ihm soll die Frucht deines Lebens in den Schoß fallen? Und ich soll deine Mitschuldige dabei sein?“ Aber Haldenstedt besänftigt sie: „Es ist doch schließlich gleichgültig, aus welcher Hand die Menschheit neue Errungenschaften empfängt. Ich habe gestern eine erhebende Stunde erlebt, als es bei mir unwiderruflich beschlossen und besiegelt war. Ich habe das Gefühl, meine Schuld an ihm damit gesühnt zu haben, und bin nun frei und leicht und endgültig vereint mit dir.“ Ihre Bedenken sind noch nicht völlig zerstreut. „Du schiebst ihm die stärkste Tat deines Lebens zu und fühlst dich mit mir ganz eins? Nein, nein, Bruno, dies Verlangen ist zu schwer. Und wenn ich auch nur den Menschen unabhängig von seinem Ruhm und seiner Leistung in dir liebe, dein Werk ist ein Stück von diesem Menschen. Wenn du das einem anderen hinwerfen kannst, machst du auch mich ärmer. Du willst Vorsehung spielen, aber glaubst du denn, daß er darauf eingehen wird? Wenn er nicht bereit ist, mitzuspielen, was dann?" Aber auch das hat Haldenstedt bedacht: „Das Vermächtnis eines Jugendfreundes, die Überschätzung seiner Mitarbeit, sein Ehrgeiz – dies alles wird ihn bestimmen, meinen letzten Wunsch zu erfüllen. Versprich mir, daß du meinen Wunsch erfüllen, den Dingen ihren Lauf lassen und schweigen wirst. Gib mir diesen höchsten Liebesbeweis, versprich mir das." Und Frau Gitta verspricht es. „Es bedarf zwar keines Liebesbeweises mehr zwischen uns, dennoch will ich, gegen meinen Willen, dir den größten geben, dessen ich fähig bin. Hier meine Hand. Wenn ich den Tag, der dich mir raubt, überleben sollte, werde ich schweigen, wie du es von mir verlangst, und in deinem Sinne die schweren Folgen tragen. Aber wenn es das Schicksal mit mir gut meint, werde ich nie in die Lage kommen, diesen Schwur zu halten! Und dann: wer weiß, wie du später darüber denkst. Bis dahin wirst du vielleicht schon frei von mir sein und tauschest dafür dein Werk zurück." Aber die letzte Stunde ist näher, als Gitta ahnt. Denn schon stürzt Haldenstedt vom Schlage gerührt zusammen. Sie wirft sich über ihn, schüttelt ihn, will ihn zur Besinnung bringen, springt entsetzt auf mit dem Gedanken, Hilfe herbeizurufen. Sie eilt zur Tür, um Frau Billitter zu holen, dort fällt ihr ein, daß dies unmöglich ist. Sie sieht sich hilflos um und stürzt zurück zu Haldenstedt: „Bruno!" Sie hebt seinen Kopf und erkennt plötzlich, mit einem unterdrückten Entsetzensschrei, die Wahrheit: „Bruno! Ein Wort nur, ein einziges Wort! Ich bettle um ein Wort von dir!" Sie bricht in konvulsivisches Schluchzen aus: „Er hat es gefühlt, er hat es gewußt." Sein Kopf, der schwer in ihren Armen ruht, fällt zurück. Sie schaudert vor den starren, gebrochenen Augen, die sie ihm langsam schließt. Sie bleibt regungslos, wie versteinert. Große Pause. Langes, stummes Spiel, tonlos: „Was nun?“ Sie erkennt plötzlich, daß sie verloren ist, wenn man sie findet, allein mit dem Verstorbenen. Sie rafft Hut und Mantel zusammen und stürzt zur Tür, dort hält sie der Gedanke an ihre feige Flucht auf; sie eilt, nach einem irren Blick auf die Leiche, zur Blumenvase, nimmt die Rosen, will sie dem Toten bringen, auf halbem Weg hält sie das Entsetzen zurück, sie schreit auf, die Rosen entfallen ihren Händen, sie eilt zur Tür, schließt auf und stürzt, fast zusammenbrechend, ab, während langsam der Vorhang fällt.

Das ist ein dramatischer Einfall, der sich zwar hart an der Grenze des Skurrilen bewegt (denn Tragödien, in deren Mittelpunkt ein Manuskript steht, sind immer ein bißchen gefährlich), dem man jedoch eine gewisse Originalität und innere Spannung nicht absprechen kann. Aber nun geschieht nichts mehr oder doch nicht genug, das Ganze verplätschert in allerlei Dialogen, und zwar in ziemlich unmöglichen; diese Menschen reden, wie noch niemals ein lebender Mensch geredet hat. Nun, das wäre ja aber noch kein Einwand: so wie die Leute bei Schiller hat ja auch noch nie jemand gesprochen. Aber Trebitsch’ Figuren sind sonderbare Pechvögel: sie benehmen sich nicht ungezwungen natürlich, und sie benehmen sich nicht zwingend unwirklich, sondern haben gerade die Mitte erwischt, jene Mitte, die eben im Theater ganz und gar unmöglich ist. Trebitsch hat weder die ziemlich ordinäre Fähigkeit, einfach nachzuzeichnen, was er alle Tage sieht, noch die hohe und seltene Gabe, die Unwirklichkeiten und Unmöglichkeiten, die er sich ausgedacht hat, mit solcher Kraft und Selbstherrlichkeit aus sich herauszuschleudern, daß keiner dagegen zu mucksen wagt. Man pflegt solche Menschen, das Wort muß ja doch heraus, Dilettanten zu nennen. Sie sind keine gemeinen Handwerker, sie sind keine souveränen Schöpfer, die das Handwerk nicht brauchen, sie sind eben Dilettanten. Woran erkennt man sie? Das ist gar nicht so leicht anzugeben, als man glauben sollte. Sie sind nicht dümmer als die anderen, sie sind nicht temperamentloser als die anderen, und sie sind sogar oft origineller als die anderen. Die Frage wird, von Publikum und Kritik, mehr durch ein Gefühl entschieden. Ich glaube, daß Laube einmal irgendwo gesagt hat, es kämen oft junge Leute zu ihm, die alles hätten, was man vom Schauspieler verlangt: Geist, Leidenschaft, Imitationsgabe, und doch müsse er ihnen von der Bühnenlaufbahn abraten; und wenn man ihn um den Grund frage, so könne er nur mit der ziemlich nichtssagenden Tautologie antworten, daß ihnen eben das „spezifische Talent“ fehlt, das jeder Künstler für seine besondere Kunst brauche und das undefinierbar sei. So geht es einem auch mit dem Theaterdichter Siegfried Trebitsch: es ist nichts Bestimmtes gegen ihn zu monieren, er sieht eigentümlich, er sieht bunt, er sieht nicht unedel, aber irgend etwas, man möchte sagen: die Punze fehlt ihm. Es ist irgendein Ingrediens nicht da, etwas Imponderables, Geheimnisvolles, Letztes, Unfaßbares, vielleicht nur eine Kleinigkeit, aber eben dieses macht den Dichter: es ist da, und wir haben einen Wedekind; es ist nicht da, und wir haben einen Ferdinand Bonn.

Ich sage dies, weil es mich schon die längste Zeit ärgert, mit welchem Hochmut jene, die glücklicherweise von Gott die „Punze“ bekommen haben, auf die anderen herabzublikken pflegen, die sie zufällig nicht haben, aber ebenso ehrlich ringen wie sie. Möglich aber auch, daß ich Siegfried Trebitsch ein wenig überschätze, denn ich war ziemlich oft bei ihm zum Essen eingeladen. Mein absolutes Ideal wäre es natürlich, wenn die Autoren, an denen ich als Kritiker einiges auszusetzen habe, mir die Geliebte weggeschnappt hätten, und jene, mit denen ich restlos einverstanden bin, mir zu essen gegeben hätten, wenn ich also zum Beispiel statt bei Trebitsch bei Maeterlinck Grammelpogatschen bekommen hätte. Aber so schön eingeteilt ist das Leben nun einmal nicht.

FRANK WEDEKIND

Frank Wedekind war, wenn man ihn nach seinen Höhepunkten beurteilt – und das muß man selbstverständlich immer –, der feurigste, persönlichste, suggestivste, mit einem Wort: der unvergeßlichste unter allen Dramatikern, die gegen Ende des vorigen Jahrhunderts Literaturrevolution gemacht haben. Bei den übrigen ging alles in's Detail, bei Wedekind ging alles in's Große; sie hatten Einfälle, aber er hatte Phantasie; sie hatten Nerven, aber er hatte Temperament; sie hatten Stimmung, aber er hatte Atmosphäre. Die anderen haben die Menschen und Dinge der Gegenwart so treu und vollkommen abgespiegelt, daß wir sie sofort wiedererkennen; Wedekind hat unsere Zeit in Bildern aufgefangen, die uns ganz und gar fremd sind und die so neuartig wirkten, daß sie grotesk erschienen. Die Worte, die er sprach, waren kalt, höhnisch und brutal, und dennoch hatte er mehr Empfindung als irgend einer der modernen Dichter; die Lebensphilosophie, die er vertrat, war materialistisch, pessimistisch und zynisch, und dennoch erreichte ihn vielleicht kein zeitgenössischer Denker an hochsteigendem Idealismus. Er war wahrscheinlich die komplizierteste, widerspruchsvollste und problematischeste Natur unter allen Künstlern seiner Epoche; aber vielleicht gerade darum wird er zu den wenigen gehören, die auch für spätere Menschen noch Kraft und Eindringlichkeit besitzen werden.

Ich weiß nicht, ob schon einmal jemand auf die merkwürdige Ähnlichkeit hingewiesen hat, die zwischen Wedekind und Schiller besteht. Man darf dabei freilich nicht an den Klassiker Schiller denken, sondern an den Dichter der ‚Räuber‘ und der ‚Louise Millerin‘, und selbstverständlich muß man auch den ungeheuren Unterschied in Anschlag bringen, der durch den Zeitcharakter bedingt wird. Schiller verhält sich zu Wedekind wie der Rationalismus des achtzehnten Jahrhunderts zum Agnostizismus des zwanzigsten; ihm entspricht es, daß Schillers Jugenddramen bei aller Verworrenheit eine gewisse Gradlinigkeit der Lebensanschauung zeigen, während sich bei Wedekind alles unendlich viel verwickelter und differenzierter ausprägt. Ist nun dies in Abzug gebracht, so treten die Übereinstimmungen umso deutlicher hervor. Zunächst wollte Wedekind wieder das regelrechte Theaterstück auf die Bühne bringen, und hierin stellte er sich in einen prinzipiellen Gegensatz sowohl zum Naturalismus, der die belanglosen Vorgänge des täglichen Lebens zu seinem Hauptinhalt machte, wie zur Neuromantik, die alle Geschehnisse in innere Seelenvorgänge oder spiritistische Abstraktionen auflöste. Er wollte das Leben wieder in seiner abwechslungsreichen Bewegtheit zeigen; statt Zustandsschilderung gab es starke und aufregende Handlung.

In seinen Stücken ist Erpressung, Totschlag, Millionenschwindel, Notzucht, Selbstmord etwas Gewöhnliches; aber dies alles macht nicht den Eindruck, als ob es vorher vom Dichter ausgedacht worden wäre, sondern es vollzieht sich überraschend und unlogisch wie das Leben selbst. Seine Dialoge sind ebensosehr vom Zufall und der Laune bewegt wie die Gespräche der wirklichen Menschen; er zeigt uns von seinen Charakteren immer nur gerade so viel, als sich gelegentlich ergibt, seine Dramen sind aus lauter Bruchstücken zusammengesetzt: sie bestehen nicht nur aus aphoristischen Reden, sondern auch aus aphoristischen Handlungen. Kein anderer unter den modernen deutschen Dramatikern hat es auch nur versucht, das Leben so in seiner unberechenbaren Wildheit zu zeigen. Bei ihnen spielt das Leben nur die Rolle der Königin in Maeterlincks ‚Tod des Tintagiles‘: es wirkt als drohender unsichtbarer Hintergrund, bei Wedekind aber tritt es leibhaftig und glaubhaft auf die Bühne. Diese Zone knüpft unmittelbar an das Sturm- und Drangdrama an, wie es vom jungen Schiller am glänzendsten verkörpert worden ist.

Schiller war seinem Grundzug nach Satiriker und Wedekind war es auch. Es gibt allerdings zweierlei Satiriker. Bei den einen ist die Satire Selbstzweck, sie ist ihnen eine willkommene Gelegenheit, ihren Witz zu zeigen und ihre Bosheiten loszuwerden. Anderen aber ist sie nur ein bewegliches und scharfes Instrument, mit dem sie allem Verächtlichen an den Leib rücken können, sie dient ihren Ideen, die auf einen Fortschritt der Menschheit im Großen und im Einzelnen gerichtet sind und die sich nur durchsetzen können, wenn es gelingt, die herrschende Dummheit und Gemeinheit durch die Satire so bloßzulegen, daß jeder sie erkennt. Darum waren fast alle großen Idealisten Satiriker. Wedekind kämpfte freilich nicht mehr gegen dieselben Mächte wie Schiller. Das achtzehnte Jahrhundert bewegte sich um politische Fragen, das zwanzigste richtet sich auf soziale. Das Zentralproblem, zu dem Wedekinds Dichtungen immer wieder zurückkehren, ist die Beziehung der Geschlechter. Er schildert die dämonische und zerstörende Wirkung, die das Weib auf den Mann ausübt, aber er sieht in den Frauen weder böse verbrecherische Geschöpfe wie Strindberg, noch edle romantische Wesen wie Altenberg, sondern er wertet sie ganz objektiv und vorwiegend philosophisch: er hält die Männer für roh und beschränkt, weil sie von den Frauen eine intellektuelle und moralische Verantwortlichkeit verlangen, die sie nicht leisten können, und er erwartet die Milderung dieser Konflikte einzig und allein von einer Höherentwicklung der männlichen Sexualethik.

Auch Wedekinds gesamte Dichtung ist von einem außerordentlichen Pathos getragen, aber es ist nicht das Pathos Schillers. Wir leben in einer Zeit, deren Grundzug die Schamhaftigkeit ist. Auf eine Periode der hervorbrechenden Subjektivität, die sich in Klassizismus und Romantik gründlich austobte, folgte das Zeitalter der verhaltenen Subjektivität. Darum ist auch Wedekinds Philosophie eine Kunst des Verschweigens, das deutlicher spricht als alle Reden und

Gesten. Andere sind pathetisch in Worten, Wedekind ist es in seinen Gedanken.

Aus diesen so völlig heterogenen Momenten hat nun Wedekind einen Tragikomödienstil geschaffen, der völlig neu ist. In seinen Charakteren und Vorgängen lösen sich nicht etwa Tragik und Groteske wechselseitig ab, wie zum Beispiel bei Shakespeare, sondern beides ist völlig vermischt, wie es denn auch in der Tat im Leben ist. Hierdurch entsteht eine Zwiespältigkeit und Unklarheit der Stimmung, die oft geradezu peinlich wirkt, aber hierdurch gelingt es auch Wedekind, das vollkommenste Bild einer objektiven Lebenstragik zu schaffen, denn bei ihm hat niemand Unrecht, weil alle Unrecht haben. Alle seine Menschen stehen unter dem Gesetz des „Erdgeistes", jenes blinden Lebenswillens, der sie zwingt, sich zu behindern und zu zerstören. Seine Dichtungen haben denn auch eine höchst erschütternde Wirkung, aber durchaus keine gegenständliche: sie machen den Eindruck gespenstischer Visionen; die überlebensgroße Schärfe der Konturen und Grellheit der Farben verleiht seinen Figuren etwas Unwirkliches, alles hat Traumrealität. Nun wird aber jedermann, der viel geträumt hat, wissen, daß dasselbe Ereignis, wenn man es träumt, oft viel eindringlicher und nervenaufrüttelnder wirkt als wenn wir es wirklich erlebten; und das war es, was ich vorhin meinte, als ich sagte, Wedekind sei der unvergeßlichste unter den modernen Dramatikern gewesen.

In seiner phantastischen Nacktheit, seinem leidenschaftlichen Drang nach Seelendurchforschung und seinem träumerischen Weltverbesserungsglauben vertrat Wedekind so recht eigentlich das dichterische Element in der letzten großen Literaturbewegung. Weil er ein Dichter war, darum wußte er, daß er die Wirklichkeit niemals ganz ergründen werde; aber weil er ein Dichter war, darum wußte er auch, daß er das Recht habe, in die Geheimnisse einer idealen kommenden Zeit einzudringen und mit lauter Stimme von den Entwicklungsmöglichkeiten der Menschheit zu reden. Denn ein Dichter ist ja schließlich nichts anderes als ein Mensch, der von der Zukunft mehr versteht als von der Gegenwart.

KEIN SCHAUSPIELER DARF AUF DER PROBE MARKIEREN!

Ich habe schon immer die Ansicht vertreten (obgleich ich mir bewußt bin, daß ich damit ein wenig als ‚enfant terrible' aus der Schule geplaudert habe), daß das Theaterspielen keine Kunst ist, oder vielmehr eine Kunst, die jedermann ausüben kann, vorausgesetzt, daß er einigermaßen intakte Sprechwerkzeuge und eine ihm passende Rolle zur Verfügung hat. Infolgedessen ist es ganz klar, daß möglichst rabiate Proben viel wichtiger sind als die Vorstellung. Denn nur dort wird durch Schmeicheleien und Drohungen das Zauberkunststück zuwege gebracht, aus einem völlig uninteressanten, entgleisten Individuum eine sehenswerte, blendende Persönlichkeit zu machen. Von markieren auf der Probe kann schon deshalb keine Rede sein, weil der Schauspieler von Schwierigkeiten umdräut ist, von denen der einfache Laie ja gar keine Ahnung hat, zum Beispiel, wenn es sich um die Aussprache eines französischen Wortes handelt, wobei die Situation sich zumeist noch dadurch zuspitzt, daß auch die Vorgesetzten über derlei Fragen in ernste Kontroversen geraten. Natürlich gilt der Zwang zum intensiven Probieren nicht für das schauspielerische Genie, besonders das komische, das sich nicht in das Prokrustesbett des starren Schemas zwängen läßt, sondern erst am Abend schöpferisch zu werden pflegt, indem es zum Beispiel, während der Partner ein bedeutendes Wort ans Parkett richtet, sich hinter seinem Rücken launig des Beinkleides entledigt.

ALBERT BASSERMANN

Als mein verehrter Freund Albert Heine noch Burgtheaterdirektor war, fragte ich ihn eines Tages: „Warum hast du dir eigentlich die ‚Flamme' entgehen lassen?" Darauf erwiderte Heine: „Ja, siehste, lieber Sohn, das war nämlich so. Ich war eigentlich schon bei den ‚Königen' bißchen mißtrauisch, aber ich dachte mir schließlich: Wat weeßt du von Königen; 's wird schon stimmen. Na, und denn kam der ‚Schöpfer', und da dacht' ich mir wiederum: Du bist ja och keen Bakterienforscher; vielleicht sind die Brieder so. Aber bei der ‚Flamme', siehste, da bin ich ihm nich mehr reingefallen, denn det is 'n Hurenstück und d e t Milieu kenn ick!"

Es muß einen tieferen Grund haben, daß gerade bedeutende Schauspieler sich so gern an leere Aufgaben machen. Der gute Friedrich Haase reiste zwei Menschenalter lang mit dem zuckrigen ‚Königsleutnant'. Die alten Burgschauspieler waren am hinreißendsten, wenn sie Lindau und Wilbrandt verkörperten, Girardi fühlte sich am wohlsten bei Buchbinder, und selbst Mitterwurzer spielte leidenschaftlich Sudermann und Benedix. Es wird wohl derselbe Grund sein, aus dem Goethe von allen Vertonungen seiner Gedichte die Zelterschen für die besten erklärte, während er Beethoven und Schubert ablehnte. Er hatte wahrscheinlich das Gefühl, daß diese ihm zu viel dreinredeten, mit ihrer eigenen Welt die seine verdunkelten und zudeckten. So hat offenbar auch ein Schauspieler vom Format Bassermanns am liebsten Rollen, die ihm nur das Stichwort und den Vorwand bringen, seine eigene Menschlichkeit möglichst frei ausströmen zu lassen; und in der Tat: er füllt den Professor Schuhmacher so straff mit seiner eigenen starken, strotzenden, von Saft kochenden Natur, daß dieser schon in der ersten Szene platzt und man es von da an nur noch mit einem Professor Doktor Bassermann zu tun hat. [...]

Ferdinand Bonn verdient ein gewisses kulturhistorisches Interesse. Er verkörpert nämlich einen Typus, der ganz offenbar im Aussterben begriffen ist, wie die Büffel und die Rothäute. Holtei hat einem seiner Romane, der seinerzeit viel gelesen und bewundert wurde, den Titel ‚Der letzte Komödiant' gegeben. Inzwischen sind noch viele Komödianten erschienen; aber es scheint, daß Ferdinand Bonn nunmehr wirklich für absehbare Zeit der letzte ist.

Die beiden berühmtesten deutschen Schauspieler von heute dürften wohl Bassermann und Moissi sein. Sie sind zugleich Vertreter zweier Typen von Schauspielern, der einzigen, die es heute noch gibt. Bassermann ist eine Art Kunstgelehrter. Man muß nur sehen, wie er auf die erste Probe kommt. Da steht meist schon jedes Detail ganz fest; die Pausen, die Stellungen, die „Gänge", die Betonungen, das Spiel mit den Requisiten: alles ist bereits in zäher und minutiöser Gedankenarbeit eingeteilt und geordnet, wie in einem Fahrplan, nichts der Laune, dem Zufall, der Eingebung des Augenblicks überlassen, im Augenblick des Spieles doch immer wie neugeschaffen. Moissi hat gar nichts von einem Gelehrten, aber auch gar nichts von einem Komödianten. Er verfügt im Grunde nur über einen einzigen Ton, den müden, gequälten, ein wenig vorwurfsvollen Ton eines kranken und frühreifen Knaben; aber dieser eine Ton ist einmalig in der gesamten bisherigen Geschichte des Theaters. Bei anderen modernen Schauspielern wiederum kreuzen sich diese Typen, so verdankte Kainz zum Beispiel seine Kunst teils seiner physiologischen Besonderheit, teils der Schärfe und dem Reichtum seiner Geistesarbeit; aber irgendwie prominiert jeder heutige Darsteller von Rang entweder durch das eine oder durch das andere. Im Grunde sind aber beide Abarten verhältnismäßig späte Entwicklungsprodukte, die nur in höchstkultivierten, überreifen und schon ein wenig ermatteten Zeitaltern auftauchen: das Primäre ist der Schauspieler, der einfach Theater macht. So hat noch vor drei oder vier Generationen jedermann empfunden: ein Schauspieler, das war der Mensch, der alles konnte, alles können mußte, ein „Versteller", der heute verliebt oder betrunken, morgen jähzornig oder geistreich war, der alle Stände, alle Kostüme, alle Temperamente mühelos an- und auszuziehen vermochte, der nichts weiter zu besitzen brauchte als eine auswechselbare Seelengarderobe, diese aber möglichst bunt, prächtig und reichhaltig.

Von dieser Art ist Ferdinand Bonn, ich wüßte keinen zweiten Darsteller von Format, der ihm hierin noch gliche; seine Gattungsgenossen findet man nur noch auf der Schmiere. Dieses Wort ist ihm denn auch unzähligemale in seinem Leben zugeschleudert worden. Wenn er aber bereit sein sollte, ein bißchen darüber nachzudenken, so wird er vielleicht finden, daß es gar keine so schreckliche Beleidigung ist, sondern ebenso gut eine Art Ehrentitel bilden kann; gerade in unserer heutigen Zeit. Es bedeutet nämlich, wenn auch ein wenig grob und gehässig ausgedrückt, daß man ihn mitten in unserer so gründlich gesitteten, vernünftigen und sozialisierten Welt für einen outlaw und outsider hält, für etwas, das sich mit den herkömmlichen Kunstmaßen nicht ausrechnen läßt, für ein Stück Lederstrumpf, laterna magica und Meßbude, für eine Art Zauberer, wenn auch von ordinärer Kategorie; aber immerhin für einen Zauberer. Er nimmt also in der Schauspielkunst etwa dieselbe Stellung ein wie Karl May in der Literatur, auf den auch alle gescheiten und kunstsinnigen Menschen so furchtbar schimpfen, ohne jedoch verhindern zu können, daß der übrige Teil der Menschheit ihn begeistert liest. Als ich ein kleiner Junge war, hatte ich zwei Ideale: Roßkastanien und farbige Gelatine. Später erfuhr ich freilich, daß diese wunderbaren glänzenden Früchte ein sehr gewöhnliches und botanisch tiefstehendes Obst sind und diese mysteriösen, wie Purpur und Mondlicht schillernden Platten einen sehr geringen nationalökonomischen Wert darstellen. Aber dennoch habe ich, und mit mir sicher zahllose andere Kinder, mit den Roßkastanien und den bunten Gelatinetafeln die schönsten Stunden verbracht. Ganz ähnlich nun funktioniert das erwachsene Publikum im Theater. Es will keine Rationalität, sondern Farbe, Lärm und Glanz.

Und diese fand und findet es nun in der Tat bei Ferdinand Bonn; auf der Bühne und im Leben. Schließlich ist jeder Mensch der Dichter seine eigene Biographie, und dies hat sich auch bei Bonn gezeigt. Wo er hinkam, und er kam fast überall hin, geriet alles in eine neue Bewegung. Von den Skandalen und Romanen, die sich ganz wie von selbst um sein Leben kristallisierten, lebte eine ganze Generation von Kulissenschnüfflern. Er brachte Romantik ins Dasein, freilich oft von der billigen Sorte, aber Romantik ist ja in den allermeisten Fällen, viel öfter, als wir es uns eingestehen wollen, etwas Billiges, Plattiertes, Bazarmäßiges, dem Ramsch Verwandtes. Das Aufsehen, das er allenthalben erregte, war zum großen Teil ein unliebsames: er dürfte wohl der verrissenste Schauspieler deutscher Zunge sein. Die Liste abfälliger Urteile, auf die er zurückblicken kann, ist eine sehr ehrwürdige. Schon 1891, als er sein Engagement im Burgtheater antrat, schrieb Altmeister Speidel über ihn: „Wem Verworrenheit als Genialität gilt, ruhelose Hast als Leben, für den wird Herr Bonn ein genialer und lebensvoller Schauspieler sein. Doch genug! Es wird sich nun zeigen, ob Herr Bonn gesonnen ist, im Burgtheater seine üblen Manieren abzulegen, von den hier versammelten Künstlern zu lernen.“ (Wie man sieht, war das noch die schöne Zeit, wo ein Kritiker ruhig den strengen, mit Verantwortung beladenen Kunstrichter spielen konnte, ohne sich entsetzlich lächerlich zu machen.)

Es ist nicht recht begreiflich, warum Bonn sich gerade den Nathan als Debütrolle gewählt hat. Denn der Nathan ist die

Schlichtheit, Selbstverständlichkeit und Herzenswärme in Person, während doch Schlichtheit von allen ersinnbaren Charaktereigenschaften diejenige ist, die sich mit Bonn am wenigsten verträgt, und das Herz offenbar derjenige Körperbestandteil, der bei ihm am rudimentärsten entwickelt ist. Er hat übrigens die Rolle überraschend maßvoll gespielt, wenn auch durchaus äußerlich: gern legt er die Hand auf die Brust oder läßt sie in seinem wunderschönen, glänzend weißen Bart spielen, und wenn er Sentenzen oder Monologe spricht, so scheint jede Pore seines Antlitzes der Galerie zuzurufen: seht her, ich denke nach! Wenn er dann, wie nicht anders zu erwarten, laut bejubelt wird, schreitet er ernst und würdig vor die Rampe und macht dabei jene längst aus der Mode gekommenen Armbewegungen, welche soviel sagen sollen wie: ich habe mein Bestes getan, aber ich fürchte, Sie tun mir zuviel Ehre an! Und doch liegt über alledem ein undefinierbares Aroma, ein Fluidum, das von jedem geborenen Schauspieler ausgeht; und ein solcher ist Ferdinand Bonn zweifellos.

Man hat oft versucht, die Schauspieler in allgemeine Kategorien einzuteilen: zum Beispiel in diejenigen, die immer nur sich selbst spielen, und in diejenigen, deren künstlerisches Wesen gerade darin besteht, daß sie selber niemals erscheinen, sondern immer nur eine täuschend vorgehängte Maske; oder auch in solche, die ihre Gestalten mit einem Griff rund und ganz hinstellen, ohne sich viel in Details zu verlieren, und in solche, die gerade umgekehrt ihre Figuren aus einem vielfältigen Mosaik von Einzelzügen aufbauen. Ich glaube nun, eine gar nicht üble praktische Einteilung wäre die in Schauspieler, denen man zuhört, und Schauspieler, denen man nicht zuhört. Die einen können noch so fähig, versatil und bühnensicher sein: man schenkt ihnen nicht jene gesammelte Beachtung, die im Theater unerläßlich ist, ihr Magnetismus arbeitet sozusagen undicht. Die anderen können voll von Unarten und selbst Verlogenheiten und Geschmacklosigkeiten sein: wenn sie auftreten, so ladet sich der schwarze Trichter des Zuschauerraums mit Spannung. Ferdinand Bonn gehört unstreitig zu der letzteren Gruppe. Um alle seine Schöpfungen ist immer eine eigentümliche Phosphoreszenz, sie gehen niemals grau und leer, sondern stets festlich dekoriert einher. Der Schmuck ist, wie gesagt, nicht immer fein, er ist nicht immer echt, aber wir sind ja schließlich im Theater. Das Licht der Bühne ist nun einmal nicht das natürliche der Sonne und des Mondes, es ist das künstliche, gemachte, schreiende des Scheinwerfers und der bunten Glaslaterne.

Jedoch pflegt der gewissenhafte Kritiker in solchen Fällen zu sagen, wir wollen der Entwicklung nicht vorgreifen. Denn bei Ferdinand Bonn pflegt das Unmögliche ja meistens das Wahrscheinliche zu sein. Aber irgendeine Emotion wird er sicher ins Deutsche Volkstheater bringen, ins Ensemble und ins Publikum. Und wäre es auch nur die, daß man sich schrecklich über ihn ärgern wird.

MAX DEVRIENT

Im großen Musikvereinssaal gab Devrient kürzlich einen Goetheabend. Ich weiß nicht, ob man sich hierzulande genügend bewußt ist, daß dieser Künstler der letzte, und zwar der allerletzte Repräsentant jener aristokratischen Wiener Theaterkultur ist, die andere Städte nur noch vom Hörensagen kennen und viele überhaupt niemals kennen gelernt haben. Was die heutigen Künstler erst auf beschwerlichen und gekrümmten Umwegen aufsuchen müssen, ohne es doch jemals ganz zu erreichen, besitzt Devrient ganz von selber: die Magie einer überlegenen Persönlichkeit. Fast alle bedeutenden Darsteller der Gegenwart sind irgendwie „intellektuell", Devrient ist gar nicht intellektuell, sondern einfach da. Es gibt ja auch noch andere sogenannte vornehme Schauspieler, aber ihre Vornehmheit ist eben Rolle, mehr oder minder gut sitzendes Kostüm, sie machen je nach dem Grade ihres Darstellungstalentes einen vornehmen Menschen mehr oder minder gut nach. Devrients Noblesse ist aber nicht etwas, das man nach Belieben zu ihm addieren oder von ihm abziehen könnte, sondern die Strukturformel seines innersten Wesens; und während es zumeist so ist, daß auch vorzügliche Schauspieler nur in den Adel ihrer Rolle hineinschlüpfen, verhält es sich bei Devrient umgekehrt, indem er durch sein Vorzeichen jede, auch die gemeinste Gestalt adelt. Er ist von einer unerklärlichen Atmosphäre umwittert, die ihn überallhin begleitet: wir fühlen uns in seiner Nähe wirklicher, beglaubigter als je und doch zugleich romantisiert, in eine dünnere, hellere, reinere Luft gehoben, der Schwerkraft entrückt. So wirkt er auch als Vorleser: schon sein bloßes Erscheinen ist eine hohe künstlerische Freude und vielleicht die stärkste des Abends. Denn solche begnadete Menschen brauchen bloß da zu sein, alles andere ist verhältnismäßig sekundär. Er liest Goethe und als Zugabe Fontane; aber er hätte auch ebenso gut das ABC lesen können, und der Jubel wäre nicht geringer gewesen. Ich komme nämlich immer mehr zu der Überzeugung, daß es in der Kunst gar nicht so sehr auf das ankommt, was einer macht, sondern auf das, was einer ist: ist er zum Beispiel tief, so wird seine Tiefe sich in der Art, wie er spazieren geht, genau so abprägen wie in seinen unsterblichsten Werken. Und es scheint mir ausgemacht, daß auch von Goethe die Gedichte, die Devrient las, nur ein abgesprengtes und verhältnismäßig unbedeutendes Bruchteilchen waren und ein Gespräch mit Goethe über Tulpenzwiebeln oder Postverbindungen hundertmal belehrender und beglückender gewesen sein muß als diese Äußerungen, in denen sein Wesen tot und petrefiziert in die Erscheinung tritt. Aber Devrient ist selbst ein Stück Goethekultur und ein lebendigeres als Goethes Gedichte! Und woher kommt das alles? Von der einfachsten Ursache der Welt: weil er ein so ausgezeichneter Mensch ist. Jeder Künstler ist genau so viel Künstler, wie er Mensch ist, die Kunst ist immer nur ein Nebenprodukt, eine Art Sekret, das sich ganz von selbst ergibt. Devrient besitzt das, was die Griechen offenbar unter der Kalokagathie verstanden haben, die nicht etwas bloß Ethisches, noch weniger etwas rein Intellektuelles war, sondern etwas im Gesamtorganismus des Menschen, seiner Blutmischung, seiner Zellenanlage, seiner Rasse schicksalsmäßig Verankertes, etwas, das bereits präexistiert hat in seinen Vorfahren. Solange es noch Menschen wie Max Devrient gibt, ist der Adel in Österreich nicht abgeschafft.

DIE RÉJANE

Wenn man den Versuch macht, die Schauspieler einzuteilen (und man kann ja schließlich alles einteilen), so ergeben sich zunächst ganz von selbst zwei Gruppen. Zuerst kommen die, die bloß verschiedene Rollen darstellen: einen Marquis, einen Straßenkehrer, einen Verliebten, einen Heuchler, einen Betrunkenen, wie es gerade der Text vorschreibt. Ihre ganze Leistung besteht darin, dies alles möglichst sicher und stark vorzutäuschen, möglichst naturgetreu zu zittern, zu lachen, zu schmachten, zu grollen. Sie spielen ganz einfach Theater, suchen möglichst vollkommen in ihrer Rolle zu verschwinden: das ist ihr höchster Ehrgeiz und ihr einziger künstlerischer Inhalt; die Meisterschaft ihrer Verstellungskunst hat natürlich vielfache Grade. Sodann kommen die, die eigentlich niemals Rollen, sondern immer nur sich spielen: die sogenannten Persönlichkeitsschauspieler. Welche von beiden höher stehen, das ist eine alte Streitfrage, die auch heute noch in den Theatercafés lebhaft diskutiert wird; aber ich glaube, sie ist ziemlich leicht zu entscheiden, wenn man sich nur einmal ernstlich fragt, was die Kunst denn eigentlich will. Dann wird man zu dem Resultat kommen, daß der tiefste Sinn, ja die einzige Daseinslegitimation aller menschlichen Kunstübung darin besteht, daß sie irgend etwas Einmaliges, nie so Dagewesenes, nie so Wiederkehrendes in die Welt zaubert, die im allgemeinen einen höchst philiströsen Hang zur Gleichförmigkeit, zum Typus und zur Regel besitzt. Was ist denn aber nun neu? Niemals unsere Empfindungen: die Liebe, der Haß, der Schmerz usw., diese sind vielmehr das allgemeine Schema, das Quadratnetz, in das das Bild unseres Schicksals eingezeichnet wird; sondern das durchaus Singuläre, Solitäre und Originale sind eben wir, unser Ich, das diese höchst monotonen und uniformen Empfindungen hat und das in dieser bestimmten Ausprägung seit Erschaffung der Welt in der Tat noch niemals existiert hat.

Nun gibt es aber noch eine höchst seltene dritte Gruppe von Schauspielern, die wertvollste und bedeutendste von allen: das sind die, die nicht bloß ihre Rollen, auch nicht bloß sich selbst, sondern einen ganzen Geschichtsabschnitt, die ganze Kulturschicht zur Darstellung bringen; und unter diese hat die Réjane gehört. Sie ist die repräsentative Schauspielerin des Zeitalters der zur Herrschaft gelangten Bourgeoisie geworden, das mit dem second empire einsetzt und bis in unsere Tage reicht. Das damalige Geschlecht, bis an den Rand gefüllt von einer taumelnden Lebensgier, die, lange zurückgedrängt, nun von allen menschlichen Beziehungen Besitz ergriff, ließ nur zwei Mächte gelten, die den Gesellschaftskörper souverän beherrschten: das Weib und die Börse. Wie bei der Heringsbegattung das Meer weithin von einer Schwade von Samenflüssigkeit getrübt ist, so schwamm damals alles in einer ungeheuren Wolke von Sexualität. Und das Weib, vor dem diese allgemeine Prostration stattfand, war nicht mehr die empfindsam Liebende der verflossenen sentimentalen Ära, sondern die femme entretenue; an die Stelle der Grisette, die sich verschenkt, tritt die Lorette, die sich verkauft. So vermischt sich in dieser Atmosphäre der Geist des Geschäfts mit dem Geist der Geschlechtlichkeit: die Liebe ist eine Geldangelegenheit und das Geldverdienen wird mit einer fast sinnlichen Inbrunst betrieben. Damals entstand das, was man „genre canaille" nannte: ein frecher Einschlag in Kleidung und Sprache, der es fast unmöglich machte, die sogenannten anständigen Frauen von den Dirnen zu unterscheiden, und dazugleich kam in die Mode eine gaminhafte Nuance: die Damen begannen Kragen und Krawatten, frackartig geschnittene Röcke, Offizierstaillen und Spazierstöcke zu tragen. Jedes Zeitalter hat eine Lieblingspose, in der sich seine Velleitäten kristallisieren. Im Rokoko war es bon ton, sich als Schäferin zu gerieren, man zeigte sich am liebsten mit breitem, bebändertem Strohhut und einem weißen Lämmchen: die Salonwelt stellte Landidylle; im Zeitalter des Cancans und der ‚schönen Helena' wurde es schick, Halbwelt zu kopieren. Der Modetypus der siebziger Jahre ist die grande dame, die die Kokotte spielt.

Zur Zeit der Germaneneinfälle wurde es bei den römischen Damen Sitte, große blonde Perücken zu tragen; sie wünschten, den Barbaren, die damals im Mittelpunkt des Interesses standen, im Äußeren irgendwie zu gleichen und frisierten sich sozusagen alla tedesca. Etwas ähnliches hat sich in der zweiten Hälfte des vorigen Jahrhunderts in Frankreich vollzogen. Nur kam die Invasion nicht von außen, sondern von unten. Die nouveaux riches hatten die Arbeit, mit der Arbeit das Geld, mit dem Geld die Macht an sich gerissen. Sie fingen an, politisch und gesellschaftlich zu dominieren. Damit drangen auch ihre plebejischen Sitten in die Salons. Und diese begannen bereitwillig die Allüren der Eroberer zu akzeptieren. Die

Mode beugt sich immer vor den Herrschenden. Im Directoire fanden „Guillotiniertenbälle“ statt, bei denen die Damen rote Bändchen um den Hals trugen.

Diesen Modetypus hatte die Réjane sogleich mit genialem Instinkt erfaßt. Sie spielte sozusagen die „fausse cocotte“, die Mondäne, die mit einer Demimondänen verwechselt zu werden wünscht, die feine Dame, hinter der irgendwo ein Gassenbub lauert. Sie zeigt dies zunächst an Rollen von Hinaufgekommenen, wie Madame Sans-gêne oder Zaza, aber im Grunde haben alle ihre Frauengestalten so etwas Malequilibriertes: immer sitzt in einem Winkel sprungbereit die Gamine oder die Petroleuse. Hiedurch bekamen ihre Schöpfungen eine Wahrhaftigkeit, Kraft und Menschlichkeit, wie sie die Bernhardt nie erreicht hat. Wobei man aber nicht vergessen darf, daß doch auch sie mit diesen Dingen bloß gespielt hat, indem sie die Bête humaine immer nur ein wenig fauchen und die Krallen zeigen ließ. Über allem lag aber doch stets die feine Lasur der großstädtischen Zivilisation, ohne die sie nie die „pariserischeste Schauspielerin“ hätte werden können.

Mit ihr ist die letzte große Vertreterin einer Kultur gestorben, die allem Anschein nach sich anschickt, für längere Zeit diese Erde zu verlassen. Es ist die vom Kapitalismus geschaffene Kultur, in der das Weib die Rolle einer sorgfältig gepflegten, empfindlichen Puppe, eines kostbaren exotischen Luxusgegenstandes spielt. Wie von einer unsichtbaren rosa Puderwolke umgeben, schritt die Réjane über die Bretter, wie ein Wesen aus einer höheren, zarteren, ästhetischeren Welt glitt sie durch ihr ganzes Leben. Ihre Kunst war keine Erzieherin zur Verinnerlichung und Einkehr, keine Lehrmeisterin ewiger Wahrheiten, sondern ein beglückender Karnevalstraum, eine reizende parfümierte Lüge. Sie war keine große Tragödin; aber wer sie spielen sah, dem erschien das Leben liebenswerter. Und so hat denn auch die Nachricht von ihrem Tode nichts Tragisches; man hat eher den Eindruck: es war ihre letzte Liebenswürdigkeit.

DIE ZUKUNFT DER DEUTSCHEN BÜHNE

1. Die Zensur ist vor allem deshalb schädlich, weil sie sich ihrer innersten Natur nach in erster Linie gegen alles Neue, Fortschreitende, Ungewöhnliche, Geniale richten m u ß. Die Zensur vertritt die sogenannte „öffentliche Meinung"; hieraus erwächst ihr die Aufgabe, alles zu unterdrücken, was dieser öffentlichen Meinung widerspricht. Es liegt nun aber im Wesen aller schöpferischen Tätigkeiten, daß sie dem „Zeitgeist" (wie man die Summe der jeweils herrschenden Vorurteile zu nennen pflegt) entgegen sind. Epochemachende Dramen sind immer zensurwidrig, einerlei, welchen Stoff sie behandeln. So waren zum Beispiel Ibsens ‚Gespenster' anfangs verboten. Warum? Wird in ihnen die Trinität verhöhnt, die lesbische Liebe gepredigt, das Gottesgnadentum geleugnet? Nichts von alledem; sie sind ein exzessiv bürgerliches Stück. Verboten wurde an ihnen die neue Art zu sehen, und so wird es immer bleiben, so lange es eine Zensur gibt.

2. Ausländische Stücke sind aufs strengste zu boykottieren, wenn sie schlecht sind; ihnen hingegen, wenn sie gut sind, minderwertige deutsche Produkte vorzuziehen, wäre eine künstlerische Infamie, die sich zu allererst an uns selbst rächen würde.

3. Was die „Förderung der jungen Talente" anlangt, so bin ich immer der optimistischen Meinung gewesen, daß wirklich Bedeutendes einfach nicht aufzuhalten ist. Alles Gute, Wertvolle hat die innere Tendenz, sich den Menschen mitzuteilen; es greift infolge eines, man könnte fast sagen: physikalischen Naturgesetzes um sich. Ein Mensch fasse irgendwo, in irgend einem Winkel der Erde einen neuen, schönen und tiefen Gedanken, und dieser Gedanke wird sich so sicher und unwiderstehlich ausbreiten wie Gas.

DAS KABARETT

Bisweilen werde ich gefragt, was ich von dem gegenwärtigen Zustand der Kabaretts halte und ob ich glaube, daß es noch eine Zukunft habe. Aber wenn ich die Wahrheit sagen soll, oder vorsichtiger ausgedrückt: das, was ich für die Wahrheit halte, so kann ich auf diese Frage nur mit einer Platitüde antworten. Die Wahrheit ist nämlich immer entweder ein Paradoxon oder eine Platitüde, und ob man sie für das eine oder für das andere hält, das hängt lediglich von der Zahl der Menschen ab, die an sie glauben. Hat sie sich bloß bei einigen wenigen durchgesetzt, so erscheint sie allen anderen als Irrsinn oder bestenfalls als Originalitätshascherei; haben sich dann allmählich alle Menschen von ihrer Richtigkeit überzeugt, so nennt man sie einen öden Gemeinplatz. Jede Wahrheit, die größte wie die kleinste, ist dazu bestimmt, die Entwicklungslinie von „absurd" zu „trivial" zurückzulegen. Aber wenn sie trivial geworden ist, bleibt sie darum doch nicht minder wahr, und man muß daher den Mut haben, in einem solchen Falle etwas Plattes zu sagen. Es ist dies etwa so, wie wenn man jemanden fragte: „Gestatten Sie, verehrter Herr, was ist eigentlich nach Ihrer Ansicht die Additionssumme von drei und fünf?" Darauf hat der Betreffende ohne Zögern und auch auf die Gefahr hin, etwas sehr Unoriginelles auszusprechen, die Antwort zu geben: „Meiner Ansicht nach unbedingt acht!" Es wird aber nie an solchen fehlen, die, um zu zeigen, was für besonders gedankenreiche Menschen sie sind, den Beweis versuchen werden, daß drei und fünf, genau genommen, das heißt also, wenn man in der Sache wirklich tief und auf den Grund blickt, eigentlich siebendreiviertel oder achtdreiachtel ergibt.

Nachdem ich mich also genügend salviert habe, rücke ich mit meiner Platitüde heraus: ich glaube, daß die Institution des Kabaretts nur so lange existenzberechtigt ist, als sie den

Charakter des Dilettantismus und der Improvisation trägt. Ich sage: den Charakter. Damit ist also nicht gemeint, daß in einem Kabarett nur Menschen auftreten dürfen, die künstlerisch nichts gelernt haben oder daß dort nur aus dem Stegreif gespielt werden darf. Aber es muß immer so aussehen, als ob es dort nur Dilettanten gäbe, und es muß alles so herauskommen, als ob es im Augenblick entstanden wäre. Das Publikum, das überhaupt viel mehr versteht, als die sogenannten Berufskünstler anzunehmen pflegen, hat für dieses Stilgesetz eine sehr feine Empfindung und verhält sich im Kabarett gegen alles andere, und sei es an sich noch so tüchtig und wertvoll, innerlich ablehnend.

Mit anderen Worten: die Zuhörer müssen spüren, daß jeder einzelne Auftretende ein Amateur geblieben ist, das Wort in seiner ursprünglichen Bedeutung genommen: ein Mensch, der seine Sachen riesig gern macht, dem es ein wirkliches Vergnügen bereitet, aufzutreten, der aus Passion, aus Laune, aus Mitteilungsbedürfnis und nicht infolge eines unter Konventionalstrafe abgeschlossenen Kontrakts vor das Publikum tritt. (Womit natürlich wiederum nicht gemeint ist, daß er für seine Leistungen nicht bezahlt werden darf.) Dies ist es, was ich unter dem Charakter des Dilettantismus verstehe. Es muß über dem Ganzen immer die Atmosphäre einer Liebhaberbühne liegen; die Vorträge können noch so gelungen, das Ensemble noch so geschult sein: der Zuschauer muß doch immer die vage Empfindung haben, hier sind Menschen, die sich einen vergnügten Abend machen, und ich sehe zu.

Ferner darf das Programm nicht in Einzelleistungen zerfallen. „Programm" ist überhaupt schon ein Wort, das zum Begriff des Kabaretts nicht paßt. Sondern man muß spüren: jede Einzelleistung ist aus dem Gefühl des Ganzen hervorgegangen und ein jeder ist erst komplett, wenn man alle anderen dazunimmt. Man muß spüren: dieser Mensch, der jetzt hier oben auf der Bühne steht, könnte dieselbe Sache nicht in jedem beliebigen Raum, in jedem beliebigen Ensemble, in jeder beliebigen Stimmung ebensogut zusammenbringen (was sämtliche Artisten können, die alle nichts anderes sind als kostbare Grammophonplatten). Es gibt unter den Protozoen gewisse Arten, die sich zu großen Zellkolonien, „Coenobien", vereinigen. Diese Geschöpfe sind zwar selbständige Einzelorganismen und besitzen daher jedes seine Individualseele, aber außerdem hat auch noch der ganze Zellstock ein eigentümliches Seelenleben, eine Art Überseele, die man „Coenobialseele" nennt. Nun eine solche Coenobialseele muß auch jedes richtige Kabarett besitzen. Dies meine ich mit dem Charakter der Improvisation, der sorgfältige Vorbereitung durchaus nicht ausschließt.

Da also ein Kabarett eine Lebenseinheit, ein Organismus ist, so ist es auch nötig, daß es organisch entstanden sei wie ein natürliches Gewächs. Alle echten Kabaretts haben auch einen solchen Ursprung gehabt, und es hat deren, soviel ich weiß, auf deutschem Sprachgebiet nur vier gegeben: Wolzogens ‚Überbrettl', die Münchener ‚Elf Scharfrichter', das Wiener ‚Nachtlicht' und die ‚Fledermaus' in ihren Anfängen. Bei dem ersten dieser Kabaretts kam ein geistreicher und liebenswürdiger deutscher Schriftsteller auf die Idee, eine Episode aus Otto Julius Bierbaums ‚Stilpe' in die Realität zu übersetzen. Und das Experiment gelang und hatte großen Erfolg, genau so lange, als es nichts anderes war als ein bizarrer literarischer Scherz, den ein geschmackvoller Gentleman mit dem Publikum machte. Aber alsbald wurde es ein Geschäftsunternehmen, und in dem Augenblick begann das Publikum sich langsam zurückzuziehen. Dann kamen die ‚Elf Scharfrichter', die in ihrer damaligen Zusammensetzung eine wirkliche Vereinigung von ausgelassenen und vorurteilslosen Bohèmiens waren: ihre Seele war der Franzose Marc Henry, ein letzter Ausläufer der provenzalischen Sängervagabunden, und unter ihnen befand sich Frank Wedekind. Das ‚Nachtlicht' war dann eine Art Wiener Kolonie der ‚Elf Scharfrichter'. Und in der ‚Fledermaus' saßen dann in der bunt gekachelten Bar eine Reihe von gutgelaunten und medisanten Menschen zusammen. Diese Menschen sagten sich ununterbrochen gegenseitig die größten Sottisen und zwischendurch versöhnten sie sich und sagten gemeinsam über die gesamte übrige Welt die größten Sottisen. Und dann kam dazu die ungeheure amerikanische Energie Fritz Wärndorfers und machte unter einem gewaltsamen Hochdruck von zehntausend Volt aus diesen Bargesprächen einen Kabarettabend. Auf die Dauer war es aber unmöglich, dieses boshafte und launische Gesindel zusammenzuhalten, und nachdem Fritz Wärndorfer zwei Jahre lang seine Nerven, sein Geld und sein gesellschaftliches Ansehen aufs Spiel gesetzt hatte, wurde es ihm zu dumm und er verkaufte das Lokal an einen ruhigen und nüchternen Geschäftsmann, unter dem es nicht schlechter, ja sogar eine Zeitlang besser ging; aber es war eben kein Kabarett mehr.

Von dieser letzteren Art sind nun heutzutage alle deutschen Kabaretts: in Berlin, in Wien, in Köln, in Hamburg, überall. Es sind korrekt betriebene kleine Variétés. Es gibt da natürlich Abstufungen, die pauvresten nähern sich schon bedenklich dem Café chantant, die elegantesten haben unter acht oder neun langweiligen oder albernen oder geschmacklosen Nummern auch einmal ein wirkliches Original. Aber eine einzelne gute Kraft kann wohl Publikum anziehen, aber sie kann nicht ein Kabarett machen; so wenig wie ein einzelner Mensch, und wenn er noch so viel Humor und Phantasie hat, ein Witzblatt machen kann. Alle guten Witzblätter sind denn auch ganz ähnlich entstanden wie die Kabaretts, zum Beispiel der ‚Simplicissimus'. Auch damals saßen eine Anzahl Münchener Maler und Schriftsteller um einen Biertisch herum und machten sich über alles mögliche lustig. Und auch damals kam eine amerikanische Energie in Gestalt Albert Langens dazu und schweißte diese Elemente zu einer Zeitung zusammen.

Woraus sich also heutzutage so ein Kabarett zusammensetzt, das sind entweder Marodeure, Menschen, die für ein reguläres Theater zu untalentiert oder zu unzuverlässig sind, oder tüchtige, solide Artisten. Diese wissen: meine Nummer beginnt um elf Uhr zwanzig, und dann werde ich fünfzehn Minuten arbeiten, mit Zugabe neunzehn. Sie kommen eine halbe Stunde früher, ziehen sich um, schminken sich, und wenn sie fertig sind, schminken sie sich ab, nehmen ihren Winterrock oder ihre Boa und fahren nach Haus. Am ersten und sechzehnten holen sie sich ihre Gage, abzüglich zehn Prozent für den Agenten, und ihre einzigen Erschütterungen bestehen darin, daß sie sich nach einem neuen Chanson umsehen müssen, denn im zweiten Monat muß man kontraktlich Programm wechseln, oder daß sie ihren Manager antelephonieren, ob er ihnen noch immer nicht für April einen Abschluß verschafft hat.

Trotzdem sind aber solche zwanglose Institutionen wie Witzblätter und Kabaretts eine Notwendigkeit, denn es wird immer originelle und lebhafte Naturen geben, die in die bestehenden Kunstformen nicht passen, die ihnen sowohl zu weit wie zu eng sind. Aber die Kabarettform ist dazu nicht mehr zu gebrauchen, schon aus dem einfachen Grund, weil jede Kunstinstitution, die auf einen bestimmten aparten Einfall aufgebaut ist, immer nur eine beschränkte Lebensdauer hat. Es ist mit den Witzblättern geradeso. Die ‚Fliegenden Blätter' waren, so schwer wir uns das heute vorstellen können, einmal ein höchst gefürchtetes und verhaßtes, als frivol und revolutionär verschrienes Blatt; eben damals, als die Witze über die Professoren, die Schwiegermütter und die Leutnants noch neu waren. Und umgekehrt mutet der ‚Simplicissimus' heute schon recht philiströs an und ist selber schon reif für die Parodie. Und ebenso ist es mit den Kabaretts, den gesprochenen und gespielten Witzblättern. Und darum ist mein Resümee: man muß einen neuen Schwindel erfinden.

VARIÉTÉKRITIK

Es dürfte nicht nur dem großen Publikum, sondern auch sehr vielen Leuten vom Bau unbekannt sein, daß es so etwas wie eine Variétékritik in Wien noch niemals gegeben hat. Die Besprechungen, in denen jeden Monat das neue Programm gewürdigt wird, sind entweder sogenannte Waschzettel, das heißt: in der Direktionskanzlei des betreffenden Etablissements hergestellte Inserate in Referatform, die in gleichlautendem Text an alle Blätter verschickt werden, oder sie sind von einem sogenannten Presseleiter verfaßt, einem Journalisten, den sich die besseren Institute als eine Art Hausreferenten halten: er hat die Aufgabe, sämtliche Zeitungen mit entsprechend variierten Lobeshymnen zu versehen. Diese so günstigen Berichte werden entweder pro Zeile honoriert, wie jede andere Annonce, oder auch von den Redaktionen gratis abgedruckt, als eine Art Zugabe zur hochbezahlten Ankündigung des Inseratenteiles. Ihre Form und der Platz, an dem sie erscheinen, läßt aber niemanden ihre Herkunft vermuten. Der einzige Mensch, der regelrechte Variétékritiken geschrieben hat, war Peter Altenberg; aber auch er durfte niemals tadeln, und es ist einer der vielen Wiener Skandale, daß der größte Dichter, den Österreich seit Walther von der Vogelweide hervorgebracht hat, gezwungen war, für hundert Kronen monatlich sich für das Lied ‚Putzi, sei nicht fad' zu begeistern. Er hat das, wie so vieles andere, mit dem souveränen und gütigen Zynismus eines griechischen Weisen hingenommen; nur hie und da, wenn eine Nummer doch gar zu arg war, hat er sie nicht erwähnt. Aber da kam dann sofort von Ben Tieber oder Gabor Steiner eine entrüstete Anfrage an die Redaktion, wie man denn einen erstklassigen Star, der monatlich sechstausend Kronen koste, einfach totschweigen könne? Ich habe übrigens seinerzeit, als ich artistischer Leiter der ‚Fledermaus' war, den Versuch gemacht, dieses System noch ein wenig zu vervollkommnen. Ich ließ nämlich an jedem Ersten einen Bogen zirkulieren und ersuchte alle Mitglieder, auf diesem schriftlich bekanntzugeben, was sie so eigentlich von sich im allgemeinen und von ihrer neuen Nummer im besonderen dächten. Auf diese Weise kam eine Sammlung durchaus wohlwollender Urteile zusammen, und ich hatte nichts weiter mehr zu tun, als die gröbsten grammatikalischen Fehler zu korrigieren und das Manuskript an die Zeitungen zu schicken. Und ich finde, daß das eine ganz akzeptable Lösung des gesamten Problems „Kunstkritik" war, denn schließlich ist doch jeder für sich und seine Leistung der eingeweihteste und kompetenteste Beurteiler. Die Zeitungen benahmen sich übrigens in dieser Sache geradezu rigoros anständig, was folgender Fall beweist: Ich schrieb einmal: „Herr Friedell hat wie immer sich selbst übertroffen", fügte jedoch hinzu, „aber er könnte sich doch endlich zu einem neuen Programm entschließen", indem ich mir dachte: mit der Zeit könnte dem Publikum dieses ewige Lobgehudel doch verdächtig vorkommen, ich werde daher diesen kleinen Schönheitsfehler hineinretouchieren, um den Realismus der Sache zu erhöhen. Aber für diese Pikanterie hatte die betreffende Gazette kein Verständnis: sie konstatierte bloß, ich hätte mich wie immer selbst übertroffen, ohne dem Wunsche nach einem Programmwechsel Ausdruck zu verleihen. Sie hielt es offenbar für unhonorig, sich eine solche gehässige Zeile bezahlen zu lassen.

Dieses Prinzip der Selbstkritik wäre, wie gesagt, das einzig richtige, denn endlich einmal wären alle Teile zufriedengestellt: die Direktion, weil niemals durch Zeitungstadel ihr Geschäft gestört werden würde, die Künstler, weil sie stets lesen würden, was sie sich wünschen, und schließlich auch das Publikum, denn dieses will ja im Grunde nur, daß man ihm einrede, eine Sache habe ihm brillant gefallen: dann freut es sich und fühlt sich nicht um sein Entree geprellt. Aber dieses Prinzip wäre nur dann berechtigt, wenn es sich gleichmäßig auf alle Kunstgebiete erstreckte: auf alle Theater, alle Konzerte, alle Bücher, alle Gemäldeausstellungen. Solange es nur auf die Variétés und Kabaretts Anwendung findet, bedeutet es eine ungerechte Bevorzugung der dort auftretenden Kunstkräfte, denen es ohnehin schon in so vielem besser geht als ihren Kollegen vom Theater, indem sie viel kürzer zu „arbeiten“ und fast nie zu probieren brauchen, viel höhere Gagen und gebildetere Direktoren haben. Wir wollen daher einmal den Versuch machen, mit diesem Prinzip zu brechen und über Lokale, in denen geraucht und „konsumiert“ wird, ganz ebenso zu schreiben wie über die, in denen man nichts zu essen bekommt. Dies ist keine Äußerung der Mißgunst gegen diese Unternehmungen, sondern vielmehr ein Beweis, daß wir mehr Respekt vor ihnen haben als die anderen. Einzelne Darbietungen des Variétés, zum Beispiel gewisse Knockaboutnummern, stehen auf einer künstlerischen Höhe, die fast niemals in einem Theater erreicht wird, einzelne Solisten, zum Beispiel Yvette Guilbert, haben uns die tiefsten menschlichen Offenbarungen geschenkt; und in fast allen Variétéleistungen steckt eine Summe von ernster, ehrlicher Arbeit, die allein schon Achtung abnötigt. Siegfried Trebitsch erzählte mir einmal, Shaw habe ihm auf die Anfrage, ob er etwas dagegen hätte, wenn einer seiner Einakter im Variété gespielt würde, geantwortet: Im Gegenteil, er halte es sogar für eine Ehre, daß seine Werke endlich einmal in die Gesellschaft von Menschen kämen, die etwas Positives leisten. Und was das Kabarett anlangt, so sind dort Liliencron, Mela Mars, Grete Wiesenthal und Wedekind aufgetreten. Die Vorstellungen der Rauchtheater dürfen daher beanspruchen, mit der größten Aufmerksamkeit betrachtet zu werden. Bisher hat die Kritik die Variété- und Kabarettkünstler wie kleine Kinder behandelt, die etwas aufsagen: man hört gar nicht zu, aber am Schluß sagt man: „Das hat das Mädi aber einmal schön gemacht“ und steckt dem Mädi ein Bonbon in den Mund. Wir aber wollen den Programmnummern des Rauchtheaters wie erwachsenen Menschen zuhören, die etwas zu sagen haben. Wir zweifeln nicht daran, daß wir oft Gelegenheit haben werden, zu äußern: „Fräulein Soundso hat wie immer sich selbst übertroffen“, aber hie und da wird es sich vielleicht auch ergeben, daß wir sagen müssen: „Fräulein Soundso war unmöglich“; wir werden nicht davor zurückschrecken, einem Elefanten oder Seebären gelegentlich tüchtig die Meinung zu sagen, so schwer es uns fallen wird, diese klugen und liebenswürdigen Geschöpfe zu kränken, und wir werden, falls es nötig sein sollte, der Trapezkünstlerin und dem Glasesser mitteilen, daß uns ihre Auffassung nicht paßt; nur bei den Schwerathleten werden wir uns aus menschlich begreiflichen Gründen einige Zurückhaltung auferlegen.

EIN MONAT UNTER KÜNSTLERN

Ich habe jetzt vier Wochen lang mit den Russen „gearbeitet“, wie wir Variétémenschen unsere Tätigkeit zu bezeichnen pflegen (und, wie ich glaube, ziemlich zutreffend, denn wir wollen damit ausdrücken, daß wir sie als eine Sache empfinden, die nur zur einen Hälfte auf Talent und Eingebung beruht, zur anderen und mindestens ebenso wichtigen Hälfte aber auf zähem Fleiß, scharfer Überlegung und minutiöser Präzision). Ich habe vorher fast niemals Gelegenheit gehabt, mit Russen in Berührung zu kommen, aber in diesen wenigen Abendstunden, wo ich als sogenannter Conferencier des ‚Karussel‘ fungierte, hatte ich die Möglichkeit, ganz mühelos eine Menge über den Charakter dieses merkwürdigen Volkes zu erfahren. Denn nirgends kann man die Wesensart eines Menschen so schnell und leicht kennen lernen als hinter den Kulissen. Hier hat er nämlich ganz einfach keine Zeit, seine wahre Natur mit embellierenden Masken und Draperien zu verhängen, der Reiz und die Gefahr des Kampfes mit einer unbekannten Menge, die Leidenschaft der Spielpflicht, die Hitze des drängenden Augenblicks absorbiert ihn völlig, und er reagiert nun auf die Einwirkungen der Außenwelt ganz direkt, aus seinen Urinstinkten heraus, ohne Zwischenschaltung konventioneller Hemmungen: wenn er dann noch Kultur zeigt, dann hat er wirklich Kultur.

Wenn man mit einem Schauspieler auch nur einen Abend lang die Garderobe geteilt hat, so weiß man mehr von ihm, als wenn man jahrelang mit ihm in der Gesellschaft verkehrt hat. Und ich habe noch in keinem Salon eine Versammlung von so feinen und taktvollen, sanften und liebenswürdigen Menschen, von so rührend wohlerzogenen Kindern gefunden wie in den Theatergarderoben der Russen. Ich wollte schon gleich in den ersten Tagen einen Hymnus auf sie anstimmen, aber ich dachte mir: in dieser Stadt der berufsmäßigen Korruptionsriecher werden sich gleich eine Menge Menschen finden, die sagen: Aha, er macht für ein Unternehmen Reklame, bei dem er selbst engagiert ist! Ich tue es daher erst jetzt, wo das Gastspiel abgelaufen ist, obgleich ich mir gestehen muß, daß diese Konzession eigentlich eine unwürdige ist und daß ich selber eine Unanständigkeit begehe, wenn ich auf die unanständige Einstellung anderer so verständnisvoll eingehe. Aber was ich sagen will, sage ich gar nicht zum Lobe der Russen, die das wahrhaftig nicht nötig haben, sondern weil ich hoffe, daß meine deutschen Kollegen vielleicht daraus etwas lernen werden.

Zunächst: bei den Russen gibt es so etwas wie Rollenkonkurrenz, Star, Platz im Programm, Rangordnung der Fächer überhaupt nicht. Dieselbe Sängerin hat heute in der Spieloper die erste Partie und morgen wirkt sie im Chor mit. Überhaupt spielen alle alles. Sie haben dabei nur einen einzigen Ehrgeiz:

sich in Kostüm, Maske und Haltung so zu verändern, daß man sie nicht identifizieren kann, und sie treffen das in so virtuoser Weise, daß ich bis zum letzten Tage bei den meisten Nummern nicht wußte, wer eigentlich mittat. Sind sie einmal nicht mit Umkleiden oder Spielen beschäftigt, was allerdings nicht oft vorkommt, so stehen sie hinter der Szene und sehen den anderen begeistert zu oder sie verstärken den Chor, indem sie unsichtbar mitsingen. Unser sogenannter „Star" war die Tänzerin Preobrajanskaja, die in Rußland ebenso berühmt ist wie die Pawlowa. Zu Anfang hatte sie die zweite Nummer des zweiten Teils; dies ist nach einem ungeschriebenen, aber seit der Erschaffung der Welt gültigen Gesetz tatsächlich der Starplatz. Später tanzte sie als eine der allerersten Nummern: sie war darüber weder ärgerlich noch resigniert, sondern sie hatte es einfach nicht bemerkt. Ich möchte gerne oder vielmehr nicht gerne hören, was die Zwerenz in einer solchen Situation gesagt hätte. Gefällt eine Nummer besonders oder muß sie gar wiederholt werden, so klatschen die Nichtbeschäftigten in der Kulisse aufs höchste geschmeichelt mit und rufen aus vollem Halse: „Jesch tschoras! Charascho! Charascho!"

Nie habe ich bemerkt, daß ein Mitwirkender auch nur die kleinste Nuance an einem Abend matter, gleichgültiger brachte oder gar ausließ. Dinge, wie „Ulken" oder „Tempospielen", damit es rascher aus wird, kennen die Russen nicht. Ob das Haus voll oder leer ist, hat auf die Qualität ihrer Leistung nicht den geringsten Einfluß. Ist die Stimmung des Publikums einmal lahmer, so überträgt sich das auf sie gar nicht. Man hat den Eindruck: sie spielen überhaupt nur für sich. Auch auf den Proben gibt es für sie kein „Markieren". Und sie probieren tagtäglich. Obgleich sie ihre Nummern schon hundertmal gemacht haben, üben sie sie doch immer wieder von neuem ein. Ich hatte mit der reizenden Skokan, die übrigens ein parodistisches Talent allerersten Ranges ist, ein paar Sätze zu wechseln. Die habe ich mindestens dreißigmal mit ihr probieren müssen. Aber am Abend vor der Vorstellung kam sie zu mir und sagte (wir verständigten uns in allen möglichen Sprachen: französisch, englisch, italienisch, deutsch, ja sogar russisch) im Tone eines bittenden und ein wenig gekränkten Kindes: „Prego, signore, prego cordialmente, ancore una ripetizione!" Es wurden aber fünf daraus. Ein anderes Mitglied hatte in einer musikalischen Szene als Soldat auf die Bühne zu laufen, zu schießen und selbst tot umzufallen. Einige Minuten vor seinem Auftreten – er stand natürlich schon in der Kulisse – trat ich zu ihm und fragte ihn etwas. Er sah mich ganz geistesabwesend an und sagte: „Wie bjiete? Ich jetzt nicht antworten – ich serr aufgeregt."

Diese Russen unterscheiden sich von unseren einheimischen organisierten Nichtskönnern ganz einfach dadurch, daß sie vollkommen verspielt und daher immer vollkommen ernst sind. Sie haben die Sachlichkeit und den Eifer von spielenden Kindern: für sie gibt es keine Überstunden. Das ist das Geheimnis ihrer Wirkung. Denn das Publikum spürt ganz genau, ob ein Künstler seine Sachen aus Eitelkeit und Erfolggier oder gar um des Geldes willen macht oder ob seine Leistung aus dem elementaren Drang geboren ist, sich und anderen ein Vergnügen zu machen. Nur in diesem Falle hat er das Recht, sich öffentlich zu zeigen, weil er nur in diesem Falle jene wohltuende, befreiende und erlösende Wirkung zu spenden vermag, die die Kunst zu so etwas Beglückendem und Unentbehrlichem macht. Im anderen Fall ist seine Kunst nichts als die Zurschaustellung seiner Nahrungssuche. Natürlich wird man jetzt wieder finden, daß ich kein „soziales Empfinden" habe, und sagen: Die Schauspieler wollen doch auch essen! Nun, die Russen haben ja schließlich auch zu essen, aber wie Vögel, denen man zum Dank für ihren Gesang Brot streut. Und wie die Vögel essen sie bloß, um wieder singen zu können. Unsere eingebornen Menschendarsteller aber singen, um essen zu können. Und warum sollte der Künstler nicht sogar

Entbehrungen leiden? Wenn er wirklich eine Art höhere Menschenrasse ist, so darf ihn das nicht anfechten; und wäre es nicht eine Art Überzahlung, wenn er zu dem Genuß, den seine Kunst ihm und anderen bereitet, auch noch Reichtümer bekäme? Man sollte die menschlichen Leistungen nicht nach ihrem Wert honorieren, auch nicht nach dem Maß der Anstrengung, sondern nach dem Grad ihrer Ekelhaftigkeit. Und deshalb finde ich die jetzige Gesellschaftsordnung durchaus gerecht, in der die bestbezahlten Mitglieder die Kanalräumer und die Operettenlibrettisten sind. Der Flötenspieler Kanus, der in der zweiten Hälfte des ersten Jahrhunderts weltberühmt war, soll einmal geäußert haben: „Wenn meine Zuhörer wüßten, daß mein Spiel mir selbst mehr Vergnügen macht als ihnen, würden sie nicht dafür bezahlen, sondern mich bezahlen lassen.“ Das ist einer der künstlerischesten Aussprüche, die ich je gehört habe.

MEINE DOPPELSEELE

Mit einem Volksstück ‚Die Kinderbergstadt‘ bestieg Herr Heinrich Rienößl, bisher deutschösterreichischer Steuerbeamter, zum erstenmal die Bühne. Er mußte aber sogleich erkennen, daß das Theater nur auf Distanz eine prächtige und glänzende Erscheinung ist; kaum kommt man näher mit ihm in Berührung, so gibt es nichts als Ärger und Verdruß. Und dabei ist Herr Rienößl an der ganzen Affäre wirklich vollständig unschuldig.

Gerade einen Tag vor der Premiere der ‚Kinderbergstadt‘ faßten nämlich die Wiener Schauspieler in einer Versammlung des ‚Österreichischen Bühnenvereins' den Beschluß, die Presse nicht mehr zu Generalproben zuzulassen, und als die Herren Beurteiler vollzählig im ‚Deutschen Volkstheater' erschienen, um sich über die Stellung, die Herr Rienößl in der deutschen Literaturgeschichte einnimmt, etwas näher zu informieren, fanden sie versperrte Türen. Rasch gefaßt, organisierten sie sich jedoch ebenfalls und schritten zur Gegenblockade, indem sie beschlossen, die Schauspieler nicht mehr zu rezensieren. Ich bin nun vielleicht nicht ganz ungeeignet, in dieser Sache ein objektives Urteil zu fällen, da ich sozusagen beide Parteien in meiner Seele vereinige; denn ich war ja selber jahrelang als Schauspieler engagiert und wäre sogar vor einiger Zeit beinahe in den Präsidialausschuß des Österreichischen Bühnenvereins delegiert worden, wenn es mir nicht noch im letzten Moment gelungen wäre, meine Wahl durch allerlei Intrigen zu vereiteln.

Blicke ich also in meine Schauspielerseele, so muß ich sagen, daß eine Generalprobe mir nicht dazu angetan erscheint, dem Besucher ein richtiges Bild von unseren Leistungen beizubringen. Eine Generalprobe, bei der alles klappt, kommt nur äußerst sporadisch vor; der Fall tritt so selten ein, daß wir – abergläubisch, wie das Bühnenvölkchen schon einmal ist – dies für ein schlechtes Omen halten. Die Requisiten sind fast niemals vollzählig versammelt; und auch wenn sie es sind, so sind sie doch nicht alle am richtigen Ort; und auch wenn sie es wären, so würde doch immer noch das Mißtrauen, das wir infolge zahlreicher übler Erfahrungen diesen Verhältnissen entgegenbringen, uns unsicher und nervös machen. Der Text sitzt meist nicht ganz fest, und wenn er sitzt, so sitzen die Stellungen nicht, und selbst wenn sich die Monstrosität ereignet, daß auch diese sitzen, so sind wir doch immer noch nicht in Gewißheit darüber, ob unser Partner sich in derselben glücklichen Lage befindet. Und vor allem fehlt die Hauptsache: der raunende, summende, vibrierende, mit gespannter

Erwartung geladene Bienenstock „Publikum". Statt dessen, wer sitzt in einer Generalprobe? Ein paar gähnende, mißgelaunte Skribenten, ein paar höhnisch lächelnde, übelwollende Kollegen, ein paar stets unzufriedene und skeptische Direktionsmitglieder.

Man kommt sich wie ausgesetzt vor, die Bühne wird zum Pranger. Es fehlt für das, was man da oben tut, nicht nur jedes Tonikum, sondern auch jede Entschuldigung. Die einzige Entschuldigung für Theaterspielen ist nämlich ein passendes Publikum. Denn man mag sich auf der Bühne noch so töricht gebärden, die Menschen, die für diesen Anblick auch noch Geld auslegen, sind zweifellos noch törichter, und dieses Verhältnis setzt den Darsteller in eine Position unleugbarer geistiger Überlegenheit. Fällt jedoch dieser Umstand weg, so erhebt sich jene gefährliche, stets auf der Lauer liegende Frage, die der Tod jeder Schauspielkunst ist: „Wozu das alles? Warum habe ich mir das Gesicht blau und rot angemalt wie ein Hottentottenpriester, Kleider umgehängt, die hierzulande kein Mensch trägt, und eine lästige Haarmütze auf den Kopf gestülpt? Es weiß ja doch jeder Mensch hier, daß ich der Egon Friedell bin und nicht der Kaiser von China!" Natürlich bin ich infolgedessen schlecht. Der Herr Kritiker aber, der meist von dieser Probe meiner Kunst genug zu haben pflegt und sich daher die Abendvorstellung schenkt, geht nach Hause und schreibt: „Herr Friedell war wieder einmal ganz unmöglich." Wenn man daher die Sache einigermaßen billig ansieht, so muß man sagen: Wir Schauspieler sind zweifellos im Recht.

Blicke ich nun in meine Kritikerseele, so muß ich sagen, daß wir Kritiker ohne die Generalprobe keine solide und einigermaßen ernst zu nehmende Arbeit leisten können. Wir wären, wenn uns der Besuch der Generalprobe verwehrt wird, gezwungen, in der Zeit von 11 bis 1 Uhr nachts eine längere feinsinnige Kritik und in vielen Fällen einen ganzen tiefschürfenden Essay zu Papier zu bringen. Das ist schon rein physisch eine Unmöglichkeit; und außerdem brauchen wir gerade so gut Stimmung wie die Herren Schauspieler; die muß aber natürlich ausbleiben zu einer Zeit, wo ein normaler Mensch bereits vollkommen ausgeleert, abgeschnurrt und von der Tagesarbeit durchlöchert ist und nur noch für Alkoholismus, politische Diskussionen, Erotik und ähnliche den Geist nicht übermäßig in Anspruch nehmende Beschäftigungen befähigt zu sein pflegt. Was mich betrifft, so war ich seit meiner Geburt noch nie von 11 bis 1 abgeklärt. Was wäre also die Folge? Ich würde schlecht schreiben, und zwar in doppeltem Sinne: erstens Blödsinn und zweitens, in meiner Verbitterung, Verrisse. Und die Leser würden sagen: „Dieser Friedell ist ein Schwein", und die Schauspielerinnen: „Er hat eben von mir nicht erreicht, was er gewollt hat." Wenn man daher die Sache einigermaßen billig ansieht, so muß man sagen: Wir Kritiker sind zweifellos im Recht.

Ich hoffe, hiemit meinen Standpunkt mit aller wünschenswerten Klarheit präzisiert zu haben. Im übrigen aber scheint mir das Ganze weniger eine Rechtsfrage, als eine Machtfrage zu sein, das heißt: es wird sich darum handeln, wer länger die Rezensionen entbehren kann: wir Schauspieler oder wir Kritiker. Was jedoch das Werkchen anlangt, das der unfreiwillige Anlaß dieses Konfliktes war, so bitte ich den geneigten Leser, mir zu gestatten, daß ich in diesem Fall meinen Boykott von der Darstellung auf das Dargestellte ausdehne, und mir die Versicherung zu glauben, daß über Herrn Rienößl wirklich nicht mehr zu sagen ist, als daß er so heißt. Dagegen gab ein neuer junger Schauspieler eine Liebhaberrolle mit so unkonventionellen Mitteln einer höchst subtilen und ausdrucksvollen Charakteristik, daß man sich sicher an seinen Namen gewöhnen müßte, wenn ich ihn nennen dürfte.

FRIEDELLS DOPPELSEELEN

Ein Mann von Format und Statur Friedells kommt nicht mit einer einzigen Doppelseele aus, sondern benötigt eine umfängliche, kontrastreiche Seelenlandschaft. So trägt er in seiner Brust die Seele eines peniblen, bürgerlichen Pedanten, der mit spitzem Bleistift in winziger Schrift seine Gedanken entwickelt, ungeheuer viel liest und dabei nicht gestört werden will. Doch gleich daneben residiert die Seele eines Mannes von Welt, der in Salon, Caféhaus und Bühnenfoyer im Mittelpunkt steht, ganze Gesellschaften unterhält, belehrt, belustigt und gleichzeitig mit kindlich-anarchischem Verhalten schreckt.

Im wissenschaftlichen Feld schwingt er das Panier des vorurteilslosen Freigeistes, der es geradezu darauf anlegt, mit seinen eigenwilligen Ansichten die Fachwelt zu irritieren. Doch erweisen all seine so individuell gefärbten, unabhängigen Arbeiten zugleich einen tiefen Glauben an einen christlichen Schöpfergott, dem sich der geborene Jude schon als Schüler zugewandt hatte.

Auch für seine diversen Metiers sind mindestens zwei Seelen zuständig: Der Kulturhistoriker „im Gehäus" und der Protagonist im Rampenlicht führen eine sich ergänzende Doppelexistenz. Seine für die Bühne kompetente Seele ist breit gefächert: Da gibt es Unterseelen für die leichte Muse und für den seriösen Dramatiker, für den Bühnenbearbeiter wie für den Dramaturgen, eine für den Zuschauer, aber auch eine für Theaterskandale und nicht zuletzt eine mit sich hadernde für den Theaterkritiker.

Die Darstellung des Zusammenspiels aller Persönlichkeitsaspekte wird eine Biographie füllen; an dieser Stelle sollen nur die Qualen einer einzigen seiner Doppelseelen, der für Darsteller und Kritiker zuständigen, skizziert werden. Das Keimen dieser Seele liegt im dunkeln. Auch die „zuverlässigen Daten", die er zum 60. Geburtstag für die Presse zusammenstellt, bringen nicht recht weiter, im Gegenteil: „Anders als viele meiner Kollegen wurde ich erst auf Grund meiner dramatischen Tätigkeit Theaterrezensent.“[1] Tatsächlich schrieb aber, lange vor seiner einzigen Tragödie, bereits der Philosophiestudent Egon Friedmann Theaterkritiken, die jedoch verschollen sind.[2] Drei Jahre später, 1905, dürfte erstmals der Künstler Egon Friedell Maske gemacht haben: In der Rolle eines Polizeikommissärs tritt er vor das Wiener Publikum, als Karl Kraus den verfemten Frank Wedekind aufführen läßt.[3]

1906 bildet sich dann die komplexe Doppelseele voll aus: Ab Jahresbeginn spielt er Cabaret, denn M. Henry[4] hat ihn ins Ensemble des Wiener ‚Nachtlichts‘ aufgenommen, und im Mai debutiert er als Mitarbeiter von Siegfried Jacobsohns ‚Schaubühne‘, wobei er gleich über „das Ende der Tragödie“ grübelt.[5] Dieser Berliner Theaterzeitschrift, der damals besten im deutschsprachigen Raum, bleibt er treu. Erst als im April 1918 der neue Titel ‚Weltbühne‘ die Hinwendung zur Politik signalisiert, wird er sich nur noch sporadisch beteiligen.

Seine Cabaret-Zeit erfährt bald eine Unterbrechung, denn die erste Saison des ‚Nachtlichts‘ endigt mit einer Rauferei zwischen Marc Henry und Karl Kraus sowie anschließender Gerichtsverhandlung. Friedells Mitwirken in der zweiten Saison ist noch nicht gesichert. Tatsache ist aber, daß er Weihnachten 1906 von den beiden Direktoren einer Dilettantenbühne, von seinem Freund Felix Fischer und seinem Bruder Oskar Friedmann, als „Literat“ und Regisseur angeworben wird.[6] Das ‚Intime Theater‘ bringt Avantgarde auf die Bühne, doch Beschränkungen von seiten der Zensurbehörde und Ohrfeigen im Direktorium beenden nach einem Jahr den zaghaften Versuch, Gorkij, Maeterlinck, Wilde und Strindberg zu spielen.

Friedell wechselt sofort als Texter und Cabaretier in die eben gegründete ‚Fledermaus‘.[7] Diesen Ableger der Wiener

Werkstätten ließ Financier Fritz Wärndorfer opulent von seinen besten Künstlern ausstatten, der artistische Leiter Marc Henry brachte seine Erfahrungen aus dem legendären ‚Chat noir' ein. Hier erlebt am 1. 1. 1908 ‚Goethe', die pfiffige Parodie von Egon Friedell und Alfred Polgar auf alles Verstaubt-Klassische, ihre Premiere und anschließend weitere 200 Ensuite-Aufführungen. Im Februar ersetzt Wärndorfer Henry durch Friedell, der nun für eineinhalb Saisonen den artistischen Leiter und den Part des Goethe spielt. Dann muß die ‚Fledermaus' verkauft werden; Friedell beschränkt sich von nun an auf kabarettistische Gastspiele.

Er glaubte, eine andere Aufgabe für sich entdeckt zu haben. In Wien war der ‚Merker' gegründet worden, die anspruchsvollste kulturelle Zeitschrift, die die Donaukapitale bis 1922 hatte. Friedell ist bereits bei der zweiten Nummer vertreten, schreibt nach einer ersten Rezension auch gleich eine Abhandlung über ‚Theaterkritik',[8] doch dann bricht sein Engagement aus unbekanntem Grund jäh ab, und er spielt wieder in der inzwischen zum Varieté gewordenen ‚Fledermaus'.

Neues bahnt sich für den inzwischen auch als Biograph Altenbergs Hervorgetretenen im Herbst 1913 an. Während eines Kabarettgastspiels ‚Unter den Linden' agiert er probeweise bei Max Reinhardt und wird gleich engagiert. Im November sieht ihn Berlin im neuesten Shaw als römischen Kaiser, nachdem er Siegfried Trebitsch' Übersetzung bereinigt hat.[9] Weitere Verpflichtungen werden diskutiert, eine Schauspielerkarriere scheint sich zu eröffnen, doch es bleibt beim Ansatz. Der ausbrechende Krieg trennt Friedell von Reinhardts Bühnen, die schwere Krise in seiner Beziehung zu Lina Loos[10] hemmt seinen Schaffensdrang, Kabarett wird ihm verhaßt. Einmal tritt er noch in einer Nestroy-Posse[11] auf, dann scheint er bei Kriegsbeginn seine Schauspielerseele „abgeschminkt" zu haben.

Dafür wird jetzt der Dramatiker in ihm wach. Ein historisches Jesusdrama entsteht im ironischen Geiste Shaws, doch erscheint seine ‚Judastragödie' erst fünf Jahre nach Kriegsende auf den Theaterzetteln des Burgtheaters. So muß er sich seinen Lebensunterhalt anders verdienen. Zähneknirschend verpflichtet sich Friedell wieder fürs Kabarett, erstmals beim ‚Simplicissimus',[12] um sich dann erneut vor den Thespiskarren zu spannen.

Zuerst kommt er bei Alfred Bernau an den Kammerspielen unter, dann steht er zwei Jahre bei Arthur Rundt und Hans Ziegler an der Wiener Volksbühne unter Vertrag. Er spielt jetzt den Kaiser von China, Sultan Soliman, auch den Henker, am liebsten Schurken oder Bonvivants. Doch gleichzeitig bewirbt er sich erneut beim ‚Merker', diesmal ernsthaft als Theaterrezensent. April 1918, er probt gerade Tolstoi, erscheint seine erste Kritik über den ‚Arzt am Scheideweg',[13] die er in seiner spezifischen Manier aus fast zehn Jahre alten Passagen montiert. Bis zum Jahresende liefert er im Schnitt je Monat einen Beitrag, dann aber erlischt erneut sein Interesse. Die Doppelseele, simultan von der Schauspieler- wie von der Kritikerseite her gefordert, fühlt sich überlastet und verschafft sich schließlich im September 1919 Luft. Friedell tritt in der neugegründeten Tageszeitung ‚Der Morgen' als interner Kritiker an[14] und schreibt sich selbst seine Abschiedsrezension.[15]

Die Kritikerseele hatte sich diesmal durchgesetzt, der Schauspieler trat ein zweites Mal ab. Aber nach nur acht Monaten erlebt diese Zeitung ihren letzten Morgen. Egon Friedell, der sich allen anderslautenden Gerüchten zum Trotz sein Geld selbst verdienen muß, übernimmt nun bei verschiedenen Zeitungen und Zeitschriften das Theaterreferat, doch mit sinkender Begeisterung. 1922 war seine Ansicht über das Rezensieren mehr als negativ. „Von allen Theaterberufen ist der des Kritikers vielleicht der schrecklichste." „Selbstverständlich denke ich daran [, daß die B.Z. am Mittag mich als Wiener

Theaterkorrespondent engagiert hat], sogar täglich und stündlich, und weil mir vor diesem Gedanken ununterbrochen so furchtbar graust, eben darum schicke ich Ihnen ja keine Berichte".[16]

Er ließ sich jedoch ein weiteres Mal überreden. Emmerich Békessy, dubioser Pressezar Wiens,[17] lockte für seine neugegründete ‚Stunde' mit stattlichen Honoraren. Nach Anton Kuh und Viktor Wittner greift auch Friedell im April 1923 zu „Schleuder und Harfe".[18] Aber jetzt spielt er endgültig mit dieser Aufgabe. Er schreibt, was ihm gefällt, also nicht unbedingt über das Stück und nicht unbedingt über die Schauspieler. Lächelnd führt er die Kritik ad absurdum, indem er es den Schauspielern überläßt, sich die passenden Prädikate selbst auszusuchen, oder sie in den siebten Himmel lobt, da er sich „mit allen verhalten muß".[19] Er schreibt auch nicht immer selbst, so daß die vorliegende Auswahl vielleicht sogar einen Beitrag aus der Feder von Lina Loos enthält.

Aber er verliert das zweifelhafte Niveau des Blattes nicht aus den Augen. Mit der ‚bösen Buben Stunde' legt das „Autorenkollektiv" Friedell-Polgar eine Satire allerersten Ranges vor.[20] Seit drei Jahren mit der Aufgabe vertraut, einen der bekanntesten Faschingsbälle mit einer Zeitungsparodie zu krönen, stellen die beiden jenen Verbrecher bloß, den dann Karl Kraus mit dem Schlachtruf „Hinaus aus Wien mit dem Schuft!"[21] vertrieben hat.

Genüßlich imitieren die beiden Kollaborateure alle Unarten dieser Vorläuferin modernen Revolverjournalismus': Verleumdung, Rufmord, Bestechung, Erpressung – sie karikieren alles, was Stil und Niveau des Békessy-Organs ausmachten. Eine Woche später ist Friedell entlassen, seine Laufbahn als Theaterkritiker beendet;[22] eine Seelenhälfte hat endgültig Ruh'.

In zwei Jahren wird er über seinen Kompagnon schreiben, daß er die Gabe besitze, aus allem Gift zu saugen. „Aber wenn man ein Vierteljahrhundert lang gezwungen ist, Theaterkritiken zu schreiben, kann man nicht gut eine sonnige Weltanschauung haben."[23]

Ihm selbst fällt der Abschied von der Beckmesserei doppelt leicht, da er sich unter die „Schauspieler im Theater in der Josefstadt unter der Führung von Max Reinhardt" einreihen darf. Hier kann er sich nach Herzenslust „prostituieren"[24] und all das ausagieren, was die Niederschrift seiner Kulturgeschichten stören könnte. Die neue, wesentlich harmonischer angelegte Doppelseele – hie Schauspieler, da Historiker – wird bis zum Lebensende in seiner Brust wohnen.

Heribert Illig

ANMERKUNGEN ZUM NACHWORT

1 ‚Egon Friedell. Zum sechzigsten Geburtstag‘; 14. 1. 1938 Neues Wiener Journal

2 Friedell zitiert einmal seine Rezension eines japanischen Theatergastspiels von 1902 – bislang einziger Hinweis auf seine frühesten Veröffentlichungen.

3 Am 29. 5. 1905 kommt im Trianon-Theater ‚Die Büchse der Pandora‘ zur Aufführung. Unter den Schauspielern sind Adele Sandrock, der regieführende Albert Heine, der Autor Frank Wedekind als Jack the Ripper und Karl Kraus selbst. 9. 6. 1905 Die Fackel, Wien, VII (182) 15

4 Vgl. S. 219.

5 ‚Das Ende der Tragödie‘; 10. 5. 1906 Die Schaubühne, Berlin, II (19) 541

6 Felix Fischer: ‚Wie Egon Friedell zum Theater kam‘; 20. 7. 1922 Neues Wiener Journal. Die Daten, die zu dieser Schaffensperiode Friedells von ihm selbst und in der übrigen Literatur genannt werden, sind leider durchwegs unzutreffend.

7 Am 19. 10. 1907 eröffnete Wiens elegantestes und bestes Cabaret. Zur ‚Geschichte der „Fledermaus“ ‘ vgl. S. 220 und ‚Selbstanzeige‘ S. 219.

8 Die erste Kritik im ‚Merker‘ befaßte sich mit dem Stück von Larsen und Rostrup, vgl. S. 71 - 73. Am 10. 11. 1909 erschien ‚Theaterkritik‘: Merker, Wien, I (3) 106, vgl. S. 13 - 22; im Dezember und Januar gastierte Friedell dann wieder in der ‚Fledermaus‘.

9 Am 25. 11. 1913 erlebte George Bernard Shaws Lustspiel ‚Androclus und der Löwe‘ in den Berliner Kammerspielen seine deutsche Erstaufführung. Namhaftester Akteur war Werner Krauß. Zur Problematik von Trebitsch' Übersetzungen vgl. S. 172 - 173.

10 Lina Loos (1882 - 1950), geb. Obertimpfler, Schwester des Schauspielers Karl Forest, erste Ehefrau von Adolf Loos, trat als Lina Vetter in der ‚Fledermaus‘ auf, schrieb ein Drama (vgl. S. 82 - 83) und stand bis 1938 auf der Bühne. Ihre fast 40jährige Freundschaft mit Friedell umfaßte – neben einem abgewiesenen Heiratsantrag – zahlreiche gemeinsame Cabaret- und Theaterauftritte und gelegentlich Lina-Loos-Artikel unter Friedells Namen.

11 Während des ganzen Juni spielte er im Johann Strauß-Theater den Zangler in ‚Einen Jux will er sich machen‘; vgl. S. 112 - 114.

12 Es wurde Friedells elfte Pleite, vgl. ‚Selbstanzeige‘ S. 140.

13 Vgl. S. 160 - 165.

14 ‚Antritt des Kritikers'; 2. 9. 1919 Der Morgen, Wien.

15 Er selbst schrieb im ‚Morgen': „Wir wollen doch nicht unerwähnt lassen, daß Herr Friedell nicht gewirkt hat." (‚Roland-Bühne', 10. 9. 1919)

16 Vgl. ‚Selbstanzeige' S. 158 .

17 Emmerich Békessy (1886 - 1951), Besitzer von ‚Börse', ‚Bühne', ‚Stunde' und ‚Sphinx', typischer Neureicher, entwickelte mit der ‚Stunde' einen Stil, der, vielleicht abgesehen vom kriminellen Einschlag, für moderne Boulevardblätter beispielgebend wurde. Sein Imperium brach am 22. 7. 1926 zusammen, er mußte vor Karl Kraus und der Polizei zurück nach Ungarn fliehen. Zwar erschien danach ‚Die Stunde' noch bis 1938, doch unter seinem Namen nur die Zeitschrift ‚Békessy's Panoptikum'.

18 So betitelte Hugo Fetting eine Sammlung von Theaterkritiken aus der Feder von Alfred Kerr; Berlin (DDR) 1982.

19 Vgl. S. 27, 157, 159.

20 ‚Die böse Buben Stunde' wurde am 27. 1. 1924 um Mitternacht auf dem Bösen-Buben-Ball verteilt.

21 Vgl. etwa Dezember 1925 Die Fackel, Wien, XXVII (706) 120.

22 Friedells letzte Kritik, über ‚Eifersucht' von Michael Artzybaschew, erschien am 2. 2. 1924 in der ‚Stunde'.

23 Vgl. ‚Selbstanzeige' S. 197.

24 Vgl. ‚Selbstanzeige' S. 172.

QUELLENNACHWEIS UND ANMERKUNGEN

Sollte bei den beiden vorangegangenen Bänden das schriftstellerische Werk Friedells in seiner ganzen Vielfalt gezeigt werden, so steht jetzt das für den Autor zentrale Thema „Bühne“ im Mittelpunkt. Auswahlkriterium war wiederum, daß die Aufsätze noch in keinem Friedell-Band enthalten sind. Eine Ausnahme bilden allerdings die Theaterkritiken aus der ‚Stunde‘, die vor fast vierzig Jahren im ‚Friedell-Brevier‘ erschienen sind, allerdings in einer oft derart redigierten Form, daß die Aufnahme in den vorliegenden Band zulässig, ja notwendig erschien.

Es erwies sich hier als sinnvoll, von der chronologischen zur alphabetischen Gliederung überzugehen und für die Überschriften eine einheitliche Form zu wählen, da die ursprünglichen den Erfordernissen aktueller Berichterstattung und den Usancen in den jeweiligen Periodika genügen mußten.

Wie bisher sind bibliographischer Apparat und Anmerkungsteil gekoppelt. Zu jedem Artikel werden eingangs Titel und Seitenzahlen in diesem Buch angegeben. Es folgen Angaben zum Erstdruck: Erscheinungsdatum, Jahrgang, Heft, Seite und Originaltitel mit Untertiteln, sofern sie von der hier gewählten Überschrift abweichen. Daran schließen sich Angaben zu von Friedell veranlaßten Nachdrucken einschließlich geänderter „Schlagzeilen“.

Schließlich werden – ohne Friedells Einverständnis – knappe Erläuterungen zum Text und Übersetzungen gebracht. Vorangestellte Seitenzahl und kursiv gesetzte Worte kennzeichnen die jeweilige Textstelle. Leider konnten aus Platzgründen nur wenige Theaterleute mit ihren Lebensdaten in die Anmerkungen aufgenommen werden; Streichungen von Aufführungsdetails im Text mußten unkommentiert bleiben.

Die Rechtschreibung wurde im Text in ganz wenigen Fällen aktualisiert; bei den Anmerkungen und im Register wird die heute geläufige Schreibweise gebraucht.

Die Liste der Abkürzungen bildet zugleich ein Verzeichnis aller Publikationsorgane, in denen die hier aufgenommenen Arbeiten Friedells erschienen sind:

ADG Abschaffung des Genies; erster Band dieser Essay-Sammlung; Wien 1982; zweite, durchgesehene Auflage 1984
AUF Der Aufbau, Wien
BZM Berliner Zeitung am Mittag, Berlin. Artikel aus dieser Zeitung sind sicher zuerst in Wien gedruckt worden, doch ist unbekannt, in welchen Periodika.
FDB Freie Deutsche Bühne, Berlin
FH Freihafen, Hamburg

KGN Friedells ‚Kulturgeschichte der Neuzeit', drei Bände 1927 - 1931. Seitenangaben beziehen sich auf die einbändige Dünndruckausgabe der Beck'schen Verlagsbuchhandlung, München ab 1960.
MOR Der Morgen, Wien
MRK Der Merker, Wien
NRS Die Neue Rundschau, Berlin
NWJ Neues Wiener Journal, Wien
SAZ Selbstanzeige; zweiter Band dieser Essay-Sammlung, Wien 1983; zweite, durchgesehene Auflage 1985
SCH Die Schaubühne, Berlin
STU Die Stunde, Wien
ZET Die Zeit, Wien
[...] Auslassung im Textteil

Auch diesmal gebührt Frau Annemarie Kotab, der Nachlaßverwalterin Friedells, herzlicher Dank dafür, daß sie diese Edition ermöglichte. Ein ebenso herzlicher Dank für freundliche Unterstützung bei der Suche nach unbekannten und verschollenen Publikationen geht an folgende Institutionen und ihre Mitarbeiter: Wiener Stadt- und Landesbibliothek; Österreichische Nationalbibliothek, Wien; Staatsbibliothek Preußischer Kulturbesitz, Berlin; Bayerische Staatsbibliothek, München; Deutsches Literaturarchiv, Marbach; Archiv der Ullstein GmbH, Berlin.

Motto (S. 11)
20. 5. 1923 NWJ: Die theatralische Sendung. Zur Psychopathologie des Schauspielers (SAZ S. 172)

Theaterkritik (S. 13 - 22)
10. 11. 1909 MRK I (3) 106

14 *Obtrektation:* Mißgunst

17 *Walter Pater* (1839 - 1894), englischer Schriftsteller

Ludwig Anzengruber: „Heimg'funden". Eine Weihnachtskomödie (S. 22 - 23)
29. 11. 1923 STU: Raimund-Theater: „Heimg'funden"

22 *Ludwig Anzengruber* (1839 - 1889), österreichischer Volksdramatiker und -erzähler

Franz Theodor Csokor (Czokor, 1885 - 1969), Lyriker und Dramatiker, Dramaturg und Regisseur, enger Freund Friedells (vgl. SAZ S. 250) und 1947 - 1969 Präsident des österreichischen PEN-Clubs

Willi *Thaller* (1854 - 1941), österreichischer Volksschauspieler

Paul Stefan (1879 - 1943), Journalist und Musikschriftsteller

22 *Lina Loos*, vgl. S. 82 - 83 und S. 239

Paul Apel: „Liebe" (S. 23 - 24)
20. 10. 1923 STU: Première in der Renaissancebühne. „Liebe" von Paul Apel

23 *Paul Apel* (Appel, 1896 - 1971), Dichter und Kritiker

Boche: seit ca. 1870 französisches Schimpfwort für die Deutschen

24 *beide Rotters:* Alfred und Fritz Schaie, die bald als Brüder Rotter firmierten, konkurrierten in Berlin mit Max Reinhardt. Vor allem nach Ende des Ersten Weltkrieges hatte ihr Stil, gekennzeichnet durch gekürzte Fassungen, Pikanterien, Starkult und Reklamerummel, großen Erfolg.

Hermann Bahr: „Die gelbe Nachtigall" (S. 24 - 25)
29. 4. 1923 STU: Deutsches Volkstheater. „Die gelbe Nachtigall"

24 *Hermann Bahr* (1863 - 1934); der von Karl Kraus verächtlich gemachte Wortführer der Wiener Moderne erfährt heute wieder eine positivere Beurteilung.

25 *aus den letzthin hier erörterten Gründen:* Friedell bezieht sich auf den Nachdruck von ‚Meine Doppelseele', vgl. S. 229 - 232

... wie Alexander Moissi so richtig hervorgehoben hat: Friedell hatte seinen Posten als Theaterkritiker bei der ‚Stunde' am 17. 4. 1923 mit dem Artikel ‚Alexander Moissi im „Lebenden Leichnam"' angetreten, auf den der berühmte österreichische Schauspieler italienisch-albanischer Abstammung Moissi (1880 - 1935) am 21. 4. mit einem scharfen Hinweis auf die Aufgaben des Kritikers in derselben Zeitung reagierte. Friedell ließ sich die Gelegenheit zu einem „Nachschlag" nicht entgehen.

Hermann Bahr: „Wienerinnen" (S. 25 - 26)
4. 5. 1923 STU: Deutsches Volkstheater

25 Joseph Maria *Olbrich* (1867 - 1908), Gründungsmitglied der ‚Wiener Secession', entwarf 1897/98 mit dem Secessionsgebäude einen programmatischen, heißumkämpften Ausstellungsbau.

beide Jubilare: Victor Kutschera feierte am 5. 2., Hermann Bahr – dem zu Ehren sein Stück aufgeführt wurde – am 19. 7. 1923 den sechzigsten Geburtstag.

Karl *Lueger* (1844 - 1910), Vorsitzender der antisemitisch eingestellten „Christlichsozialen Partei", schuf ab 1897 als Bürgermeister in Wien die Voraussetzungen für ein modernes großstädtisches Gemeinwesen.

26 *Albert Heine* (1867 - 1949), Schauspieler und Regisseur, 1918 auch Direktor des Burgtheaters; langjähriger Freund Friedells

Hermann Bahr: „Der Star" (S. 26 - 27)
20. 11. 1923 STU: „Der Star" im Raimund-Theater

27 Anton *Edthofer* (1883 - 1971), österreichischer Schauspieler

ravissant: hinreißend

Karl *Forest* (1874 - 1944), Bruder von Lina Loos, Darsteller bei Otto Brahm in Berlin, ab 1917 in Wien. Er war mit der Schauspielerin Traute Carlsen verheiratet.

Mit Hans *Ziegler* gestaltete Friedell auch nach seiner Zeit an der Wiener „Volksbühne" noch gemeinsame Vortragsabende.

Jacinto Benavente: „Der tugendhafte Glücksritter" (S. 27 - 30)
9. 9. 1919 MOR: „Der tugendhafte Glücksritter". (Maskenspiel in drei Akten und einem Prolog, Uraufführung in der „Volksbühne"/ Nachdruck: 28. 9. 1919 FDB I (5) 114

27 *Jacinto Benavente* (1866 - 1954), spanischer Dramatiker, 1922 mit dem Nobelpreis ausgezeichnet

Luis de *Camões* (ca. 1525 - 1580) schrieb mit den ‚Lusiaden' das Nationalepos der Portugiesen.

29 *Maeterlinck:* siehe ‚Das Theater Maeterlincks', S. 85 - 92

‚Rembrandt als Erzieher' schrieb Julius Langbehn (1851 - 1907) unter dem Pseudonym „Der Rembrandtdeutsche".

dalbern: sich albern verhalten

30 *Niaiserie:* Albernheit

‚Donna Diana': Komödie von Agustín Moreto y Cabana (1618 - 1669); ihr ursprünglicher Titel lautete ‚Trotz wider Trotz'.

‚Die *Romantischen*': Komödie von Edmond Rostand (1868 - 1918)

Friedrich *Mitterwurzer* (1844 - 1897), ein Bahnbrecher der modernen, unpathetischen Schauspielkunst

Arnold Bennett: „Der große Künstler" (S. 31 - 32)
1. 2. 1920 MOR: Stadttheater. Zum erstenmal: „Der große Künstler", Komödie in vier Akten von Arnold Bennett.

31 *Arnold Bennett* (1867 - 1931), englischer Erzähler und Dramatiker

Asta Nielsen (1881 - 1972), wohl die erste große Filmschauspielerin

31 Gilbert Keith *Chesterton* (1874 - 1936), englischer Schriftsteller; er hatte damals bereits seine unvergessene Romangestalt des Pater Brown geschaffen.

Jerome Klapka *Jerome* (1859 - 1927), englischer Schriftsteller und Schauspieler, der in Deutschland vor allem durch ‚Drei Mann in einem Boot' bekannt wurde

Knockaboutstil: radaustückhaft

Calderón: „Über allem Zauber Liebe" (S. 32 - 33)

6. 11. 1923 STU: Burgtheater im Konzerthaus. „Über allem Zauber Liebe"

32 Pedro *Calderón* de la Barca Barreda Gonzalez de Henao Ruiz de Blasco y Riano (1600 - 1681), Dramatiker, Offizier und Geistlicher. Vor allem seine Dramen (ca. 110 sind erhalten) gelten als Höhepunkt spanischen Theaters; überliefert sind daneben rund 80 Fronleichnamsspiele (*autos* sacramentales) und 20 kleinere Arbeiten wie Prologe (*loas*) und einaktige Sketche (*saynetes*).

33 Raoul *Aslan* (1886 - 1958), Charakterdarsteller und Regisseur

Ferdinand *Maierhofer* (1881 - 1960)

Calderón: „Der Richter von Zalamea" (S. 34)

1. 12. 1923 STU: Burgtheater. „Der Richter von Zalamea"

Karel Čapek: „W.U.R." (S. 35 -36)

12. 10. 1923 STU: Première in der Neuen Wiener Bühne. „W.U.R." von Karel Capek

35 *Karel Čapek* (1890 - 1938), tschechischer Erzähler und Dramatiker

Roboter: Dieses heutige Allerweltswort, von Čapek aus dem tschechischen „robota" für Fronarbeit abgeleitet, wurde in diesem 1920 entstandenen Drama erstmals gebraucht.

Karel Čapek: „Die Sache Makropulos" (S. 36 - 38)

13. 10. 1923 STU: „Die Sache Makropulos" von Karel Capek. Première im Raimund-Theater

37 *Tuberose:* Nachthyazinthe, ein Liliengewächs mit weißen, stark duftenden Blüten

38 *Oskar Friedmann* (1872 - 1929), Friedells älterer Bruder verfaßte, wie auch *Fritz Lunzer*, Operetten und andere Stücke für Wiener Vergnügungsetablissements.

Evgenij Čirikov: „Die Juden" (S. 38 - 39)
13. 5. 1923 STU: Raimund-Theater. „Die Juden" von Eugen Tschirikow

38 Evgenij Nikolaevič Čirikov (*Eugen Tschirikow,* 1864 - 1932), russischer Dramatiker und Novellist

Karlheinz Martin (1888 - 1948), Theaterleiter und einer der führenden Regisseure des Expressionismus

39 Ermete *Novelli* (1851 - 1919), italienischer Charakterdarsteller

Ossip Dymov: „Nju" (S. 40 - 41)
1. 9. 1918 MRK IX (17) 602: Wiener Kammerspiele. „Nju" von Ossip Dymow, wurde vom Deutschen Volkstheater in die „Kammerspiele" übernommen.

40 *Ossip Dymov* (1878 - 1959), russisch-jüdischer Schriftsteller, der nach der Emigration in Berlin und den U.S.A. lebte

41 *Prostration:* bedingungslose Auslieferung

Gertrud(e) *Eysoldt* (1870 - 1950) spielte vorwiegend in Berlin.

Carl *Wallner* (1861 - 1926), Schauspieler und Theaterleiter. Friedell schätzte ihn wenig, hatte er doch Ende 1916 nach einer Probelesung die ‚Judastragödie' für das Deutsche Volkstheater akzeptiert, aber dann Friedells einziges Drama und besonderen Stolz nicht zur Aufführung gebracht.

Alexander Engel / Hanns Sassmann: „Reise in die Mädchenzeit" (S. 41 - 43)
15. 1. 1920 MOR: Burgtheater

41 Alexander *Engel* (1869 - 1940), Journalist und Bühnenautor

Hans *Saßmann* (Hanns Sassmann, 1882 - 1944), Schriftsteller und Dramatiker, der zugleich für wie über das Burgtheater schrieb; später enger Freund und Co-Autor Egon Friedells

Max *von Millenkovich* (1866 - 1945) leitete vom 10. 4. 1917 bis zum 7. 7. 1918 das Hofburgtheater.

42 Max *Burckhard* (1854 - 1912) war ebenfalls – von 1890 bis 1898 – Direktor des Hofburgtheaters.

43 Rosa Albach-*Retty* (1875 - 1980) spielte nicht nur fast 100 Jahre lang Theater, sondern begründete auch eine Schauspielerdynastie: Wolf Albach-Retty, ihr Sohn, Magda Schneider, dessen Frau, und Enkelin Romy Schneider.

43 *Flers & Caillavet:* Robert Pelleré de La Motte-Hugo, Marquis de Flers (1872 - 1927) verfaßte zusammen mit Gaston Armand de Caillavet (1869 - 1915) Lustspiele, Possen und Operetten.

Nikolai Evreinov: „Die Kulissen der Seele" (S. 43 - 46)
10. 6. 1920 BZM: „Die Kulissen der Seele"

43 *Nikolai Nikolajewitsch Evreinov* (Ewreinoff, Ewreinow, 1879 - 1953), Autor, Regisseur und Theatertheoretiker

Petersburg hieß bereits seit 1914 Petrograd und wurde 1924 in Leningrad umbenannt.

46 *meinen ‚Goethe':* vgl. Nachwort S. 235.

Giovacchino Forzano: „Frühlingsfest in Florenz" (S. 46 - 47)
31. 5. 1921 BZM: "Frühlingsfest in Florenz"

46 *Giovacchino Forzano* (1884 - 1970), italienischer Librettist und Regisseur, dessen Textbücher Leoncavallo, Mascagni und Puccini vertonten

47 Max *Paulsen* (1876 - 1956), Schauspieler, der auch unter dem Pseudonym Peter Petersen auftrat

Franz Grillparzer: „Der Traum ein Leben" (S. 47 - 54)
31. 1. 1907 SCH III (5) 122: Der Traum ein Leben/Veränderter Nachdruck: 1. 9. 1918 MRK IX (17) 591: Der Traum ein Leben. Ein Inszenierungsvorschlag

50 Heinrich *Laube* (1806 - 1884), Schriftsteller, Theaterkritiker, Theaterleiter, Regisseur und Abgeordneter der Frankfurter Nationalversammlung

Franz Grillparzer: „König Ottokars Glück und Ende" (S. 54 - 56)
1. 10. 1918 MRK IX (19) 669: Deutsches Volkstheater

55 In *‚Kean*, oder Genie und Leidenschaft' stellte 1836 Alexandre Dumas père den großen englischen Komödianten Edmund Kean (1787 - 1833) noch einmal auf die Bühne.

56 *Münchner Bilderbogen:* humoristische und kulturhistorische Einblattdrucke, die bis 1905 länger als 50 Jahre unperiodisch erschienen waren

Gerhart Hauptmann: „Florian Geyer" (S. 56 - 57)
23. 9. 1921 BZM: Wiener Theater

56 *Florian Geyer* (um 1490 - 1525) stellte sich als Reichsritter auf die Seite der aufständischen Bauern, ohne sich bei ihnen mit seinen Vorstellungen von einem neuen Reich durchsetzen zu können.

56 *‚Dreimäderlhaus':* Operette von Heinrich Berté (1857 - 1924)

Gerhart Hauptmann: „Der weiße Heiland" (S. 57 - 58)
23. 12. 1923 STU: „Der weiße Heiland" im Volkstheater

57 Ludwig *Speidel* (1830 - 1906), Journalist und Schriftsteller, langjähriger Mitarbeiter der Neuen Freien Presse, Wien

58 Ludwig *Ullmann* (geb. 1887), Journalist, Regisseur und Dramaturg

... ein Weltgericht abzuhalten: Anspielung auf Karl Kraus und sein Drama ‚Die letzten Tage der Menschheit', zu dem dieser im Vorspann schrieb: „Die Mitwelt, die geduldet hat, daß die Dinge geschehen, die hier aufgeschrieben sind, stelle das Recht zu lachen hinter die Pflicht zu weinen."

Oskar *Strnad* (1879 - 1935), Architekt, Bühnenbildner (vor allem bei Max Reinhardt)

Böse-Buben-Zeitung: vgl. Nachwort S. 237. ‚Die böse Buben Stunde', die am 27. 1. 1924 erschien, verzichtete auf den angekündigten weiteren Verriß des Stückes.

Friedrich Hebbel: „Der Diamant" (S. 58 - 62)
25. 2. 1920 MOR: „Der Diamant". (Eine phantastische Komödie von Friedrich Hebbel, zum ersten Mal aufgeführt von der Wiener „Gesellschaft für dramatische Kunst") / Nachdruck: 3. 4. 1920 FDB I (32) 745: Wiener Theater

60 *Dyspepsie:* Verdauungsstörung, -schwäche

Otto Weininger (1880 - 1903), Philosoph, der wenige Monate nach Erscheinen seines aufsehenerregenden Werks ‚Geschlecht und Charakter' zur Pistole griff

61 *‚Budapester Orpheum':* Die in Wien sehr populäre, trotzdem von Karl Kraus geschätzte jüdische Jargonbühne wurde lange von Heinrich Eisenbach (1870 - 1923) geleitet. Hier traten nicht zuletzt Armin Berg und der junge Hans Moser auf.

Rudolph Schildkraut (1862 - 1930), Reinhardtdarsteller, der in den Vereinigten Staaten ein jiddisches Theater gründete

62 *des großen Dithmarsen:* Wesselburen, der Geburtsort Hebbels (1813 - 1863) lag in Dithmarschen (Schleswig-Holstein).

Siegfried Trebitsch (1869 - 1956), Schriftsteller, der in erster Linie als Übersetzer und Vorkämpfer Shaws bekannt geworden ist. Die ungnädige Kritik von Trebitschs ‚Frau Gittas Sühne' findet sich auf S. 196 - 199

Henrik Ibsen (S. 62 - 65)

Dezember 1919 AUF I (1) 9 Ibsen

Fußnote der Redaktion des ‚Aufbau' zu Friedells Artikel:
Das Deutsche Volkstheater bereitet für die zweite Jännerhälfte eine Aufführung von Ibsens „Peer Gynt" vor, durch die diese Dichtung – 52 Jahre nach ihrem Erscheinen – zum erstenmal in den Spielplan einer Wiener Bühne aufgenommen wird. Diese Vorstellung gibt den Anlaß, Georg Brandes bedeutsame Einleitung zu „Peer Gynt" und die persönliche Einstellung eines Literaten unserer Zeit zur Persönlichkeit Ibsens, gegen die sich gerade aus den neueren literarischen Strömungen mancherlei Einwände hörbar machen, zur Veröffentlichung zu bringen.

65 *Oblomow:* der „Anti-Held" aus Ivan Gončarovs (1812 - 1891) gleichnamigen Roman

Nora: Hauptfigur von Ibsens Schauspiel ‚Nora oder Ein Puppenheim'

Gina Kaus: „Diebe im Haus" (S. 65 - 66)

17. 10. 1919 MOR: Schloßtheater. Zum erstenmal: „Diebe im Haus", Lustspiel in drei Akten von Andreas Eckbrecht

65 *Andreas Eckbrecht:* Wie mag Gina Kaus (Gina Zinner-Kranz, geb. 1894) reagiert haben, als Friedell, der nur dieses ihr männliches Pseudonym kannte, von „effeminiert" sprach und ihr empfahl, doch „etwas tiefer in seine Frauenseele" zu blicken?

desultorisch: „von Pferd zu Pferd springend", abrupt wechselnd

66 *Henri Bernstein* (1876 - 1953), französischer Dramatiker, der in seinen früheren Werken äußere Effekte bevorzugte und ab 1922 psychologische Themen auf die Bühne brachte

Alexander *Engel*, vgl. S. 41 - 43

Hermann Kesser: „Kaiserin Messalina" (S. 67 - 68)

26. 11. 1919 BZM: „Kaiserin Messalina". Hermann Kessers Drama im Deutschen Volkstheater

67 *Hermann Kesser* (1880 - 1952), Dramatiker, Erzähler und Essayist

Fiorituren: (Gesangs-)Verzierungen

Mangeuse d'hommes: Menschenfresserin, hier im Sinne von männermordender Vamp

68 Alfred *Bernau* (1879 - 1950), Schauspieler und Theaterleiter, der Egon Friedell in sein Ensemble aufnahm

Hans Kottow / Fritz Beda: „Rosa Altschul" (S. 69 - 71)
20. 9. 1919 MOR: Volksbühne. Zum erstenmal: „Rosa Altschul", Lustspiel in drei Akten von Hans Kottow und Beda. / Nachdruck: 12. 10. 1919 FDB I (7) 160: Wiener Theater [Die hier gewählte Fassung]

69 *Hans Kottow* (1875 - 1932), auch Librettist, Schauspieler und Theaterdirektor

Fritz *Beda* (1883 - 1942); der Schriftsteller und Librettist (u.a. Franz Lehárs) wurde im KZ Auschwitz ermordet.

70 Richard Brinsley *Sheridan* (1751 - 1816), Dramatiker und Politiker, dessen Meisterwerk ‚Die Lästerschule' Friedell übersetzt hat.

Anker Larsen / Egill Rostrup: „Per Bunkes Vorgeschichten" (S. 71 - 73)
25. 10. 1909 MRK I (2) 82: Theater. Zu „Per Bunkes Vorgeschichten", (Komödie in vier Akten von Anker Larsen und Egill Rostrup. Erstaufführung am Burgtheater am 7. Oktober 1909)

71 Johannes *Anker Larsen* (1874 - 1957), dänischer Romancier

Egill Rostrup (1876 - 1940), Schauspieler, Autor und Theaterhistoriker

72 *Saturisten:* die Reichen, Satten

Ella Rentheim: Bühnenfigur aus Ibsens vorletztem Drama , John Gabriel Borkman'.

Viktor Léon: „Kinder der Liebe" (S. 73 - 75)
14. 11. 1920 NWJ: Wienerische Dramaturgie [Der erste, allgemeine Teil dieses Artikels wurde bereits in SAZ S. 73 aufgenommen.] / Nachdruck: 16. 11. 1920 BZM: „Kinder der Liebe"

73 *Victor Léon* (eig. Viktor Hirschfeld, 1858 - 1940), österr. Librettist

74 Eugène *Brieux* (1858 - 1932), französischer Dramatiker

petillierend: perlend, sprudelnd

75 Hansi *Niese* (1875 - 1934), Wiener Volksschauspielerin

Heinrich Lilienfein: „Hildebrand" (S. 75 - 81)
15. 6. 1918 MRK IX (12) 449: Hildebrand.

75 *Heinrich Lilienfein* (1879 - 1952), Dramatiker und Romancier, Generalsekretär der Deutschen Schillerstiftung

78 Karl *Lamprecht* (1856 - 1915), Historiker; seine ‚Deutsche Geschichte' stellt für Friedell „in gewissem Sinne eine Epoche in der Geschichte der Kulturgeschichte" dar (KGN S. 42)

Lina Loos: „Mutter" / Herbert Kranz: „Freiheit" (S. 82 - 83)
19. 3. 1921 BZM: „Zwei Wiener Dramen-Erfolge"

82 *Lina Loos*, vgl. S. 239. Es war für Egon Friedell selbstverständliche Verpflichtung, ihr einziges Bühnenstück lobend zu besprechen.

Herbert Kranz (geb. 1891), als Autor nicht mehr hervorgetreten

83 *Peter Altenberg* (1859 - 1919), das „klassische" Wiener Caféhaus-Original schlechthin, als dessen Eckermann sich Friedell im Kabarett bezeichnete. Das Werk Altenbergs findet – zeitweilig fast vergessen – zunehmende Beachtung.

Sabatino Lopez: „Der dritte Gatte" (S. 84 - 85)
9. 11. 1919 MOR: Renaissancebühne. Eröffnungsvorstellung: „Der dritte Gatte", Lustspiel in drei Akten von Sabatino Lopez. / Geänderter Nachdruck: 21. 11. 1919 BZM: „Direktion Harry Walden" [Diese Fassung wurde hier aufgenommen.]

84 *Sabatino Lopez* (1861 - 1951), italienischer Komödiendichter

Harry Walden, der auch Kabarett gespielt hatte, war Friedell schon zu ‚Fledermaus'-Zeiten begegnet.

Felix *Krones*-Lichtenhausen (geb. 1880), Schauspieler und Theaterdirektor

Piselli: Erbsen

Tragantware: mit Pflanzengummi gestärkte Textilien

85 *Conte:* Die Adelstitel Graf und Conte entsprachen sich, ihre Reputation nicht unbedingt.

Das Theater Maeterlincks (S. 85 - 92)
23. 7. 1922 NWJ

85 Maurice *Maeterlinck* (1862 - 1949), Hauptvertreter des Symbolismus und Ästhetizismus der Jahrhundertwende. Dieser Artikel war das Mittelstück einer dreiteiligen Serie zum 60. Geburtstag des belgischen Nobelpreisträgers. Teile daraus finden sich auch in der KGN, vgl. S. 1473.

86 *Anatole France* (1844 - 1924), zuerst Lyriker und Dramatiker, dann Romancier; Nobelpreisverleihung 1921

Jean-Marie Comte de *Villiers de l'Isle-Adam* (1838 - 1889), Novellist, Dramatiker und Romancier, der sich mit Okkultismus und Freimaurerei befaßte

Charles van Lerberghe (1861 - 1907), Lyriker und Dramatiker

Flaireurs: Ahnungen

87 *Kryptogamie:* heimliche Hochzeit

89 *La mort de Tintagiles:* Den ‚Tod des Tintagiles' veröffentlichte Maeterlinck 1894 als eines von „drei Dramen für Marionetten".

90 *Meister Eckhardt* (ca. 1260 - 1328), Mystiker aus dem Dominikanerorden, „einer der tiefsten und universellsten Köpfe, die Deutschland hervorgebracht hat" (KGN S. 160)

91 *Epizyklen:* Hilfskonstruktion der geozentrischen Astronomie

Velleitäten: Anwandlungen

92 [...] Gestrichen wurde nur der Überleitungssatz zu ‚Maeterlinck als Philosoph', dem dritten Teil der Serie.

William Somerset Maugham: „Der Kreis" (S. 92 - 94)
23. 5. 1923 STU: Akademie-Theater. „Der Kreis", Komödie in drei Akten von W.G. Maugham, Übertragung von Mimi Zoff

92 *William Somerset Maugham* (1874 - 1965), dessen Werke damals noch nicht in deutscher Übersetzung vorlagen, verwechselte Friedell mit einer Autorin fast identischen Pseudonyms und schrieb konsequenterweise ihr Frühwerk ihm zu; tatsächlich stammt von W.S. Maugham nur „Der Kreis".

Hedwig *Courths-Mahler* (1867 - 1950) schrieb Unterhaltungsliteratur mit Millionenauflagen.

Gustav Meyrink: „Der Albino, ein Nachtgesicht" (S. 94 - 99)
28. 1. 1909 SCH V (4) 118: Meyrink als Dramatiker

94 *Gustav Meyrink* (1868 - 1932) wurde nicht als Dramatiker, sondern durch seine romantisch-okkulten Romane, vor allem ‚Der Golem' und ‚Das grüne Gesicht', berühmt.

Cabaret Fledermaus: vgl. S. 234f. Im ‚Albino' spielte Friedell den Pherekydes.

96 *Oratio pro domo:* Rede in eigener Sache

David Friedrich Strauß (1808 - 1874), freigeistiger protestantischer Theologe, den auch Friedell in seiner KGN aburteilte („geschwollene Riesenabhandlung eines pedantischen Fachgelehrten")

97 *Bearbeitung von Nestroys ‚Revolution in Krähwinkel':* Seit dem 14. 11. 1908 lief im Berliner Deutschen Theater diese von Friedell und Polgar gemeinsam bearbeitete Posse höchst erfolgreich unter der Regie von Max Reinhardt. Nestroy hatte den Titel ‚Freiheit in Krähwinkel' gewählt.

97 *je zirkusmäßiger das Theater:* Schon bei dieser ersten Zusammenarbeit mit Reinhardt, lange vor Reinhardts Inszenierung im Zirkus Busch und der 1920 erschienenen Streitschrift ‚Zirkus Reinhardt' von Franz Baumgarten, hat Friedell eine wesentliche Komponente von Reinhardts Schaffen angesprochen.

98 *Ugolino:* Tragödie von Heinrich Wilhelm von Gerstenberg (1737 - 1823), in der die Handlung auf den Dialog von vier Personen reduziert ist

Alfred Möller / Lothar Sachs: „Meine Frau, die Hofschauspielerin" (S. 99 - 100)
21. 9. 1919 MOR: Deutsches Volkstheater. Zum erstenmal: „Meine Frau, die Hofschauspielerin", Lustspiel in drei Akten von Alfred Möller und Lothar Sachs.

99 *Alfred Möller* (Pseudonym Alfred Hollms, 1877 - 1957), Schauspieler und Schriftsteller

Lothar Sachs fiel der von Friedell gewünschten Vergessenheit anheim.

100 *Quiproquo:* „Verwechslungsspiel"

Max Mohr: „Improvisationen im Juni" (S. 100 - 101)
30. 10. 1923 STU: Burgtheater-Premiere „Improvisationen im Juni" von Max Mohr

100 *Max Mohr* (1891 - 1944), Arzt und Dramatiker

Taktlose Bemerkung über Molière. Zu seinem dreihundertsten Geburtstag (S. 102 - 104)
15. 1. 1922 NWJ

102 [...] Gestrichen wurde hier eine lange Passage, die bereits in SAZ S. 32 - 34, wenn auch in anderer Reihenfolge, enthalten ist. Auch der letzte Absatz des Essays findet sich bereits in SAZ S. 33.

Les passions de l'âme: Descartes schrieb 1646 für Prinzessin Elisabeth von der Pfalz über ‚Die Affekte der Seele'.

104 *bric-à-brac:* Trödel

Ferenc Molnár: „Liliom" (S. 105)
12. 1. 1924 STU: „Liliom" im Raimund-Theater

105 *Ferenc* (Franz) *Molnár* (1878 - 1952), fast auf den Tag gleich alt mit Friedell, errang mit der von Alfred Polgar für die deutsche Bühne bearbeiteten Vorstadtlegende ‚Liliom' (1909) einen Welterfolg.

Ferenc Molnár: „Der Schwan" (S. 106)
13. 4. 1921 BZM: „Der Schwan". Der neue Molnar im Burgtheater

106 Gustav von *Moser* (1825 - 1903) verfaßte einige seiner Lustspiele zusammen mit Franz von Schönthan.

Franz (1849 - 1913) und Paul (1853 - 1905) von *Schönthan* schrieben den unsterblichen Schwank ‚Der Raub der Sabinerinnen'.

Eugène *Scribe* (1791 - 1863), französischer Lustspielautor, dessen ‚Was den Damen gefällt' von Friedell gemeinsam mit Hans Saßmann bearbeitet wurde

Hans Müller: „Die Sterne" (S. 107 - 109)
4. 12. 1919 BZM: „Die Sterne". Uraufführung am Burgtheater

107 *Hans Müller* (1882 - 1950), Schriftsteller, Librettist und Dramaturg, „der stärkste, konzentrierteste, umrissenste Ausdruck der Kitschbedürfnisse um 1920" (vgl. S. 110, 172)

108 *Paul Heyse* (1830 - 1914), „ein Klassiker. Er war es aber leider von Geburt an und darum ist er es nicht." (SAZ S. 144)

Christoph *Scheiner* (1575 - 1650), Mathematiker, Physiker und Astronom

Evangelista *Torricelli* (1608 - 1647), italienischer Mathematiker und Physiker

John Milton (1608 - 1647), englischer Dichter, dessen ‚Verlorenes Paradies' noch bekannt ist

109 *Ragazza:* Mädchen

Hans Müller: „Flamme" (S. 109 - 112)
30. 1. 1921 FDB II (23) 526 Bemerkung zu Hans Müllers „Flamme". (Anläßlich der Aufführung im Wiener Deutschen Volkstheater)

Johann Nestroy: „Einen Jux will er sich machen" (S. 112 - 118)
20. 5. 1923 STU: „Einen Jux will er sich machen". Ein Erinnerungsblatt/Erstfassung: 14. 6. 1914 NWJ: Epilog zur Nestroy-Aufführung

112 *Sandschak* Novi Pazar: Hier irrt Friedell. Dieses Puffergebiet zwischen Serbien und Montenegro hielt Österreich bis 1909 besetzt und eroberte es 1915 erneut. Im Juni 1914, als Friedell Nestroy spielte, war der Sandschak gerade serbischer Besitz (vgl. auch SAZ S. 185, 245)

Lodomerien: Diese ostgalizischen Gebiete kamen 1919 unter polnische Herrschaft.

112 *Eisenbach:* vgl. S. 247

Siegfried Geyer, Theaterleiter und Bühnenschriftsteller

117 *Anton Kuh* (1890 - 1941) schrieb damals wie Egon Friedell für das Skandalblatt ‚Die Stunde' von Imre Békessy, den Kuh in einer berümt gewordenen Stegreifrede (‚Der Affe Zarathustras') gegen Karl Kraus verteidigte.

Egon Friedell als Nestroy-Autor. Von Karl Marilaun (S. 114 - 118)
11. 2. 1926 NWJ

114 *Karl Marilaun* interviewte jahrelang für das NWJ die Prominenz Wiens. Diesem Gespräch mit dem Bühnenautor Friedell (Marilauns Worte wurden hier kursiv gesetzt) war ein erstes mit dem Kulturhistoriker Friedell vorausgegangen (vgl. SAZ S. 187).

116 *Vortragspodium von Karl Kraus:* Karl Kraus hatte im April 1923 Friedells Nestroy-Auswahl ‚Das ist klassisch!' hart attackiert: „Vor dem Ankauf des so benannten Büchleins von Egon Friedell [...] wird gewarnt" (Die Fackel XXV (613) 51). Der so Gerügte revanchierte sich mit einer Schmeichelei des Rezitators Karl Kraus, der sie sofort nachdruckte und auf einen weiteren Angriff verzichtete: „Ob der Nestroy-Jux von Friedell und Saßmann im Theater in der Josefstadt ganz der schauspielerische Unfug ist, für den sie ihn halten dürften, werde ich nicht nachprüfen." (Die Fackel, April 1926 XXVII (717) 40)

Arnolt Bronnen (1895 - 1959) begann als expressionistischer Dramatiker

117 *Fischamend:* Marktgemeinde 25 km südöstlich von Wien

entrisch: unheimlich

118 *Paul Kalbeck* (1884 - 1949), Schauspieler und Regisseur, der auch eigene Werke verfaßte

Dario Niccodemi: „Tageszeiten der Liebe" (S. 118 - 119)
18. 9. 1923 STU: Première im Akademietheater. „Tageszeiten der Liebe", Lustspiel in drei Akten von Dario Nikodemi

118 *Dario Niccodemi* (1874 - 1934), Autor und Leiter einer eigenen Theatertruppe

Channing Pollock: „Das Zeichen an der Tür" (S. 119 - 120)
25. 4. 1923 STU: Renaissancebühne. „Das Zeichen an der Tür"

119 *Channing Pollock*s Identität ließ sich nicht aufklären.

Elisabeth Räming: „Der Hof" (S. 121 - 125)
13. 2. 1921 NWJ: Schicksalstragödie / Nachdruck: 27. 2. 1921 FDB II (27) 618: „Der Hof" (Zur Uraufführung im Burgtheater)

121 *Elisabeth Räming:* Ihre Identität konnte nicht geklärt werden.

Ich habe erst letzthin daran erinnert: Der Essay ‚Die Nonne Roswitha' findet sich in SAZ S. 45.

Roswitha von Gandersheim: vgl. Friedells Arbeiten ‚Die Nonne Roswitha' und ‚Prolog der Roswitha' vom 1.4.1920, SAZ S. 45 - 54, S. 55 f.

124 *Muth:* altes österreichisches Getreidemaß

Tragödie der Anpassung: Unter diesem Titel hatte Friedell schon vor Jahren eine längere Studie veröffentlicht: 24. 12. 1908 SCH IV (52) 613, (53) 639

Ferdinand Raimund: „Die gefesselte Phantasie" (S. 125 - 127)
7. 2. 1920 MOR: Komödienhaus. Zum erstenmal: „Die gefesselte Phantasie" von Ferdinand Raimund, aufgeführt von der Kunstvereinigung „Der blaue Bienenkorb" / Geänderter Nachdruck: 2. 3. 1920 BZM: Grete Wiesenthal als Schauspielerin [Diese Fassung wurde hier aufgenommen]

125 *Ferdinand Raimund* (1790 - 1836), Dramatiker und Schauspieler; der auf der Bühne gefeierte Volkskomiker endigte durch Selbstmord

Grete Wiesenthal (1885 - 1970), österreichische Tänzerin und Tanzpädagogin, Erneuerin der Tanzkunst

126 *Lerchenfeld:* Stadtviertel Wiens (Teile des 7., 8. und 16. Bezirks)

Raimund-Feier der „Concordia" im Burgtheater (S. 127 - 128)
11. 2. 1923 STU

127 *Concordia:* der honorige, seit 1859 bestehende Wiener Journalisten- und Schriftstellerverein hätte sich nicht durch ein „enfant terrible" wie Friedell vertreten lassen

Thaddäus Rittner: „Die Tragödie des Eumenes" (S. 129 - 131)
3. 4. 1920 BZM: „Die Tragödie des Eumenes"

129 *Thaddäus Rittner* (1873 - 1921) schrieb seine Dramen, Novellen und Romane in deutscher und polnischer Sprache.

130 *Peplos:* ärmelloses Frauengewand

die Renaissance sinnlich ...: Der in der Zeitungsfassung entstellte Satz wurde gemäß ‚Ecce Poeta', Wien 1912, S. 19, korrigiert.

131 *Glissez, n'appuyez ...:* Nicht betonen, sondern gleiten! Macht niemals Punkte auf die i's!

Felix Salten: „Kinder der Freude" (S. 131 - 135)
14. 12. 1919 MOR: Burgtheater (Zum erstenmal: „Kinder der Freude", drei Einakter von Felix Salten)

131 *Felix Salten* (1869 - 1945) schrieb für zahlreiche Wiener Zeitungen. Sein bekanntestes Werk – ‚Bambi' – erschien erst 1923.

Friedrich Schiller: „Don Karlos" (S. 135 - 138)
5. 12. 1920 NWJ: Wienerische Dramaturgie [Der Artikel umfaßte auch die Kritik über Shaws ‚Haus Herzenstod', vgl. S. 171 - 173] / Nachdruck: 29. 5. 1921 FDB II (40) 924: „Don Carlos" im Deutschen Volkstheater

136 *Thalia:* von Schiller edierte und zum großen Teil selbst verfaßte Zeitschrift

Otto Ludwig (1813 - 1865) schrieb für und über die Bühne.

Paul *Schlenther* (1854 - 1916), Theaterkritiker und zwölf Jahre Direktor des Wiener Hofburgtheaters

Felix Fischer: vgl. S. 239

138 *minaudieren:* sich zieren, schöntun

Friedrich Schiller: „Wilhelm Tell" (S. 138 - 139)
12. 5. 1923 STU: Deutsches Volkstheater. Neu inszeniert: „Wilhelm Tell"

Arthur Schnitzler: „Freiwild" (S. 139 - 141)
16. 10. 1919 MOR: Wiener Stadttheater

141 *Leo Feld* (eig. Hirschfeld, 1869 - 1924), Bühnenschriftsteller

Oskar Friedmann, der Bruder Egon Friedells, vgl. S. 38 u. S. 234.

Arthur Schnitzler zu seinem sechzigsten Geburtstag (15. 5. 1922) (S. 141 - 142)
Mai 1922 NRS XXXIII (5) 503
Es handelt sich hier um eine Zusammenstellung von Glückwünschen; Friedell wurde flankiert von Samuel Fischer, Otto Flake, Gerhart Hauptmann und Hugo von Hofmannsthal.

142 Moritz von *Schwind* (1804 - 1871), in Wien geborener Maler und Zeichner

Karl Schönherr: „Kindertragödie" (S. 142 - 144)
11. 12. 1919 BZM: Schönherrs „Kindertragödie". Uraufführung im Deutschen Volkstheater

142 *Karl Schönherr* (1867 - 1943) hielt sich länger im Repertoire, als Friedell ihm prophezeit hatte (vgl. SAZ S. 176).

William Shakespeare: „König Richard III." (S. 144 - 148)
30. 6. 1910 SCH VI (26) 691: Richard der Dritte

146 *Schuppenwurz:* Es ist keinem Pflanzenführer zu entnehmen, daß diese bei uns heimischen chlorophyllosen Wurzelparasiten fleischfressende Pflanzen seien.

147 Alfred *von Berger* (1853 - 1912), Schriftsteller und Theaterleiter

clair-obscur: Helldunkel

William Shakespeare: „König Richard II." (S. 148 - 149)
30. 9. 1923 STU: Richard II. im Burgtheater

149 *Judastragödie:* vgl. S. 236

William Shakespeare: „Macbeth" (S. 149 - 155)
19. 2. 1920 MOR: Burghteater. (Neu einstudiert: „Macbeth") / Nachdruck: 7. 3. 1920 FDB I (28) 670: Macbeth im Burgtheater

154 Samuel Taylor *Coleridge* (1772 - 1834); der Dichter und Kritiker hielt auch Vorlesungen über Shakespeare

J.P. *Collier* gründete 1841 zusammen mit J.O. Halliwell-Phillipps die ‚Shakespeare Society'.

William Shakespeare: „Antonius und Kleopatra" (S. 155 - 157)
28. 4. 1923 STU: Burgtheater. Neu einstudiert: „Antonius und Kleopatra"

155 *Ben Jonson* (1573 - 1637), der größte englische Dramatiker neben Shakespeare

Georg *Brandes* (1842 - 1927); Friedells Würdigung zu seinem 70. Geburtstag findet sich in ADG S. 146.

156 *Stefan Hock* (1877 - 1947), Dramaturg bei Max Reinhardt

William Shakespeare: „Die lustigen Weiber von Windsor" (S. 157 - 158)
7. 1. 1920 MOR: Stadttheater

157 *Alfred Kerr* (1867 - 1948), großer Berliner Theaterkritiker

William Shakespeare: „Komödie der Irrungen" (S. 159)
27. 9. 1923 STU: Premiere im Raimund-Theater

159 *insipid:* geschmacklos

Shakespeare und wir (S. 160)
1. 12. 1932 FH XV (6) 48
Unter dieser Überschrift steht neben der Sentenz von Friedell, der eine 20 Jahre alte Passage aus ‚Ecce Poeta‘ wieder aufgriff, auch ein Abschnitt Hugo von Hofmannsthals.

160 *Shakespeare* (1564 - 1616) schrieb die besprochenen Werke in ungefähr folgenden Jahren: ‚Komödie‘ und ‚Richard III.‘ 1593, ‚Richard II.‘ 1594, ‚Lustige Weiber‘ 1599, ‚Macbeth‘ 1602, ‚Antonius‘ 1607.

George Bernard Shaw: „Der Arzt am Scheideweg“ (S. 160 - 165)
15. 4. 1918 MRK IX (8) 282: Der Arzt am Scheideweg

162 *‚de profundis‘* verfaßte der wegen Homosexualität verurteilte Oscar Wilde (1854 - 1900) im Zuchthaus von Reading.

163 [...] Die erste gestrichene Passage findet sich im anschließenden Essay auf S. 168 zwischen „Shaw zeigt nun ...“ und „... die äußere Geste“; sie stammt bereits aus dem Jahre 1908 (vgl. ADG S. 72).

164 Victorien *Sardou* (1831 - 1908) schrieb historische Dramen und gefeierte Lustspiele.

165 Die zweite Streichung betrifft Aufführungsdetails.

George Bernard Shaw: „Candida“ (S. 166 - 171)
9. 10. 1919 MOR: „Candida.“ (Zur Premiere im Schloßtheater)

169 Heinrich *Düntzer* (1813 - 1901) gab umfangreiche ‚Erläuterungen zu den deutschen Klassikern‘ heraus.

170 *(nach Barbara):* bezieht sich wohl auf eine vorangegangene Besetzungswahl für ‚Major Barbara‘, eine andere Komödie von Shaw

George Bernard Shaw: „Haus Herzenstod“ (S. 171 - 173)
3. 12. 1920 BZM: „Haus Herzenstod“. Der neue Shaw im Wiener Burgtheater / Nachdruck: 5. 12. 1920 NWJ: Wienerische Dramaturgie [Dieser Artikel enthielt außerdem die Kritik über ‚Don Karlos‘; vgl. S. 135 - 138]

171 Roderich *Benedix* (1811 - 1873), Verfasser anspruchsloser Possen

Oskar *Blumenthal* (1852 - 1917), Journalist, Bühnenschriftsteller und Theaterleiter

Ludwig *Fulda* (1862 - 1939), Lustspieldichter und Übersetzer

Karl Sloboda: „Pharisäer“ (S. 174 - 175)
24. 4. 1920 BZM: „Pharisäer“

Karl Sloboda ließ sich nirgends auffinden.

August Strindberg: „Totentanz“ (S. 175 - 177)
11. 9. 1919 MOR: Stadttheater; und 13. 9. 1919 MOR: Stadttheater. Zweiter Teil von Strindbergs „Totentanz“: „Der Vampyr“ / Gemeinsamer Nachdruck: 12. 10. 1919 FDB I (7) 160: Wiener Theater [Die hier gewählte Fassung]

176 Paul *Lindau* (1839 - 1919), Theaterleiter, Redakteur und Schriftsteller

August Stringberg: „Gespenstersonate“ (S. 177 - 179)
14. 9. 1919 MOR: Stadttheater / Nachdruck wie ‚Totentanz‘

Eduard Stucken: „Die Gesellschaft des Abbé Châteauneuf“ (S. 179 - 180)
2. 6. 1923 STU: Akademietheater

179 *Eduard Stucken* (1835 - 1936). Vom Werk des Assyrologen, Ägyptologen, Erzählers, Lyrikers und Dramatikers überdauerte nur der Roman ‚Die weißen Götter‘.

Anne Lenclos, genannt *Ninon de Lenclos* (1620 - 1705), Urbild der galanten Salondame

180 *„Elle était ...“:* Sie war sittsam und voller Rechtschaffenheit

Rudolf Borchardt (1877 - 1945), Lyriker und Dramatiker

Hermann Sudermann: „Die gutgeschnittene Ecke“ (S. 181 - 186)
1. 6. 1918 MRK IX (11) 402: Die gutgeschnittene Ecke

181 *Hermann Sudermann* (1857 - 1928), Dramatiker und Erzähler

Hermann Sudermann: „Das höhere Leben“ (S. 187)
22. 9. 1923 STU: Rotter Redoutensaal. Zum ersten Male: „Das höhere Leben“. Lustspiel in vier Akten von Hermann Sudermann

Georg Terramare: „Die stille Stunde“ (S. 188 - 193)
15. 5. 1918 MRK IX (10) 366: Die stille Stunde

188 *Georg Terramare* (1889 - 1948), österreichischer Schriftsteller und Theaterleiter

Julius Bab (1880 - 1955), Kritiker und Dramaturg

Willi Handl (1872 - ca. 1921), Journalist und Schriftsteller

189 Prof. *Berger:* vermutlich Julius Viktor *Berger* (1850 - 1902), Professor an der Wiener Kunstgewerbeschule, der im Atelier Makarts gearbeitet hat.

Abraham a Sancta Clara (Ulrich Megerle, 1644 - 1709), vgl. KGN S. 543

189 Josef Anton *Stranitzky* (1676 - 1726), der Begründer des Wiener Volkstheaters, schuf die Gestalt des Wienerischen Hanswurstes. Sein Nachfolger war Gottfried *Prehauser* (1699 - 1769).

190 *Carl Glossy* (1848 - 1937), Bibliothekar und Kulturschriftsteller

Alexander Girardi (1850 - 1918), größter Wiener Volksschauspieler seit Raimund und Nestroy

Ernst Toller: „Die Maschinenstürmer" (S. 193 - 195)
8. 6. 1923 STU: Komödienhaus. Ernst Toller: „Maschinenstürmer"

193 *Ernst Toller* (1893 - 1939), einer der Hauptvertreter des radikalen Expressionismus, Mitglied der Münchner Räteregierung

Siegfried Trebitsch: „Frau Gittas Sühne" (S. 196 - 199)
4. 2. 1920 MOR: Burgtheater

199 *Ferdinand Bonn* vgl. S. 206 - 210

Grammelpogatschen: Trebitsch' Reaktion auf Friedells kritischen Vergleich mit dem Griebenschmalzgebäck findet sich in SAZ S. 159.

Frank Wedekind (S. 200 - 204)
1. 5. 1918 MRK IX (9) 305

200 Der 53-jährige *Frank Wedekind* starb am 9. 3. 1918. Friedell rückt in seinem Nachruf Aspekte in den Vordergrund, die er vorher wie nachher nicht hervorgehoben hat (vgl. etwa KGN S. 1448).

Kein Schauspieler darf auf der Probe markieren! (S. 204)
24. 3. 1929 NWJ: Kein Schauspieler darf auf der Probe markieren! Äußerungen prominenter Persönlichkeiten der Wiener Theaterwelt.

204 Diese Umfrage zu einem der strittigsten Probleme der Regiearbeit wurde u.a. auch von Karl Farkas und Hans Moser beantwortet.

Albert Bassermann (S. 205)
9. 11. 1923 STU: Bassermann in Müllers „Schöpfer"

205 *Albert Bassermann* (1867 - 1952) trug den Ifflandring, die Auszeichnung für den jeweils besten deutschsprachigen Schauspieler.

Der Autor von *‚Königen'*, *‚Schöpfer'* und *‚Flamme'* war Hans Müller; vgl. S. 107 - 112

Adolf von *Wilbrandt* (1837 - 1911), Verfasser historischer Tragödien, sechs Jahre Direktor des Hofburgtheaters

Bernhard *Buchbinder* (1849 - 1922) veröffentlichte seine Arbeiten auch unter dem Pseudonym Gustav Klinger.

205 Carl Friedrich *Zelter* (1758 - 1832) beriet den befreundeten Goethe dreißig Jahre lang in allen musikalischen Fragen.

Ferdinand Bonn, der letzte Komödiant (S. 206 - 210)
21. 11. 1920 NJW: Der letzte Komödiant / Nachdruck: 12. 12. 1920 FDB II (16) 375: Ferdinand Bonn im Wiener Deutschen Volkstheater [Die hier gewählte Fassung]

206 *Ferdinand Bonn* (1861 - 1933) leitete auch für zwei Jahre ein Berliner Theater und schrieb zahlreiche Stücke.

Karl von *Holtei* (1798 - 1880), Dramatiker, Romancier und Rezitator

Josef *Kainz* (1858 - 1910); vgl. Friedells Nachruf in ADG S. 102.

Max Devrient (S. 210 - 212)
1. 5. 1921 FDB II (36) 836

210 *Max Devrient* (1857 - 1929) hat „die Knappheit und Schärfe, den Mangel an Redseligkeit und schönem Gefühl, die halben Worte und Gesten, die nur andeutende Charakteristik: – kurz alle jene Eigenschaften, die das wohltuende Merkmal der modernen Schauspielkunst sind". So beschrieb ihn Friedell schon zu seinem 25-jährigen Burgtheaterjubiläum. (24. 1. 1907 SCH III (4) 105)

Die Réjane (S. 212 - 215)
18. 6. 1920 NWJ / Nachdruck: 18. 7. 1920 FDB I (47) 2001

212 *Réjane* (eig. Gabrielle-Charlotte Réju, 1856 - 1920); ihre moderne „Nervenkunst" kontrastierte zur Darstellung der weltbekannten *Sarah Bernhardt* (1844 - 1923).

213 *second empire* (1852 - 1870): Frankreichs zweites Kaiserreich unter Napoleon III.

214 *Grisette:* ursprünglich Bezeichnung für die graugekleideten Näherinnen, die dankbaren Freundinnen von Studenten und Künstlern

Lorette: die Bezeichnung für ausgehaltene Frauen (*femmes entretenues*) und Luxusprostituierte leitet sich von einer Pariser Kirche im einschlägigen Quartier ab.

Gamin, Gamine: Gassenjunge, -mädchen

215 *Directoire* (1795 - 1799): Übergangsphase zwischen Robespierres Terrorregime und Napoleons Herrschaft

Madame Sans-Gêne: Titelfigur des Lustspiels von Victorien Sardou und E. Moreau (1893)

Petroleuse: Brandstifterin

215 *Bête humaine:* die Bestie im Menschen, auch Romantitel von Emile Zola (1890)

Die Zukunft der deutschen Bühne (S. 216)

Die Zukunft der deutschen Bühne. Herausgegeben vom Schutzverband deutscher Schriftsteller, Berlin 1917
In diesem Buch wurden u.a. einer langen Reihe von Autoren drei Fragen gestellt, die brandaktuell, waren, prüfte doch z.B. in Wien bis 1923 eine Zensurbehörde sämtliche Bühnentexte.

Das Kabarett (S. 217 - 221)

4. 1. 1914 NWJ / Leicht gekürzter Nachdruck: 31. 8. 1918 ZET [Diese Fassung wurde hier aufgenommen]

219 *Marc Henry*, eigentlich Achille Georges d'Ailly-Vaucheret, kam vom Pariser ‚Chat noir', dem ersten aller Cabarets.

220 *medisant:* verleumderisch

Fritz Wärndorfer (1867 - 1939), Mitgründer der ‚Wiener Werkstätte', finanzierte auch das Cabaret ‚Fledermaus' von 1907 bis 1909

Albert Langen (1869 - 1909), progressiver Verleger, der 1896 seine satirische Wochenzeitschrift gründete

Variétékritik (S. 222 - 225)

11. 9. 1919 MOR
Es sind nur zwei „Rauchtheater"-Kritiken Friedells bekannt: ‚Ronacherbühne' am 4. 9. und ‚Roland-Bühne' am 10. 9. 1919, beide ebenfalls in MOR und beide bereits vor dieser programmatischen Betrachtung.

222 *Ben Tieber* oder *Gabor Steiner* leiteten Etablissements wie ‚Venedig in Wien', das ‚Apollotheater', ‚Orpheum' und ‚Ronacher'.

224 *Yvette Guilbert* (1866 - 1944), Diseuse und Filmschauspielerin, doppelt unsterblich durch die Lithographien Toulouse-Lautrecs

Ein Monat unter Künstlern (S. 225 - 229)

29. 4. 1923 NWJ

227 Anna *Pawlowa* (1882 - 1931), die „Prima assoluta" der Tänzerinnen

Meine Doppelseele (S. 229 - 232)

18. 5. 1920 BZM / Neue Fassung: 19. 4. 1923 STU: Die „Vorkritik"

229 *Heinrich Rienößl* (1877 - 1939) hatte vor seinem dramatischen Debut bereits Novellen und Skizzen vorgelegt.

PERSONENREGISTER